Preußische Landesgebührenordnung für Rechtsanwälte

nebst den

Anwaltsgebührenvorschriften der Preußischen Pachtschutzordnung

Erläutert von

Dr. Adolf Friedlaender und Dr. Wilhelm Kraemer

Landgerichtsrat in Limburg a. L. Rechtsanwalt am Reichsgericht in Leipzig.

1928

H. W. Müller, Berlin SW 68

Druck von Dr. F. P. Datterer & Cie., Freising-München

Vorwort.

Neben der Gebührenordnung für Rechtsanwälte und ihren reichsrechtlichen Ergänzungen sind die Landesgebührenordnungen für das Anwaltsgebührenrecht von erheblicher, in neuerer Zeit stets steigender Bedeutung. Unter diesen Landesgebührenordnungen nimmt die preußische nicht nur durch den Umfang ihres Geltungsgebiets sondern auch dadurch eine besondere Stellung ein, daß sie vielfach für die anderen Landesgebührenordnungen vorbildlich geworden ist. Ihre ausführliche Kommentierung darf deshalb wohl auf Interesse rechnen. Dr. Kraemer hat Art. 13 der Landesgebührenordnung bearbeitet, die übrigen Teile des Buchs rühren von Dr. Friedlaender her. Von einer Kommentierung der Gebührenordnung für Auflösung von Familiengütern ist abgesehen worden, da dieselbe in der im gleichen Verlage erschienenen 10. Auflage von Willenbüchers Kostenfestsetzungsverfahren bereits eine ausführliche Erläuterung gefunden hat.

Limburg a. Lahn und Leipzig im Juli 1927.

Die Verfasser.

Inhaltsverzeichnis.

Abkürzungen.

Bei den Abkürzungen waren maßgebend die „Vorschläge des Deutschen Juristentags für die Art der Anführung von Rechtsquellen, Entscheidungen und wissenschaftlichen Werken" 2. Ausgabe, Berlin 1910.

Sonstige Abkürzungen:

AufwRspr. = Die Rechtsprechung in Aufwertungssachen .... herausgegeben von Viktor Ring.

Bbl. = Bureaublatt für gerichtliche Beamte.

JFGErg. = Entscheidungen des Kammergerichts in Miet- und Pachtschutz-, Kosten- und Strafsachen, herausgegeben von Viktor Ring.

JurRundsch. = Juristische Rundschau, herausgegeben von Otto Lindemann und Eugen Friedrichs.

Die Erläuterungsschriften zur RAGebO., PrLGebO., NotGebO. und zu dem PrGKG. sind lediglich nach dem Namen der Verfasser bezeichnet. Die Werke sind jeweils nach der neuesten Auflage angeführt.

Die Fußnote zu § 1 der Einleitung enthält ein Verzeichnis des Schrifttums des preußischen Landesgebührenrechts, an anderen Stellen befinden sich besondere Literaturverzeichnisse. All dies ist zum Verständnisse der Zitate zu berücksichtigen.

Die Randnoten des Kommentars werden als Anmerkungen, die Fußnoten als solche bezeichnet.

Der Text der Gesetze.

I. Landesgebührenordnung für Rechtsanwälte und Gerichtsvollzieher.

Art. 1. Die Vergütung für die Berufstätigkeit der Rechtsanwälte bestimmt sich, soweit sie nicht reichsgesetzlich geregelt ist, ausschließlich nach den nachstehenden Vorschriften.

Art. 2. (1) Die deutsche Gebührenordnung für Rechtsanwälte findet entsprechende Anwendung auf die Berufstätigkeit des Rechtsanwalts:

1. in den vor besondere Gerichte gehörigen Rechtssachen, auf welche die Zivilprozeßordnung oder die Strafprozeßordnung Anwendung findet;
2. in den nach dem Gesetze, betreffend den Forstdiebstahl, vom 15. April 1878 (GS. S. 222) in der Fassung des Gesetzes vom 14. Dezember 1920 (Gesetzsamml. 1921 S. 103) zu behandelnden Strafsachen;
3. im Verwaltungsstreitverfahren;
4. im Verfahren vor dem Bundesamte für das Heimatwesen;
5. in dem Rechtsmittelverfahren, betreffend die Veranlagung von Staatssteuern;
6. im Verwaltungsstrafverfahren;
7. im Disziplinarverfahren.

(2) Im Sinne der Gebührenordnung steht das Verwaltungsstrafverfahren dem Vorverfahren, das Verfahren vor der entscheidenden Disziplinarbehörde dem Verfahren vor der Strafkammer gleich.

Art. 3. Volle Gebühr im Sinne dieses Gesetzes ist die im § 32 des Preußischen Gerichtskostengesetzes bestimmte Gebühr. Der Mindestbetrag einer Gebühr beträgt 2 Reichsmark. Pfennigbeträge, welche nicht ohne Bruch durch zehn teilbar sind, sind auf volle 10 Reichspfennige aufzurunden.

PrGKG.

§ 32. Die volle Gebühr (§ 32) beträgt bei Gegenständen im Werte:

1.	bis 50 Reichsmark			2 Reichsmark
2.	von mehr als	50 Reichsmark bis	100 Reichsmark einschließlich	3 „
3.	„ „ „	100 „ „	200 „ „	4 „
4.	„ „ „	200 „ „	300 „ „	5 „
5.	„ „ „	300 „ „	500 „ „	6 „
6.	„ „ „	500 „ „	1 000 „ „	8 „
7.	„ „ „	1 000 „ „	1 500 „ „	10 „
8.	„ „ „	1 500 „ „	2 000 „ „	12 „
9.	„ „ „	2 000 „ „	2 500 „ „	14 „
10.	„ „ „	2 500 „ „	3 000 „ „	16 „
11.	„ „ „	3 000 „ „	3 500 „ „	18 „
12.	„ „ „	3 500 „ „	4 000 „ „	20 „
13.	„ „ „	4 000 „ „	5 000 „ „	22 „
14.	„ „ „	5 000 „ „	6 000 „ „	24 „
15.	„ „ „	6 000 „ „	7 000 „ „	26 „
16.	„ „ „	7 000 „ „	8 000 „ „	28 „
17.	„ „ „	8 000 „ „	9 000 „ „	30 „
18.	„ „ „	9 000 „ „	10 000 „ „	32 „

19.	von mehr als	10 000	Reichsmark bis	12 000	Reichsmark einschließlich	36	Reichsmark
20.	„ „ „	12 000	„ „	14 000	„ „	40	„
21.	„ „ „	14 000	„ „	16 000	„ „	44	„
22.	„ „ „	16 000	„ „	18 000	„ „	48	„
23.	„ „ „	18 000	„ „	20 000	„ „	52	„
24.	„ „ „	20 000	„ „	22 000	„ „	56	„
25.	„ „ „	22 000	„ „	24 000	„ „	60	„
26.	„ „ „	24 000	„ „	26 000	„ „	64	„
27.	„ „ „	26 000	„ „	28 000	„ „	68	„
28.	„ „ „	28 000	„ „	30 000	„ „	72	„
29.	„ „ „	30 000	„ „	35 000	„ „	80	„
30.	„ „ „	35 000	„ „	40 000	„ „	88	„
31.	„ „ „	40 000	„ „	50 000	„ „	100	„
32.	„ „ „	50 000	„ „	60 000	„ „	112	„
33.	„ „ „	60 000	„ „	70 000	„ „	124	„
34.	„ „ „	70 000	„ „	80 000	„ „	136	„
35.	„ „ „	80 000	„ „	90 000	„ „	148	„
36.	„ „ „	90 000	„ „	100 000	„ „	160	„

Die ferneren Wertklassen steigen um je 10 000 Reichsmark und die Gebühren um je 12 Reichsmark.

Art. 4. (1) Für die Vertretung eines Beteiligten im Verfahren der Zwangsversteigerung erhält der Rechtsanwalt die volle Gebühr:
1. für die Vertretung bis zur Einleitung des Verteilungsverfahrens;
2. für die Vertretung im Verteilungsverfahren.

(2) Die gleiche Gebühr erhält er außerdem für die Wahrnehmung der Versteigerungstermine.

(3) Die Gebühr für die Vertretung im Verteilungsverfahren steht dem Rechtsanwalt auch dann zu, wenn unter seiner Mitwirkung eine außergerichtliche Verteilung stattfindet.

(4) Die Gebühren für die Vertretung des Gläubigers oder eines anderen Berechtigten (§ 9 Nr. 1, 2 des Gesetzes über die Zwangsversteigerung und die Zwangsverwaltung) bestimmen sich nach dem Werte des Rechtes, wenn jedoch der Wert des Gegenstandes der Zwangsversteigerung oder des Verteilungsverfahrens geringer ist, nach diesem. Im Falle der Vertretung eines anderen Beteiligten bestimmen sich die Gebühren nach dem Werte des Gegenstandes der Zwangsversteigerung oder des Verteilungsverfahrens oder des Anteils des Vertretenen an diesem Gegenstande. Auf die Berechnung des Wertes des Gegenstandes der Zwangsversteigerung oder des Verteilungsverfahrens finden die in Ansehung der Gerichtskosten geltenden Vorschriften Anwendung.

(5) Beschränkt sich die Tätigkeit des Rechtsanwalts auf die Vertretung des Gläubigers in dem Verfahren bis zum Versteigerungstermine, so ist für die Gebührenberechnung an Stelle des Wertes des Rechtes der Wert des Anspruchs, wegen dessen die Zwangsversteigerung beantragt ist, maßgebend, sofern nicht die Wahrnehmung eines anderen Termins stattgefunden hat.

PrGKG.

§ 123. (1) Die nach den §§ 121, 122 zu erhebenden Gebühren werden nach dem Gebote berechnet, für welches der Zuschlag erteilt ist.

(2) Erreicht das Gebot nicht den Wert des Gegenstandes, so tritt bei Berechnung der nach § 121 Abs. 1 Nr. 1, 2, 3, § 122 zu erhebenden Gebühren dieser an die Stelle des Gebots; ein höherer Wert als der bei Berechnung des geringsten Gebots angenommene darf der Gebührenberechnung aus § 121 nur dann zugrunde gelegt werden, wenn er spätestens im Versteigerungstermine bekannt gemacht worden ist. Wenn der Ersteher zur Zeit der Einleitung der Zwangsversteigerung Hypotheken- oder Grundschuldgläubiger ist, so tritt an die Stelle des Meistgebots, falls dieses hinter dem Gesamtbetrage der Hypo-

theken oder Grundschuldforderungen des Erstehers und der diesen vorangehenden Forderungen zurückbleibt, dieser Gesamtbetrag, sofern er nicht den Wert des Gegenstandes übersteigt.

(3) Ist der Zuschlag nicht erteilt, so werden die nach § 121 zu erhebenden Gebühren nach dem Werte des Gegenstandes berechnet.

(4) Sind nach § 65 des Gesetzes über die Zwangsversteigerung und die Zwangsverwaltung Gegenstände besonders versteigert oder anderweit verwertet worden, so tritt für die Berechnung der Gebühren für das Verteilungsverfahren ihr Erlös dem Gebote hinzu.

Art. 5. (1) Für die Vertretung des Gläubigers, des Schuldners oder des Konkursverwalters im Verfahren der Zwangsverwaltung, einschließlich des Verteilungsverfahrens, erhält der Rechtsanwalt jährlich acht Zehnteile der vollen Gebühr nach dem Werte der jährlichen Einkünfte. Auf die Berechnung dieser Gebühr finden die in Ansehung der Gerichtskosten geltenden Vorschriften entsprechende Anwendung.

(2) Der Vertreter des Antragstellers erhält außerdem die volle Gebühr nach dem Werte der jährlichen Einkünfte; ist ein Gläubiger der Antragsteller und ist der Betrag der beizutreibenden Forderung und der miteinzuziehenden Zinsen geringer als der Wert der jährlichen Einkünfte, so ist dieser Betrag für die Gebührenberechnung maßgebend.

(3) Beschränkt sich die Tätigkeit des Rechtsanwalts auf die Vertretung in dem Verfahren wegen Anordnung der Zwangsverwaltung, so erhält er nur die im Abs. 2 bestimmte Gebühr.

PrGKG.

§ 126. (1) In dem Verfahren der Zwangsverwaltung wird für jedes Jahr das Zweifache der vollen Gebühr erhoben. Der Tag der Beschlagnahme gilt als der erste Tag eines jeden Verwaltungsjahrs.

(2) Die Gebühr wird nach demjenigen Betrage der Einkünfte berechnet, welcher nach Berichtigung aller Ausgaben der Verwaltung und der laufenden Beträge der öffentlichen Lasten zur Verteilung gelangt, mindestens jedoch nach dem Betrage des Grundsteuerreinertrags und des Gebäudesteuernutzungswerts. In den Hohenzollernschen Landen tritt an Stelle des Grundsteuerreinertrags und Gebäudesteuernutzungswerts der Ertrag von vier Prozent des Steueranschlags.

Art. 6. Auf die Vergütung der Berufstätigkeit eines Rechtsanwalts in einem Verteilungsverfahren außerhalb der Fälle der Zwangsversteigerung oder der Zwangsverwaltung finden die Vorschriften des Artikel 4 entsprechende Anwendung. Das gleiche gilt für ein Verteilungsverfahren im Falle der Zwangsverwaltung, wenn der Rechtsanwalt einen anderen Beteiligten als den Gläubiger, den Schuldner oder den Konkursverwalter vertritt; für die Berechnung des Wertes wiederkehrender Leistungen ist der Wert der Leistungen eines Jahres, für die Berechnung des Wertes des Gegenstandes des Verteilungsverfahrens ist der Wert der Einkünfte eines Jahres maßgebend.

Art. 7. (1) Für die Vertretung eines Beteiligten im Verfahren der Zwangsliquidation einer Bahneinheit erhält der Rechtsanwalt die volle Gebühr. Der Vertreter des Antragstellers erhält außerdem die volle Gebühr für die Vertretung in der Versammlung der Bahnpfandgläubiger.

(2) Auf die Wertberechnung finden die Vorschriften des Artikel 4 Abs. 4 entsprechende Anwendung.

Art. 8. (1) Für Anträge, Erklärungen und Beschwerden bei Behörden erhält der Rechtsanwalt acht Zehnteile der vollen Gebühr. Für bloße Benachrichtigungen, Beschleunigungsgesuche, kurze Anzeigen und Schreiben ähnlicher Art kann diese Gebühr nur gefordert werden, falls nicht dem Rechtsanwalt in der gleichen Angelegenheit eine andere Gebühr zusteht.

(2) Hat der Rechtsanwalt die einem Antrag oder einer Erklärung zugrunde liegende Urkunde entworfen, so steht ihm für den Antrag oder die Er-

klärung die Gebühr des Abs. 1 nicht zu; er erhält die im § 10 Abs. 2 der Gebührenordnung für Notare bestimmte Gebühr*), wenn ein das Sach- und Rechtsverhältnis entwickelnder Vortrag erforderlich ist und dessen Einreichung von der Partei verlangt wird.

Art. 9. (1) Für Schreiben an Privatpersonen erhält der Rechtsanwalt fünf Zehnteile der vollen Gebühr. Für Schreiben, die rechtliche Ausführungen oder sachliche Auseinandersetzungen nicht enthalten, kann diese Gebühr nur gefordert werden, falls nicht dem Rechtsanwalt in der gleichen Angelegenheit eine andere Gebühr zusteht. Für die der Einleitung eines Prozesses vorausgehenden Mahnungen, Kündigungen oder Schreiben ähnlicher Art kann eine Gebühr nicht gefordert werden, wenn dem Rechtsanwalte die Prozeßgebühr zusteht. Stellt sich indessen die Prozeßgebühr niedriger als die vorstehend bestimmte Gebühr, so erhält der Rechtsanwalt außerdem den Betrag, um welchen diese Gebühr die Prozeßgebühr übersteigt.

(2) Auf Schreiben an den Auftraggeber, die eine Raterteilung oder ein Gutachten enthalten, finden die für diese Geschäfte in den Artikeln 11, 16 gegebenen Gebührenvorschriften Anwendung. Für andere Schreiben an den Auftraggeber kann eine Gebühr auch dann nicht gefordert werden, wenn sie rechtliche Ausführungen oder sachliche Auseinandersetzungen enthalten; steht jedoch dem Rechtsanwalt in der gleichen Angelegenheit eine andere Gebühr nicht zu, so ist die im Abs. 1 Satz 1 bestimmte Gebühr zu erheben.

Art. 10. Für die Wahrnehmung eines Termins erhält der Rechtsanwalt die volle Gebühr. Werden in derselben Angelegenheit mehrere Termine wahrgenommen, so beträgt die Gebühr für den zweiten und für jeden weiteren Termin acht Zehnteile der vollen Gebühr. Der Gesamtbetrag der Gebühren in derselben Angelegenheit darf in einer Instanz das Dreifache der vollen Gebühr nicht übersteigen.

Art. 11. Fünf Zehnteile der vollen Gebühr erhält der Rechtsanwalt, falls nicht eine der in den Artikeln 8 bis 10 bestimmten Gebühren anzusetzen ist, für die Erteilung eines Rates sowie für eine Besprechung.

Art. 12. Der Gesamtbetrag der in einer Angelegenheit nach den Artikeln 8, 9, 11 anzusetzenden Gebühren darf in einer Instanz das Dreifache der vollen Gebühr nicht übersteigen.

Art. 13. (1) Auf die Anfertigung des Entwurfs eines Rechtsgeschäfts und die Vermittlung einer Auseinandersetzung sowie auf den Empfang, die Verwahrung und die Auszahlung von Geldern und Wertpapieren in Angelegenheiten, die nicht zur streitigen Rechtspflege gehören, finden die für die Gebühren der Notare geltenden Vorschriften entsprechende Anwendung. Die Herstellung des Schreibwerkes und die Auslagen an Postgebühren werden nach den für die Notare geltenden Vorschriften vergütet.

(2) Der Betrag der Vergütung für die Anfertigung eines Entwurfs kann nur insoweit abweichend durch Vertrag bestimmt werden, als dies nach § 26 der Gebührenordnung für Notare zulässig ist.

(3) Die §§ 21—25 der Gebührenordnung für Notare**) finden auf Rechtsanwälte keine Anwendung.

PrNotGebO.

§ 2. (1) Die Gebühren werden nach dem Werte des Gegenstandes erhoben.

(2) Auf die Berechnung des Wertes des Gegenstandes finden die Vorschriften des Preußischen Gerichtskostengesetzes entsprechende Anwendung.

§ 3. (1) Der Mindestbetrag einer Gebühr beträgt 2 Reichsmark, soweit nicht in dieser Gebührenordnung ein anderes bestimmt ist.

---

*) Sie beträgt $^5/_{10}$ der vollen Gebühr.

**) Sie betreffen Geschäftsreisen, Gebühren der zugezogenen Zeugen, Vorschuß, Voraussetzungen der Einforderung von Gebühren und Auslagen, Festsetzung der Gebühren und Auslagen durch den Präsidenten des Landgerichts.

(2) Pfennigbeträge, welche ohne Bruch nicht durch zehn teilbar sind, sind auf volle zehn Reichspfennige aufzurunden.

§ 4. Volle Gebühr im Sinne dieser Gebührenordnung ist die im § 32 des Preußischen Gerichtskostengesetzes bestimmte Gebühr.

§ 5. Soweit die Notare für die Geschäfte zuständig sind, über welche der zweite Abschnitt des ersten Teils des Preußischen Gerichtskostengesetzes Bestimmung trifft, erhalten sie die daselbst festgesetzten Gebühren.

§ 6. Für Beurkundungen am Krankenlager, an Sonntagen und den staatlich anerkannten Festtagen sowie in der Zeit von 7 Uhr abends bis 8 Uhr morgens erhält der Notar außer den ihm sonst zustehenden Gebühren zusätzlich noch fünf Zehnteile der vollen Gebühr. Die Zusatzgebühr darf die für das Geschäft selbst zu erhebende Gebühr nicht übersteigen. Treffen mehrere dieser Voraussetzungen zusammen, so wird diese Zusatzgebühr nur einmal erhoben.

§ 9. Die für die Beurkundung bestimmte Gebühr wird auch dann erhoben, wenn der Notar auf Erfordern nur den Entwurf einer Urkunde fertigt....

§ 10. (1) Für die bei den Gerichtsbehörden einzureichenden Anträge behufs Erwirkung einer Eintragung in das Grundbuch oder andere gerichtliche Bücher oder Register oder behufs Erwirkung von Legalisationen, für die Einsendung einer von dem Notar aufgenommenen Urkunde sowie für die Erledigung von Beanstandungen eines von dem Notar eingereichten oder in einer von ihm eingesandten Urkunde enthaltenen Antrags können Gebühren nicht gefordert werden, wenn der Notar für die Aufnahme der eingesendeten oder seinen Anträgen zugrunde liegenden Urkunde Gebühren bezieht. Dasselbe gilt, wenn die Urkunde von dem Notar entworfen ist.

(2) Wird der Notar in anderen Fällen mit der im Abs. 1 bezeichneten Tätigkeit beauftragt oder ist es notwendig, mit einem Antrag einen das Sach- und Rechtsverhältnis entwickelnden Vortrag zu verbinden, und wird die Einreichung desselben von der Partei verlangt, so erhält der Notar fünf Zehnteile der vollen Gebühr.

(3) Unter Anträgen im Sinne der vorstehenden Bestimmungen sind auch Beschwerden zu verstehen.

§ 11. (1) Für die Vermittlung einer Auseinandersetzung, die dem Notar von dem Gericht oder von den Beteiligten übertragen ist, erhält er das Dreifache der vollen Gebühr. Wird das Verfahren nicht durchgeführt oder beschränkt es sich auf die Ermittlung oder Feststellung einer Masse, so erhält der Notar das Zweifache der vollen Gebühr.

(2) Die Gebühren für die Beurkundung oder den Entwurf eines das Verfahren abschließenden Vertrags oder eines mit einem Dritten geschlossenen Vertrags sowie die Gebühren für Vermögensverzeichnisse, Schätzungen und Versteigerungen werden neben den im Abs. 1 bestimmten Gebühren besonders erhoben. Wird die Vermittlung der Auseinandersetzung dem Notar vom Gericht übertragen, so steht die Anfertigung des Auseinandersetzungsplans dem Entwurfe, die Beurkundung der Auseinandersetzung der Beurkundung eines das Verfahren abschließenden Vertrags gleich.

(3) Neben den im Abs. 1 bestimmten Gebühren werden fünf Zehnteile der vollen Gebühr erhoben, wenn sich ein Beteiligter in einer fremden, im Gerichtsbezirke nicht gebräuchlichen Sprache erklärt. Die Zusatzgebühr sowie die durch die Zuziehung eines Dolmetschers entstandenen Auslagen fallen dem Beteiligten zur Last, der die Zuziehung des Dolmetschers oder die Verhandlung in der fremden Sprache veranlaßt hat.

§ 12. (1) Soweit nicht besondere Bestimmungen getroffen sind, erhält der Notar in allen Fällen, in welchen seine Tätigkeit in Anspruch genommen ist und stattgefunden hat, ohne daß das bezweckte Geschäft durch ihn vollzogen ist, fünf Zehnteile der vollen Gebühr; jedoch darf die Gebühr, die für das bezweckte Geschäft zu erheben gewesen wäre, nicht überschritten werden. Unterbleibt nach Fertigstellung des Entwurfs einer Beurkundung die Vollziehung derselben, so finden die Vorschriften des § 9 Anwendung.

(2) Wird ein in der Wohnung oder Amtsstube des Notars anberaumter Termin durch Nichterscheinen, Nichtverhandeln oder Handlungsunfähigkeit eines Beteiligten vereitelt, so werden zwei Zehnteile der vollen Gebühr bis zu einem Höchstbetrage von 20 Reichsmark erhoben.

§ 14. (1) Für Empfang, Verwahrung und Auszahlung von Geldern erhält der Notar:

1. im Falle des Empfangs zum Zwecke der Auszahlung an dritte Personen für Rechnung des Auftraggebers
   von der auf volle 10 Reichsmark aufgerundeten Summe bis zu 1000 Reichsmark einschließlich . 1 vom Hundert,
   von dem Mehrbetrage bis zu 10 000 Reichsmark . . ½ „ „ ,
   von dem Mehrbetrage . . . . ¼ „ „ ;
2. im Falle der Erhebung von dritten Personen für Rechnung des Auftraggebers das Zweifache der vorstehenden Gebührensätze.

(2) Die Gebühr des Abs. 1 wird auch dann erhoben, wenn der Empfang oder die Auszahlung im Banküberweisungs-, Giro- oder Postscheckverkehr erfolgt.

(3) Sind die Gelder im ersten Falle in mehreren Beträgen gesondert auszuzahlen oder im zweiten Falle in mehreren Beträgen gesondert zu erheben, so werden die Gebühren von jedem Betrage besonders berechnet, jedoch mit der Maßgabe, daß in einer und derselben Angelegenheit die Gebühren zusammen das Fünffache der Gebühr des Gesamtbetrages nicht übersteigen dürfen.

(4) Für Empfang, Verwahrung und Ablieferung von Wertpapieren sind die Gebühren des Abs. 1 nach Maßgabe des Wertes zu erheben.

(5) In den Fällen des § 14 findet die Bestimmung des § 3 keine Anwendung.

§ 20. (1) Außer den Gebühren kann der Notar nur den Betrag der erforderlichen Stempelabgaben und der von ihm in Marken entrichteten Gerichtskosten sowie die notwendigen baren Auslagen berechnen.

(2) Die Kosten des Schreibwerks werden in der Regel nicht durch Schreibgebühren ersetzt. Nur für solche Ausfertigungen und Abschriften, die auf besonderen Antrag erteilt werden oder für Finanzbehörden bestimmt sind, erhält der Notar Schreibgebühren, jedoch hat bei Beurkundungen und Entwürfen von zweiseitigen Rechtsgeschäften die Erteilung von je zwei Ausfertigungen oder Abschriften und bei sonstigen Beurkundungen die Erteilung je einer Ausfertigung oder Abschrift schreibgebührenfrei zu erfolgen. Die Schreibgebühr beträgt für die Seite, die mindestens zweiunddreißig Zeilen von durchschnittlich fünfzehn Silben enthält, 0,30 Reichsmark, auch wenn die Herstellung auf mechanischem Wege stattgefunden hat. Jede angefangene Seite wird als voll berechnet. Für Schriftstücke, die in fremder Sprache abgefaßt sind, für Schriftstücke in tabellarischer Form sowie für Verzeichnisse, Listen, Rechnungen, Handzeichnungen und dergleichen kann die Höhe der Schreibgebühr durch den Justizminister anderweit bestimmt werden. Die auf die besondere Ausstattung einer Urkunde verwendeten Auslagen, insbesondere diejenigen, welche durch Verwendung von Pergamentpapier entstehen, sind besonders zu erstatten. Der Justizminister wird ermächtigt, bei einer erheblichen Veränderung der wirtschaftlichen Verhältnisse die Schreibgebühr zu erhöhen oder zu ermäßigen.

(3) Von den Postgebühren des Notars sind nur Telegraphengebühren, die im Fernverkehre zu entrichtenden Fernsprechgebühren, die im Verkehre mit dem Ausland entstehenden Gebühren und die Übersendungsgebühren für Ausfertigungen, Abschriften und vorgeschriebene Mitteilungen, die für Finanzbehörden bestimmt sind, zu berechnen.

§ 26. (1) Der Betrag der Vergütung des Notars kann abweichend von den Vorschriften dieser Gebührenordnung durch Vertrag festgesetzt werden, wenn es sich handelt:

1. um die Beurkundung von letztwilligen Verfügungen, Erbverträgen, Eheverträgen, Familienstiftungen, Familienschlüssen, Satzungen oder Beschlüssen von Korporationen, Vereinen, Gewerkschaften, Gesellschaften oder Genossenschaften oder der Organe derselben (Aufsichtsräte usw.);

2. um die Entwürfe zu den unter 1 bezeichneten Beurkundungen;
3. um eine von den Beteiligten dem Notar übertragene Vermittlung einer Auseinandersetzung;
4. um die Beurkundung des Herganges bei Verlosungen, bei Auslosung oder Vernichtung von Wertpapieren und bei Wahlversammlungen;
5. um ein unter §§ 14 oder 16 dieser Gebührenordnung fallendes Geschäft.

(2) Durch die zugesicherte Vergütung sind die baren Auslagen mit abgegolten, falls nicht eine entgegenstehende Vereinbarung getroffen ist.

(3) Der Auftraggeber ist an die Vereinbarung nur gebunden, soweit er dieselbe schriftlich geschlossen hat. Hat der Notar durch den Vertragsschluß die Grenze der Mäßigung überschritten, so kann die durch Vertrag festgesetzte Vergütung im Prozeßwege bis auf den in diesem Gesetze bestimmten Betrag herabgesetzt werden.

PrGKG.

§ 18. (1) Für die Gebührenberechnung ist der Wert des Gegenstandes maßgebend, auf den sich das Geschäft bezieht.

(2) Der Wert des Gegenstandes des Geschäfts wird nach freiem Ermessen unter Berücksichtigung der nachfolgenden Vorschriften festgesetzt.

§ 19. (1) Für die Wertberechnung ist der Zeitpunkt der Fälligkeit der Gebühren entscheidend.

(2) Maßgebend für den in Ansatz zu bringenden Wert ist nur der Hauptgegenstand des Geschäfts. Früchte, Nutzungen, Zinsen, Schäden, Vertragsstrafen und Kosten werden nur berücksichtigt, wenn sie für sich den Gegenstand eines besonderen Geschäfts bilden.

§ 20. (1) Bei der Berechnung des Wertes einer Sache ist nur der gemeine Wert derselben in Betracht zu ziehen; handelt es sich um einen Verkauf derselben, so ist als Wert der Betrag des vereinbarten Kaufpreises mit Hinzufügung des Wertes der vorbehaltenen Nutzungen und ausbedungenen Leistungen in Ansatz zu bringen, sofern er höher ist als der gemeine Wert.

(2) Der Wert des Besitzes einer Sache ist in der Regel dem Werte der Sache gleich zu achten.

(3) Der Wert eines Pfandrechts oder der Sicherstellung einer Forderung richtet sich nach dem Betrage der Forderung; hat der Gegenstand des Pfandrechts einen geringeren Wert, so ist dieser maßgebend, soweit nicht die besonderen Vorschriften für Eintragungen im Grundbuche (§ 63) entgegenstehen. Bei Vorrangseinräumungen, einschließlich der Einräumung gleichen Ranges, richtet sich der Wert nach dem Betrage der vortretenden Post und, wenn der Betrag der zurücktretenden Post der geringere ist, nach diesem. Als Vorrangseinräumung gilt im Sinne dieses Gesetzes auch die im § 1179 des Bürgerlichen Gesetzbuchs bezeichnete Vormerkung zugunsten eines nachstehenden Gläubigers. Der Wert bestimmt sich nach dem höheren der beiden nach den Vorschriften dieses Absatzes in Betracht kommenden Beträge, sofern dies für den Kostenschuldner nach den Vorschriften des § 39 günstiger ist.

(4) Der Wert einer Grunddienstbarkeit wird durch den Wert, welchen dieselbe für das herrschende Grundstück hat und, wenn der Betrag, um welchen sich der Wert des dienenden Grundstücks durch die Dienstbarkeit mindert, größer ist, durch diesen Betrag bestimmt.

(5) Der Wert des Rechtes auf wiederkehrende Nutzungen oder Leistungen wird nach den Vorschriften des § 6 Abs. 8 bis 12 des Stempelsteuergesetzes berechnet, jedoch ist der Wert des Rechtes auf Nutzungen oder Leistungen auf Lebenszeit oder bis zum Eintritt eines bestimmten Alters oder Umstandes auf höchstens das Fünffache des einjährigen Bezugs anzunehmen, wenn das Recht dem jetzigen oder früheren Ehegatten des Verpflichteten oder Personen zusteht, die mit dem Verpflichteten in gerader Linie verwandt, verschwägert oder durch Annahme an Kindes Statt verbunden oder in der Seitenlinie bis zum dritten Grade verwandt oder bis zum zweiten Grade verschwägert sind, auch wenn die Ehe, durch welche die Schwägerschaft begründet ist, nicht mehr besteht.

Steht der Zeitpunkt des Anfalls nicht fest, so tritt an dessen Stelle der Zeitpunkt der Begründung des Bezugsrechts. Der Wert des dem unehelichen Kinde gegen seinen Vater zustehenden Rechtes auf Unterhalt wird nach dem Betrage des einjährigen Bezugs berechnet; ist der Betrag der Bezüge der einzelnen Jahre verschieden, so kommt der höchste Betrag zum Ansatze.

(6) Der Wert eines Miet- oder Pachtrechts bestimmt sich nach dem zusammenzurechnenden Werte aller Leistungen des Mieters oder Pächters während der ganzen Vertragszeit. Bei länger als 25 Jahre dauernden Miet- oder Pachtverhältnissen ist der fünfundzwanzigfache Betrag der einjährigen Leistung maßgebend. Bei unbestimmter Dauer des Vertrags erfolgt die Berechnung bei ländlichen Grundstücken unter Zugrundelegung dreier Jahre, in allen anderen Fällen unter Zugrundelegung eines Jahres; kann jedoch bei Verträgen, deren Dauer von einer Kündigung abhängt, die Auflösung des Vertragsverhältnisses erst zu einem späteren Zeitpunkte geschehen, so ist dieser Zeitpunkt maßgebend.

(7) Der Wert der einem Fideikommiß- oder Lehnsfolger anfallenden Rechte ist nach den Bestimmungen im Abs. 5 Satz 1 und 2 zu berechnen.

(8) Bei Kurs habenden Wertpapieren ist der Tageskurs als Wert anzusehen. Die Umrechnung der in anderer als Reichswährung angegebenen Summen erfolgt nach den für die Erhebung des Wechselstempels festgesetzten Mittelwerten und, insoweit solche nicht bestimmt worden sind, nach dem laufenden Kurse.

(9) Soweit für die Berechnung einer Gebühr der Betrag der Vermögens- oder Nachlaßmasse maßgebend ist, bleiben Hausrat und andere bewegliche körperliche Gegenstände außer Betracht, soweit sie nicht nach den Vorschriften des **Vermögensteuergesetzes** vom 8. April 1922 (Reichsgesetzbl. I S. 335) der Vermögenssteuer unterliegen.

§ 22. (1) Bei nichtvermögensrechtlichen Angelegenheiten wird der Wert des Gegenstandes zu 3000 Reichsmark, ausnahmsweise höher oder niedriger, jedoch nicht über 100 000 Reichsmark und nicht unter 200 Reichsmark angenommen.

(2) In Ermangelung genügender tatsächlicher Anhaltspunkte für eine anderweite Wertschätzung sind die Vorschriften des Abs. 1 auch in anderen Fällen entsprechend anzuwenden.

(3) Ist mit einer nichtvermögensrechtlichen Angelegenheit eine mit ihr zusammenhängende vermögensrechtliche verbunden, so ist nur ein Wert, und zwar der höhere, maßgebend.

§ 33. Die volle Gebühr wird erhoben für die Beurkundung einseitiger Erklärungen oder einseitiger Verträge, namentlich solcher, durch welche nur von seiten einer Partei Verbindlichkeiten übernommen oder bestehende Rechte anerkannt, abgetreten oder aufgegeben werden, ohne Unterschied, ob die Erklärungen nur von einzelnen Personen oder von mehreren Personen als Teilnehmern abgegeben werden und ob die der anderen Partei gemachten Zugeständnisse in derselben Verhandlung angenommen sind oder nicht.

§ 34. (1) Das Zweifache der vollen Gebühr wird erhoben für die Beurkundung zweiseitiger Verträge.

(2) Eheverträge und Abtretung von Geschäftsanteilen einer Gesellschaft mit beschränkter Haftung gelten stets als zweiseitige Verträge.

§ 35. (1) Wird zum Zwecke der Schließung eines zweiseitigen Vertrags zunächst der Antrag beurkundet, so werden hierfür fünfzehn Zehnteile der vollen Gebühr erhoben.

(2) Auf die Beurkundung der Annahme eines Vertragsantrags findet die Vorschrift des § 37 Nr. 1 bei einseitigen und bei zweiseitigen Verträgen Anwendung.

§ 36. Für die Beurkundung von Ergänzungen und Abänderungen einer beurkundeten Erklärung wird die volle Gebühr erhoben. Sie darf jedoch den für die ursprüngliche Beurkundung geltenden Gebührensatz nicht übersteigen.

§ 37. Fünf Zehnteile der vollen Gebühr werden erhoben:

1. für jede besondere Urkunde, in welcher die Zustimmung einzelner Teilnehmer zu einer bereits beurkundeten Erklärung beurkundet wird, ohne

Unterschied, ob die letztere von derselben Behörde beurkundet ist oder nicht;

2. für die Beurkundung von Vollmachten und des Widerrufs von Vollmachten;
3. für die Beurkundung der Wiederaufhebung eines noch von keiner Seite erfüllten Vertrags;
4. für die Beurkundung von Anträgen auf Eintragungen oder Löschungen im Grundbuch oder im Schiffsregister sowie von Eintragungs- oder Löschungsbewilligungen oder Zustimmungen nach § 27 der Grundbuchordnung oder nach § 105 des Gesetzes über die Angelegenheiten der freiwilligen Gerichtsbarkeit, sofern nicht gleichzeitig das zugrunde liegende Rechtsgeschäft beurkundet wird;
5. für die Beurkundung einer Auflassung, sofern nicht gleichzeitig das zugrunde liegende Rechtsgeschäft beurkundet wird*).

§ 38. (1) Bei der Berechnung der Gebühren ist der Wert des Rechtsverhältnisses maßgebend, dessen Begründung, Übertragung, Feststellung oder Aufhebung den Gegenstand des Rechtsgeschäfts bildet. Bei Verträgen, welche den Austausch von Leistungen zum Gegenstande haben, kommt nur der Wert der Leistungen des einen Teils und, wenn der Wert der beiderseitigen Leistungen ein verschiedener ist, der höhere in Betracht.

(2) Handelt es sich um Änderungen eines Rechtsverhältnisses, so ist die Bestimmung des § 22 mit der Änderung anwendbar, daß der Wert des von der Änderung betroffenen Rechtsverhältnisses nicht überschritten werden darf. Hat die Änderung einen bestimmten Geldwert, so ist dieser maßgebend.

(3) Bei zustimmenden Erklärungen einzelner Teilnehmer (§ 37 Nr. 1) kommt nur der Anteil derselben in Betracht.

(4) Der Wert einer Generalvollmacht ist unter entsprechender Anwendung des § 22 mit der Maßgabe zu bestimmen, daß der Höchstwert 200 000 Reichsmark nicht übersteigen darf. Bei Vollmachten zum Abschluß eines bestimmten Rechtsgeschäfts ist der für dieses maßgebende Wert in Ansatz zu bringen, jedoch ist der Wert höchstens auf 200 000 Reichsmark anzunehmen und bei der von einem Teilnehmer ausgestellten Vollmacht nur dessen Anteil maßgebend.

(5) Auf Anmeldungen zum Handelsregister oder zu ähnlichen Registern findet, sofern ein bestimmter Geldwert nicht erhellt, die Vorschrift des § 22 entsprechende Anwendung. Der höchste der Gebührenberechnung zugrunde zu legende Wert ist 200 000 Reichsmark, gleichviel, ob ein bestimmter Geldwert erhellt oder nicht.

(6) Der Wert eines Ehevertrags bemißt sich nach dem Werte des gegenwärtigen Vermögens der Ehegatten unter Abzug der Schulden. Betrifft der Ehevertrag nur bestimmte Gegenstände, so ist deren Wert maßgebend.

§ 39. (1) Werden in einer Verhandlung mehrere Erklärungen beurkundet, die denselben Gegenstand haben, so wird die Gebühr nur einmal von dem Werte dieses Gegenstandes nach dem höchsten in Betracht kommenden Gebührensatze berechnet.

(2) Haben die in einer Verhandlung beurkundeten Erklärungen einen verschiedenen Gegenstand, so wird, wenn für alle Erklärungen derselbe Gebührensatz zur Anwendung kommt, dieser Gebührensatz nur einmal nach dem zusammengerechneten Werte berechnet. Kommen verschiedene Gebührensätze zur Anwendung, so wird jede Gebühr besonders berechnet; es wird jedoch, soweit ein und derselbe Gebührensatz für mehrere Gegenstände zur Anwendung kommt,

---

*) An Stelle der Ziffer 5 gilt für das Gebiet des ehemaligen rheinischen Rechts Art. V des Gesetzes vom 28. Oktober 1922 (GS. 335): Für die Beurkundung einer Auflassung wird das Zweifache der vollen Gebühr erhoben, wenn nicht gleichzeitig das zugrunde liegende Rechtsgeschäft beurkundet wird. Ist das Rechtsgeschäft bereits früher beurkundet worden, so ermäßigt sich die Gebühr für die Beurkundung der Auflassung auf fünf Zehnteile der vollen Gebühr.

der Wert dieser Gegenstände zusammengerechnet. Der Gesamtbetrag der Gebühren darf die unter Zugrundelegung des höchsten Gebührensatzes vom Gesamtwerte berechnete Gebühr nicht übersteigen. Die Vorschrift des § 31 Abs. 1 *) findet hinsichtlich der Einzelgebühren keine Anwendung; der Mindestsatz wird nur dann angesetzt, wenn der Gesamtbetrag der für die Verhandlung zu erhebenden Gebühren hinter ihm zurückbleibt.

§ 42. (1) Für die Beurkundung von Verfügungen von Todes wegen wird das Zweifache der vollen Gebühr erhoben, wenn sie mündlich erklärt werden oder der Entwurf vom Richter angefertigt wird. In allen anderen Fällen wird für die Errichtung einer Verfügung von Todes wegen vor einem Richter die volle Gebühr erhoben.

(2) Für die Beurkundung des Widerrufs einer letztwilligen Verfügung und für die Beurkundung der Aufhebung eines Erbvertrags werden fünf Zehnteile der vollen Gebühr erhoben. Die Gebühr fällt fort, wenn zum Ersatze der widerrufenen Verfügung oder des aufgehobenen Erbvertrags eine neue Verfügung von Todes wegen oder ein neuer Erbvertrag bereits beurkundet worden ist oder gleichzeitig beurkundet wird.

(3) Wird ein Erbvertrag gleichzeitig mit einem Ehevertrage beurkundet, so finden die Vorschriften des § 39 Anwendung.

(4) Soweit die Gebühren für eine Verfügung über den gesamten Nachlaß oder einen Bruchteil desselben bei Lebzeiten des Verfügenden fällig werden, sind sie nach dem Werte des Vermögens zur Zeit der Fälligkeit zu berechnen.

(5) Der Berechnung der Gebühren sind in der Regel die Angaben des Verfügenden über den Wert des Gegenstandes zugrunde zu legen. Eine Nachforderung der infolgedessen zu wenig angesetzten Gebühren wird durch die Vorschrift des § 12 nicht ausgeschlossen. Bezüglich dieser Nachforderung beginnt die Verjährung erst mit dem Schlusse des Jahres, in welchem die Eröffnung oder Rückgabe der Verfügung erfolgt ist.

§ 43. Für die Errichtung von Familienstiftungen und Familienschlüssen wird das Zweifache der vollen Gebühr erhoben.

§ 46. (1) Das Zweifache der vollen Gebühr wird erhoben für die Beurkundung des Herganges bei Verlosungen, bei Auslosung oder Vernichtung von Wertpapieren und bei Wahlversammlungen, ingleichen für die Beurkundung der Beschlüsse der Generalversammlungen, Aufsichtsräte oder sonstigen Organe von Aktiengesellschaften oder anderen Vereinigungen.

(2) Der Wert des Gegenstandes ist, soweit ein bestimmter Geldwert nicht erhellt, zu 20 000 Reichsmark, ausnahmsweise niedriger oder höher, jedoch nicht unter 500 Reichsmark anzunehmen.

(3) Werden gleichzeitig mehrere Beschlüsse beurkundet, für deren Gegenstände ein bestimmter Geldwert nicht erhellt, so ist für alle Beschlüsse zusammen nur ein Wertbetrag nach Maßgabe der vorstehenden Bestimmungen in Ansatz zu bringen. Werden in Verbindung damit Beschlüsse beurkundet, für deren Gegenstände ein bestimmter Geldwert erhellt, so ist der zusammenzurechnende Geldwert dieser Beschlüsse zu dem für die anderen Beschlüsse ermittelten Werte hinzuzurechnen. Erfolgt die Auslosung und Vernichtung von Wertpapieren in einer Verhandlung, so ist die Gebühr nur einmal zu erheben.

§ 51. (1) Wird auf Verlangen der Partei oder mit Rücksicht auf die Art der Rechtshandlung die letztere außerhalb der Gerichtsstelle vorgenommen, so werden neben den in diesem Abschnitte bestimmten Gebühren — mit Ausnahme der in den §§ 45, 48, 49 vorgeschriebenen Gebühren — fünf Zehnteile der vollen Gebühr, jedoch höchstens 50 Reichsmark, erhoben. Die Zusatzgebühr darf die für das Geschäft selbst zu erhebende Gebühr nicht übersteigen. Kann das Geschäft nicht an einem Kalendertage beendigt werden, so wird die Zusatzgebühr für jeden Tag, an welchem das Gericht außerhalb der Gerichtsstelle tätig war, besonders erhoben; die Gebührenstufe für die Zusatzgebühr wird in diesem Falle

*) , nach der der Mindestbetrag einer Gebühr 2 Reichsmark ist.

durch eine Teilung des Wertes des Gegenstandes nach der Zahl der Tage ermittelt. Beziehen die Gerichtspersonen Tagegelder und Reisekosten oder die im § 113 bezeichnete Gebühr, so wird der Betrag derselben auf die Zusatzgebühr angerechnet.

(2) Die Zusatzgebühr wird, sofern die Gerichtspersonen den Weg zur Vornahme des Geschäfts angetreten haben, auch dann in Ansatz gebracht, wenn das Geschäft aus einem in der Person des Beteiligten liegenden Grunde nicht zur Ausführung gelangt ist.

(3) Die Vorschriften über die Erhebung von Vorschüssen für bare Auslagen finden auf die Zusatzgebühr entsprechende Anwendung.

§ 52. Unterbleibt die beantragte Beurkundung einer Erklärung, nachdem das Gericht darüber mit den Beteiligten verhandelt hat, so werden fünf Zehnteile der vollen Gebühr bis zu einem Höchstbetrage von 20 Reichsmark erhoben.

§ 53. (1) Neben den in diesem Abschnitt bestimmten Gebühren werden für die Beurkundung eines Rechtsgeschäfts fünf Zehnteile der vollen Gebühr erhoben, wenn sich ein Beteiligter in einer fremden, im Gerichtsbezirke nicht gebräuchlichen Sprache erklärt.

(2) Die Zusatzgebühr sowie die durch die Zuziehung eines Dolmetschers entstandenen Auslagen fallen dem Beteiligten zur Last, der die Zuziehung des Dolmetschers oder die Verhandlung in der fremden Sprache veranlaßt hat.

§ 54. Die in diesem Abschnitte bestimmten Gebühren umfassen die gesamte Tätigkeit des Gerichts einschließlich aller Nebengeschäfte....

§ 88. (1) Soweit nicht vorstehend ein anderes bestimmt ist, werden in den unter diesen Abschnitt fallenden Angelegenheiten*) die Gebühren von dem Betrage der den Gegenstand des Verfahrens bildenden Vermögensmasse ohne Abzug der Schulden berechnet.

(2) Betrifft ein Verfahren mehrere im Zusammenhange stehende Massen, so werden die Werte derselben zusammengerechnet. Die nach dem Gesamtwerte berechnete Gebühr wird auf die einzelnen Massen nach Verhältnis des Wertes derselben verteilt. Wird die Teilung des Nachlasses eines Ehegatten, welcher in einer Gütergemeinschaft gelebt hat, mit der Auseinandersetzung der Gütergemeinschaft verbunden, so wird bei der Anwendung der Vorschriften dieses Absatzes der Wert der gütergemeinschaftlichen Masse nur zur Hälfte und, sofern dem überlebenden Ehegatten von der gütergemeinschaftlichen Masse ein anderer Bruchteil als die Hälfte zufällt, zu diesem Bruchteil in Ansatz gebracht.

(3) Werden nur einzelne Teile der Masse von den in diesem Abschnitte bezeichneten Gattungen von Geschäften berührt, so werden die Gebühren nur nach dem Werte dieser Teile berechnet.

PrStStG. § 6 Abs. 8 bis 12:

(8) Der einjährige Wert von Nutzungen wird, wenn nicht aus der Urkunde ein höherer oder niederer Prozentsatz hervorgeht oder sonst festgestellt werden kann, zu vier vom Hundert des Wertes des Gegenstandes, welcher die Nutzung gewährt, angenommen.

(9) Bei immerwährenden Nutzungen und Leistungen ist das Fünfundzwanzigfache ihres einjährigen Betrags, bei Nutzungen und Leistungen von unbestimmter Dauer, sofern nicht die Vorschriften in den beiden nächstfolgenden Absätzen Anwendung finden oder anderweite die längste Dauer begrenzende Umstände in der Urkunde angegeben sind, das Zwölfeinhalbfache des einjährigen Betrages als Wert anzusehen.

(10) Der Wert von Nutzungen oder Leistungen auf Lebenszeit bestimmt sich nach dem zur Zeit ihres Anfanges erreichten Lebensalter der Person, bei

*) , zu denen die Auseinandersetzungen gehören.

deren Tode die Nutzung oder Leistung erlischt, und wird bei einem Lebensalter derselben

von 15 Jahren oder weniger auf das . . 18 fache
über 15 Jahre bis zu 25 Jahren auf das 17 „
„ 25 „ „ „ 35 „ „ „ 16 „
„ 35 „ „ „ 45 „ „ „ 14 „
„ 45 „ „ „ 55 „ „ „ 12 „
„ 55 „ „ „ 65 „ „ „ 8½ „
„ 65 „ „ „ 75 „ „ „ 5 „
„ 75 „ „ „ 80 „ „ „ 3 „
„ 80 „ auf das . . . . 2 „

des Wertes der einjährigen Nutzung oder Leistung angenommen; jedoch ist der Wert des Rechtes auf Nutzungen oder Leistungen auf Lebenszeit auf höchstens das Fünffache des einjährigen Betrags anzunehmen, wenn das Recht dem jetzigen oder früheren Ehegatten des Verpflichteten oder Personen zusteht, die mit dem Verpflichteten in gerader Linie verwandt, verschwägert oder durch Annahme an Kindes Statt verbunden oder in der Seitenlinie bis zum dritten Grade verwandt oder bis zum zweiten Grade verschwägert sind, auch wenn die Ehe, durch welche die Schwägerschaft begründet ist, nicht mehr besteht.

(11) Ist die Dauer der Nutzungen oder Leistungen von der Lebenszeit mehrerer Personen dergestalt abhängig, daß beim Tode der zuerst versterbenden die Nutzung oder Leistung erlischt, so ist für die nach den Bestimmungen im vorigen Absatze vorzunehmende Wertermittlung das Lebensalter der ältesten Person maßgebend. Wenn die Nutzung oder Leistung bis zum Tode der letztversterbenden Person fortdauert, erfolgt die Berechnung nach dem Lebensalter der jüngsten Person.

(12) Der Gesamtwert der auf bestimmte Zeit eingeschränkten Nutzungen oder Leistungen ist unter Zugrundelegung eines vierprozentigen Zinsfußes nach der beigefügten Hilfstabelle zu ermitteln. Ist jedoch die Dauer der Nutzung oder Leistung noch außerdem durch die Lebenszeit einer oder mehrerer Personen bedingt, so darf der nach den Bestimmungen der beiden vorhergehenden Absätze zu berechnende Wert nicht überschritten werden.

Tabelle

über den gegenwärtigen Kapitalwert einer Rente oder Nutzung im Werte von 1 ℳ auf eine bestimmte Anzahl von Jahren behufs Berechnung der davon zu entrichtenden Stempelsteuer.

Zu § 6 des Gesetzes.

Anzahl der Jahre	Kapitalwert		Anzahl der Jahre	Kapitalwert		Anzahl der Jahre	Kapitalwert		Anzahl der Jahre	Kapitalwert	
	ℳ	₰		ℳ	₰		ℳ	₰		ℳ	₰
1	1	0,0	14	10	98,6	27	16	98,3	40	20	58,5
2	1	96,2	15	11	56,3	28	17	33,0	41	20	79,3
3	2	88,6	16	12	11,8	29	17	66,3	42	20	99,3
4	3	77,5	17	12	65,2	30	17	98,4	43	21	18,6
5	4	63,0	18	13	16,6	31	18	29,0	44	21	37,1
6	5	45,1	19	13	65,9	32	18	58,9	45	21	54,9
7	6	24,2	20	14	13,4	33	18	87,4	46	21	72,0
8	7	00,2	21	14	59,0	34	19	14,8	47	21	88,5
9	7	73,3	22	15	02,9	35	19	41,1	48	22	04,3
10	8	43,5	23	15	45,1	36	19	66,5	49	22	19,5
11	9	11,1	24	15	85,7	37	19	90,8	50	22	34,2
12	9	76,0	25	16	24,7	38	20	14,3	51	22	48,2
13	10	38,5	26	16	62,2	39	20	36,8	52	22	61,8

Anzahl der Jahre	Kapitalwert ℳ	Kapitalwert ₰	Anzahl der Jahre	Kapitalwert ℳ	Kapitalwert ₰	Anzahl der Jahre	Kapitalwert ℳ	Kapitalwert ₰	Anzahl der Jahre	Kapitalwert ℳ	Kapitalwert ₰
53	22	74,8	61	23	62,4	69	24	26,4	77	24	73,1
54	22	87,3	62	23	71,5	70	24	33,0	78	24	78,0
55	22	99,3	63	23	80,3	71	24	39,5	79	24	82,7
56	23	10,9	64	23	88,7	72	24	45,6	80	24	87,2
57	23	22,0	65	23	96,9	73	24	51,6	81	24	91,5
58	23	32,7	66	24	04,7	74	24	57,3	82	24	95,7
59	23	43,0	67	24	12,2	75	24	62,8	83	24	99,7
60	23	52,8	68	24	19,4	76	24	68,0	84 und mehr	25	00,0

Art. 14. Ist für das dem Rechtsanwalt übertragene Geschäft eine Gebühr nicht bestimmt, so erhält er eine unter entsprechender Anwendung der Vorschriften der Deutschen Gebührenordnung und dieses Gesetzes zu bemessende Gebühr. Das gleiche gilt, soweit für die begonnene oder vorbereitete Ausführung eines vor der vollständigen Ausführung erledigten Auftrags eine Gebühr nicht vorgesehen ist.

Art. 15. (1) Dem Rechtsanwalt stehen Schreibgebühren zu:

1. für die auf besonderes Verlangen gefertigten Abschriften:
2. für Schreibwerk, das außerhalb des Rahmens einer gebührenpflichtigen Tätigkeit entsteht.

(2) Für die Höhe der Schreibgebühren sowie für die Erstattung der Postgebühren ist § 20 der Gebührenordnung für Notare maßgebend.

Art. 16. (1) Die Vorschriften der §§ 2 bis 6, 10 bis 12, 77 bis 86, 88, 93, 94 der Deutschen Gebührenordnung finden, soweit nicht ein anderes bestimmt ist, in den Fällen der Artikel 4 bis 14 entsprechende Anwendung.

(2) In den Fällen der Artikel 4 bis 7 finden auch die Vorschriften der §§ 7, 25, 26, 29 bis 32, 35, 36, 48 bis 51 der Deutschen Gebührenordnung entsprechende Anwendung. Steht dem Rechtsanwalt in derselben Instanz eine Gebühr für den Antrag auf Eintragung einer Sicherungshypothek zu, so wird diese auf die im Artikel 4 Abs. 1 Nr. 1, im Artikel 5 Abs. 2 und im Art. 7 Abs. 1 Satz 1 bestimmten Gebühren angerechnet.

Art. 17. Allgemeine Vorschriften über die Vergütung für eine Tätigkeit, welche die Zulassung zur Rechtsanwaltschaft nicht voraussetzt, sind auch für die Rechtsanwälte maßgebend.

II. Siebente Verordnung über anderweite Festsetzung der Gebühren der Gerichte, Notare, Rechtsanwälte und Gerichtsvollzieher

vom 18. Dez. 1923 (GS. 556).

Art. I. (1) Die auf Grund des Preußischen Gerichtskostengesetzes, der Gebührenordnung für Notare und der Landesgebührenordnung für Rechtsanwälte und Gerichtsvollzieher zu erhebenden Gebühren, Auslagen und Vorschüsse werden in Gold berechnet.

(2) In Reichswährung geleistete Zahlungen sind nach dem Tage der Zahlung in Gold umzurechnen. Als Tag der Zahlung gilt bei Zahlung durch Postanweisung oder Zahlkarte der aus dem Tagesstempel der Aufgabepost-

anstalt ersichtliche Tag der Einzahlung, bei Zahlung durch Postscheck oder Postüberweisung der Tag, der sich aus dem Tagesstempel des Postscheckamts auf dem der Kasse ausgehändigten Abschnitt ergibt, bei Erhebung der Kosten durch Nachnahme der Tag der Aufgabe des Auftrags zur Post. Im übrigen gilt als Tag der Zahlung der Tag des Zahlungseingangs.

(3) Bis auf weiteres gilt für die Umrechnung der vom Reichsminister der Finanzen bekanntgegebene Goldumrechnungssatz (§ 2 der Durchführungsbestimmungen zur Aufwertungsverordnung vom 13. Oktober 1923 — RGBl. I S. 951 —) und für die Zeit vor dem 1. September 1923 das Goldzollaufgeld. Der Justizminister ist ermächtigt, einen anderen Umrechnungssatz zu bestimmen.

Art. II. (1) Der Wert des Gegenstandes ist in Gold zu bestimmen.

(2) Ist der Wert des Gegenstandes, auf den sich das Geschäft bezieht, in Reichswährung bestimmt, so ist er nach dem Umrechnungssatz (Art. I Abs. 3) im Zeitpunkte der Fälligkeit der Gebühren in Gold umzurechnen.

Art. III. In Reichswährung entstandene bare Auslagen sind in Gold umzurechnen. Maßgebend ist für die Umrechnung der Umrechnungssatz (Art. I Abs. 3) im Zeitpunkte der Verauslagung.

Art. IV. Die Berechnung der mit den Gerichtskosten zu erhebenden Stempelabgaben erfolgt nach den Vorschriften des Stempelsteuergesetzes. Die in Reichswährung berechneten Stempelabgaben sind für gerichtliche Urkunden nach dem Tage ihrer Beurkundung, für außergerichtliche Urkunden nach dem am Tage ihres Eingangs bei Gericht geltenden Umrechnungssatz (Art. I Abs. 3) in Gold umzurechnen.

Art. V. Die in Gold umgerechneten Beträge sind auf volle 10 Goldpfennige aufzurunden.

Art. VI enthält die Änderungen des PrGKG.

Art. VII enthält die Änderungen der NotGebO.

Art. VIII. Landesgebührenordnung für Rechtsanwälte und Gerichtsvollzieher. (1) Volle Gebühr im Sinne des Art. 3 ist die im Art. VI unter Nr. 3 dieser Verordnung bestimmte Gebühr. Der Mindestbetrag einer Gebühr beträgt 2 Reichsmark. Pfennigbeträge, welche nicht ohne Bruch durch zehn teilbar sind, sind auf volle 10 Reichspfennige aufzurunden.

(2) und (3) betreffen die Gebühren der Gerichtsvollzieher.

Art. IX. (1) Diese Verordnung tritt am 1. Januar 1924 in Kraft und findet Anwendung auf alle zu diesem Zeitpunkte noch nicht fällig gewordenen Gerichtskosten und noch nicht beendeten Geschäfte, in letzterer Hinsicht auch insoweit, als Arbeiten bereits geleistet sind. Ist zur Deckung der Gebühren und Auslagen vor dem Inkrafttreten dieser Verordnung ein Vorschuß erfordert, so wird dieser in Gold umgerechnet und auf die entstandenen Kosten in Anrechnung gebracht. Für die Umrechnung ist bei bereits bezahlten Vorschüssen der am Tage der Zahlung geltende Goldumrechnungssatz oder das an diesem Tage geltende Goldzollaufgeld (Art. I Abs. 3) maßgebend. Noch nicht bezahlte Vorschüsse werden nach dem am Tage des Inkrafttretens dieser Verordnung geltenden Goldumrechnungssatz (Art. I Abs. 3) umgerechnet.

(2) Gebühren, die vor dem Inkrafttreten dieser Verordnung fällig geworden, und Auslagen, die vor diesem Zeitpunkt entstanden sind, werden, soweit sie noch nicht erfordert und soweit sie nicht durch Vorschüsse gedeckt sind, in Gold umgerechnet. Für die Umrechnung ist der Umrechnungssatz (Art. I Abs. 3) am Tage des Inkrafttretens dieser Verordnung maßgebend. Die sich hiernach ergebenden Gesamtbeträge sind auf volle 50 Reichspfennige nach unten abzurunden. Beträge von weniger als 50 Reichspfennigen werden weder erhoben noch erstattet.

(3) Mit dem Zeitpunkte des Inkrafttretens dieser Verordnung tritt die Verordnung vom 4. Oktober 1923 (Gesetzsamml. 459) außer Kraft.

III. Preußische Pachtschutzordnung.

§ 49 Abs. 2 Satz 5 ff. Bei der Festsetzung des Wertes des Streitgegenstandes ist im Falle eines Antrags auf Verlängerung oder Aufhebung eines Vertrags der Pachtzins, im Falle eines Antrags auf Abänderung der Leistungen der Unterschied zwischen dem bisherigen und dem neu beantragten Pachtzinse zugrunde zu legen, beide Male berechnet auf die Zeit, für welche die anderweite Regelung oder die Aufhebung beantragt wird, jedoch höchstens auf zwei Jahre. Der Pachtzins ist unter Einschluß des Wertes von Naturalleistungen zu berechnen; Pfennigbeträge sind auf ganze Mark nach unten abzurunden. Die Mindestgebühr beträgt zwei Reichsmark. Bei Beteiligung mehrerer Personen an einem Verfahren (Streitgenossenschaft, § 28) ist die Gebühr vom Gesamtstreitwerte, welcher durch Zusammenrechnung der einzelnen Streitwerte zu ermitteln ist, zu berechnen. Die Haftung der einzelnen Streitgenossen bestimmt sich nach dem Verhältnisse der einzelnen Streitwerte.

§ 52 Abs. 2. Der zur Vertretung einer Partei zugezogene Rechtsanwalt erhält für seine Tätigkeit in der Instanz die einmalige volle Gebühr nach § 9 der Gebührenordnung für Rechtsanwälte. Die §§ 8, 11, 76 bis 86, 93 und 94 a. a. O. sind sinngemäß anzuwenden.

§ 53. In der Rechtsbeschwerde- und Berufungsinstanz finden die Vorschriften der §§ 49 bis 52 ohne den § 52 Abs. 1 Halbsatz 2 mit der Maßgabe entsprechend Anwendung, daß sich die Gebühr nach dem Werte des Streitgegenstandes, wenn aber der Wert des Beschwerdegegenstandes geringer ist, nach diesem berechnet und daß die Kosten eines ohne Erfolg eingelegten Rechtsmittels dem Beschwerdeführer zur Last zu legen sind. Für die Entscheidung darüber, zu wessen Gunsten der Vertrag aufgehoben, verlängert oder hinsichtlich der Leistungen abgeändert ist (§ 51), ist der Unterschied zwischen dem Rechtszustande bei Anrufung des Pachteinigungsamts und dem durch die endgültige Entscheidung auf das Rechtsmittel geschaffenen Rechtszustande maßgebend. § 91 Abs. 2 der Zivilprozeßordnung gilt entsprechend. Als Gerichts- und Anwaltsgebühr wird das Anderthalbfache der Gebührensätze erster Instanz erhoben.

Wird das Rechtsmittel als unzulässig verworfen, so ermäßigen sich die Gerichts- und Anwaltsgebühren auf die Hälfte; das gleiche gilt im Falle der Zurücknahme des Rechtsmittels. Die Vorschrift über die Mindestgebühr bleibt jedoch unberührt.

Einleitung.*)

§ 1. Entstehungsgeschichte des preußischen Landesgebührenrechts.

1 1. Bei Inkrafttreten der Reichsjustizgesetze erging in Preußen das Ausführungsgesetz zur Deutschen Gebührenordnung für Rechtsanwälte vom 2. Februar 1880 (GS. 43). Es erklärte die Deutsche Gebührenordnung für Rechtsanwälte für entsprechend anwendbar in den vor besondere Gerichte gehörigen Rechtssachen, auf welche die ZPO. oder die StPO. Anwendung finden, in Forstdiebstahlssachen und im Disziplinarverfahren (§ 1). Für andere Sachen, in denen die RAGebO. an sich für die Vergütung der Berufstätigkeit des Rechtsanwalts nicht maßgebend ist, wurden lediglich die §§ 2—7, 10—12, 41, 47, 76—90, 93, 94 für anwendbar erklärt (§ 2 Abs. 1). Im übrigen blieb das für die einzelnen Teile Preußens verschiedene bisherige Anwaltsgebührenrecht bestehen, nur trat (§ 2 Abs. 2) an die Stelle der Gebühren für Vertretung in einem Termin oder für Anfertigung eines Schriftsatzes eine Gebühr von $^3/_{10}$ der Sätze des § 9 RAGebO.

2 2. Erst aus Anlaß des Inkrafttretens des BGB. und seiner Nebengesetze wurde ein einheitliches preußisches Landesgebührenrecht durch das Gesetz, enthaltend die landesgesetzlichen Vorschriften über die Gebühren der Rechtsanwälte und der Gerichtsvollzieher, vom 27. September 1899 (GS. 317) geschaffen, das alsbald durch die Bekanntmachung des Justizministers vom 6. Oktober 1899 (GS. 381) seine endgültige Fassung erhielt und das der jetzt geltenden Landesgebührenordnung in allen wesentlichen Punkten entspricht.

3 Das Gesetz vom 21. März 1910 (GS. 15), in Kraft seit 5. April 1910, nahm durch Einführung der Pauschsätze für Schreibwerk und Postgebühren Änderungen vor, die in der Bekanntmachung des Justizministers vom 6. September 1910 (GS. 261) zu einer Neufassung des Gesetzes führten. Weitere Änderungen auf gleichem Gebiete brachte das Gesetz vom 17. Februar 1917 (GS. 17), das die Pauschsätze erhöhte.

4 Das Gesetz vom 6. Juli 1918 (GS. 128) führte Kriegszuschläge zu den Gebühren ein, die durch das Gesetz vom 29. April 1920 (GS. 152) erhöht

---

*) Schrifttum des preußischen Landesgebührenrechts: Willenbücher, Pfafferoth und Sydow-Busch in ihren Ausgaben der RAGebO.; dazu Sydow-Busch Nachtrag (1925); Quednau, Ges. enthaltend die landesges. Vorschriften über die Geb. der Rechtsanwälte; Joachim, Die Geb. der Rechtsanwälte und Gerichtsvollzieher in Preußen (1900); Bartscher-Drinnenberg-Wenz, Preußisches Gerichtskosten-Gesetz Gebührenordnung für Notare Landes-Gebührenordnung für Rechtsanwälte und Gerichtsvollzieher nebst den kostenrechtlichen Nebengesetzen 6. Auflage; Rausnitz, Gebührenordnung für Notare 6. Aufl.; Beushausen, Gebührenordnung für Notare 3. Aufl.; Mügel-Ehm, Die Preußischen Kostengesetze vom 25. Juli 1910 7. Aufl.; Brathuhn-Grassow, Die preußischen Kostengesetze usw. 3. Aufl.; Wagemann-Marwitz, Die Preußische Pachtschutzordnung 3. Aufl.

wurden. Auf Grund dieser Abänderungen fand das Kriegszuschlagsgesetz in der Bekanntmachung des Justizministers vom 14. Mai 1920 (GS. 155) eine Neufassung als „Gesetz über Teuerungszuschläge zu den Gebühren der Notare, Rechtsanwälte und Gerichtsvollzieher und zu den Gerichtskosten". Das Gesetz sollte am 31. Dezember 1921 außer Kraft treten. Seine Gültigkeit wurde aber durch das Gesetz vom 29. Dezember 1921 (GS. 571) bis 31. März 1922, durch das Gesetz vom 28. März 1922 (GS. 68) bis 31. Mai 1922, durch das Gesetz vom 27. Mai 1922 (GS. 115) bis 30. September 1922 und durch das Gesetz vom 24. Juli 1922 (GS. 191) bis auf weiteres verlängert.

3. Neue Änderungen des Gesetzes vom 21. März 1910 brachte außer dem schon erwähnten Gesetze vom 24. Juli 1922 und dem vom 30. September 1922 (GS. 301) das Gesetz vom 28. Oktober 1922 (GS. 359), das die Auslagenpauschsätze beseitigte und auf Grund dessen am 31. Oktober 1922 eine Neufassung des Gesetzes von 1910 als „Landesgebührenordnung für Rechtsanwälte und Gerichtsvollzieher" bekanntgemacht wurde (GS. 410). Das Gesetz vom 28. Oktober 1922 sah zugleich einen besonderen Teuerungszuschlag von 400% und bezüglich der Mindestgebühr einen solchen von 650% vor, ermächtigte das Staatsministerium auch zur Änderung des Teuerungszuschlags, eine Ermächtigung, die durch das Gesetz vom 12. April 1923 (GS. 107) dahin erweitert wurde, daß die anderweite Festsetzung der Gebühren für statthaft erklärt wurde. Abänderungen der Teuerungszuschläge erfolgten durch die Verordnungen vom 15. Dezember 1922 (GS. 445), in Kraft seit 16. Dezember 1922, und vom 16. Februar 1923 (GS. 35), in Kraft seit 20. Februar 1923. Anderweite Festsetzung der Gebühren brachten die Verordnungen 5

vom 26. April 1923 (GS. 142), in Kraft seit 1. Mai 1923,
„ 3. Juli 1923 (GS. 296), in Kraft seit 16. Juli 1923,
„ 18. Juli 1923 (GS. 337), in Kraft seit 1. August 1923,
„ 30. August 1923 (GS. 409), in Kraft seit 1. September 1923,
„ 19. September 1923 (GS. 437), in Kraft seit 20. Sept. 1923,

während die Verordnung vom 25. Juli 1923 (GS. 351), in Kraft seit 1. August 1923, die Erhebung eines besonderen Teuerungszuschlags von 200% zu den in der Verordnung vom 18. Juli 1923 festgesetzten Gebühren vorsah.

Die 6. Verordnung über anderweite Festsetzung der Gebühren der Gerichte, Notare, Rechtsanwälte und Gerichtsvollzieher vom 4. Oktober 1923 (GS. 459), in Kraft seit 14. Oktober 1923, führte entsprechend wie die 12. Verordnung der Reichsregierung über die Gebühren der Rechtsanwälte vom 27. September 1923 (RGBl. I 912) Grundzahlen für Berechnung der Gebühren an der Hand der Teuerungszahlen ein. Die 7. Verordnung vom 18. Dezember 1923 (GS. 556), in Kraft seit 1. Januar 1924, brachte die Umstellung der Gebühren und Auslagen auf Gold. 6

Durch die Verordnung des Justizministers vom. 18. Dezember 1923 (GS. 560), in Kraft seit 1. Januar 1924, wurden die Schreibgebühren auf 0,10 Goldmark festgesetzt. Durch Verordnung desselben Ministers vom 28. Juni 1924 (GS. 573) erfolgte mit Geltung ab 10. Juli 1924 eine Erhöhung auf 0,20 Goldmark, durch Verordnung vom 7. März 1927 (GS. 20) eine solche auf 0,30 Reichsmark ab 1. April 1927. 7

Nach § 3 der Verordnung vom 2. Juli 1926 (GS. 192) treten in allen Vorschriften des preußischen Landesrechts an die Stelle der Worte „Goldmark" und „Goldpfennig" die Worte „Reichsmark" und „Reichspfennig". Das ist bei den Gesetzestexten beachtet worden. 7a

8 Die Landesgebührenordnung findet ihre Ergänzung in dem Preußischen Gerichtskostengesetz vom 28. Oktober 1922 (GS. 363) und der Preußischen Gebührenordnung für Notare vom gleichen Tage (GS. 404), beide in der Fassung des Gesetzes vom 12. April 1923 und der in Anmerkung 7 gedachten drei Verordnungen des Justizministers.

9 4. Neben der Landesgebührenordnung enthalten preußisches Anwaltsgebührenrecht:

1. die preußische Pachtschutzordnung vom 30. September 1925 in der Fassung der Bekanntmachung vom 16. Oktober 1925 (GS. 141),
2. die Verordnung über das Kostenwesen bei der Auflösung der Familiengüter und Hausvermögen (Gebührenordnung für Auflösung von Familiengütern), jetzt gültig in der Fassung vom 11. Januar 1924 (GS. 29) mit den Änderungen vom 31. Mai 1924 (GS. 545).

§ 2. Übersicht über den Inhalt des Landesgebührenrechts.

1 **I. Landesgebührenordnung.**

1. Die Landesgebührenordnung ist, soweit nicht die RAGebO. gilt, ausschließlich maßgebend vorbehaltlich der in § 1 Anm. 9 erwähnten zwei Sonderregelungen. Für Ausfüllung von Lücken sorgt Art. 14.

2 2. Nach Art. 2 findet die RAGebO. in vollem Umfange entsprechende Anwendung

1. in den vor besondere Gerichte gehörigen Sachen, für welche die ZPO. oder die StPO. gilt,
2. in den Forstdiebstahlssachen,
3. im Verwaltungsstreitverfahren,
4. im Verfahren vor dem Bundesamte für das Heimatwesen,
5. im Rechtsmittelverfahren, betreffend die Veranlagung von Staatssteuern,
6. im Verwaltungsstrafverfahren,
7. im Disziplinarverfahren.

Weiter kann eine Anwendung der RAGebO. im ganzen auf Grund des Art. 14 in Frage kommen.

3 Abgesehen von den in Anm. 2 erwähnten Fällen kommen einzelne Bestimmungen der RAGebO. neben denen der Landesgebührenordnung zur Anwendung u. zw.

1. stets die §§ 2, 3, 6, 77—86, 88 RAGebO.,
2. in den Fällen der Art. 4—12 und 14 weiter die §§ 4, 5, 10—12, 93, 94 RAGebO., im Falle des Art. 13, soweit nicht Abs. 2 in Betracht kommt, auch § 93 RAGebO.,
3. in den Fällen der Art. 4—7 außerdem noch die §§ 7, 25, 26, 29—32, 35, 36, 48—51 RAGebO.

4 3. Dem § 9 RAGebO. entspricht Art. 3, der die volle Gebühr regelt. Er bestimmt gleichzeitig die Mindestgebühr und schreibt die Abrundung von Pfennigbeträgen vor, ersetzt also § 8 RAGebO.

5 4. Die Art. 4—7 regeln die Vergütung der Anwaltstätigkeit im Verfahren der Zwangsversteigerung und Zwangsverwaltung nach dem Pauschgebührensystem.

In der Zwangsversteigerung erhält der RA. je eine volle Gebühr (Art. 4)

1. für die Vertretung eines Beteiligten bis zur Einleitung des Verteilungsverfahrens,
2. für solche Vertretung im Verteilungsverfahren,
3. für die Wahrnehmung der Versteigerungstermine.

In der Zwangsverwaltung stehen dem RA. zu (Art. 5)

1. als Vertreter des Gläubigers, des Schuldners oder des Konkursverwalters jährlich $^{8}/_{10}$ der vollen Gebühr nach dem Werte der jährlichen Einkünfte,
2. daneben als Vertreter des Gläubigers eine einmalige Gebühr in Höhe der vollen Gebühr nach dem Werte der jährlichen Einkünfte.

Für beschränkte Aufträge gelten die besonderen Bestimmungen der Art. 4 Abs. 5, 5 Abs. 3.

Bei Verteilungsverfahren außerhalb der Zwangsversteigerung oder Zwangsverwaltung gilt Art. 4 entsprechend, ebenso bei einem Verteilungsverfahren in der Zwangsverwaltung, wenn der RA. einen anderen Beteiligten als den Gläubiger, den Schuldner oder den Konkursverwalter vertritt (Art. 6).

Im Verfahren der Zwangsliquidation einer Bahneinheit erhält der RA. als Vertreter eines Beteiligten die volle Gebühr, außerdem als Vertreter des Antragstellers nochmals die volle Gebühr für die Vertretung in der Versammlung der Bahnpfandgläubiger (Art. 7).

5. Für die Wahrnehmung anderer als der in Art. 4—7 vorgesehenen Angelegenheiten durch einen RA. werden in den Art. 8 bis 12 Einzelgebühren bestimmt. Sie finden insbesondere Anwendung auf die Tätigkeit bei den Verwaltungsbehörden, auf die Tätigkeit in der freiwilligen Gerichtsbarkeit und auf die Tätigkeit, die sich nicht vor Behörden abspielt, solche auch nicht vorbereitet, sondern lediglich im Verkehr mit Privatpersonen entwickelt wird. 6

Es stehen zu

1. für Anträge, Erklärungen und Beschwerden bei Behörden $^{8}/_{10}$ der vollen Gebühr (Art. 8),
2. für Schreiben an Privatpersonen $^{5}/_{10}$ der vollen Gebühr (Art. 9),
3. für Wahrnehmung eines Termins die volle Gebühr, für den zweiten und jeden weiteren Termin $^{8}/_{10}$ der vollen Gebühr, insgesamt in einer Instanz höchstens das Dreifache der vollen Gebühr (Art. 10),
4. falls nicht eine der Gebühren zu 1—3 eingreift, für einen Rat oder eine Besprechung $^{5}/_{10}$ der vollen Gebühr (Art. 11).

Die Gebühren können, weil Einzelgebühren, in derselben Angelegenheit mehrfach entfallen. Für die Gebühren aus Art. 10 gibt, wie bemerkt, dieser selbst eine Bestimmung über das Höchstmaß der Gebührensumme. Der Gesamtbetrag der Gebühren nach Art. 8, 9 und 11 darf in einer Instanz das Dreifache der vollen Gebühr nicht übersteigen (Art. 12).

6. Auf die Anfertigung des Entwurfs eines Rechtsgeschäfts und die Vermittlung einer Auseinandersetzung sowie auf den Empfang, die Verwahrung und die Auszahlung von Geldern und Wertpapieren in Angelegenheiten, für welche die RAGebO. nicht gilt, finden die Vorschriften der NotGebO. entsprechende Anwendung (Art. 13). 7

7. Die Vergütung für Schreibwerk und Postgebühren erfolgt im Falle des Art. 13 nach den Vorschriften der NotGebO. Sonst erhält der RA. 8

Schreibgebühren lediglich für die auf besonderes Verlangen gefertigten Abschriften und für Schreibwerk, das außerhalb des Rahmens einer gebührenpflichtigen Tätigkeit entsteht; für die Höhe der Schreibgebühren und die Erstattung der Postgebühren ist § 20 NotGebO. maßgebend (Art. 15).

9 **II. Gebührenordnung für Auflösung von Familiengütern.**

Bei streitigen Ansprüchen findet mit gewissen Abänderungen die RAGebO. Anwendung, nur gelten überall an Stelle der vollen Sätze des § 9 RAGebO. $^5/_{10}$ dieser Sätze als volle Gebühr. Im übrigen ist eine eigene Gebührenordnung vorgesehen, deren volle Gebühr die des § 32 PrGKG. ist.

10 **III. Preußische Pachtschutzordnung.**

Der RA. erhält für die Tätigkeit in der ersten Instanz eine volle Gebühr nach § 9 RAGebO., in der Rechtsbeschwerde- und Berufungsinstanz je einmal das Anderthalbfache der vollen Gebühr nach § 9 RAGebO. Wird ein Rechtsmittel als unzulässig verworfen oder zurückgenommen, so ermäßigt sich die Gebühr auf die Hälfte.

§ 3. Übergangsrecht.

I. Landesgebührenordnung.

1 1. Die gesetzlichen Bestimmungen.

Von den Übergangsbestimmungen darf die des § 3 des Ausführungsgesetzes zur Deutschen Gebührenordnung für Rechtsanwälte vom 2. Februar 1880 unerörtert bleiben, da sie sicher von keiner praktischen Bedeutung mehr ist. Das Gesetz vom 27. September 1899 bestimmte in Art. 17: „Die Vorschriften dieses Abschnitts treten gleichzeitig mit dem Bürgerlichen Gesetzbuch in Kraft. Für die vor diesem Zeitpunkt erteilten Aufträge bewendet es bei den bisherigen Vorschriften." Ausschlaggebend war danach allein der Zeitpunkt der Auftragserteilung, gleichgültig die Zeit der Auftragserledigung. Fiel diese teils in die Zeit vor, teils in die Zeit nach Inkrafttreten des BGB., so galt das frühere Recht[1]). Das Gesetz vom 21. März 1910, das die Pauschsätze einführte, enthielt keine Übergangsbestimmungen, Art. 17 ging unverändert in die Neufassung gemäß der Bekanntmachung vom 6. September 1910 über.

Das Gesetz vom 17. Februar 1917, welches in Art. I das PrGKG., in Art. II und III die PrNotGebO. und das Gesetz, enthaltend die landesgesetzlichen Vorschriften über die Gebühren der Rechtsanwälte und der Gerichtsvollzieher in der Fassung vom 6. September 1910 änderte, bestimmte in Art. IV:

„Die Vorschriften des Artikel I finden Anwendung auf alle zur Zeit des Inkrafttretens dieses Gesetzes noch nicht fällig gewordenen Gerichtskosten. Die Vorschriften der Artikel II und III finden Anwendung auf alle zur Zeit des Inkrafttretens des Gesetzes noch nicht beendigten Geschäfte."

Das ist die typische Übergangsbestimmung des preußischen Rechts, die in den folgenden Gesetzen und Verordnungen wiederkehrt. Immer wird es bei den Gerichtskosten darauf abgestellt, ob sie bei Inkrafttreten des Gesetzes „noch nicht fällig geworden" sind, bezüglich der Vergütung der Notare und Rechtsanwälte, ob es sich in diesem Zeitpunkte um „noch nicht beendigte Geschäfte" handelt. Seit der Verordnung vom 26. April 1923 kommt zu den „noch nicht beendigten Geschäften" der Zusatz „in letzterer Hinsicht auch insoweit, als Arbeiten bereits geleistet sind". Diese Fassung hat namentlich auch Art. IX der 7. Verordnung vom 18. Dezember 1923.

---

1) KBAbgG. 14; Sydow-Busch Art. 18 Anm. 1; Pfafferoth Art. 17 Anm. 2.

Dagegen weisen die zahlreichen Verordnungen, durch die während der Inflationszeit die Schreibgebühren fortgesetzt erhöht wurden, und die in § 1 Anm. 7 genannten drei Verordnungen, die gleichfalls die Schreibgebühren betreffen, keinerlei Übergangsbestimmungen auf. Hier gilt das natürliche Übergangsrecht[1a], d. h. es kommen jeweils die Bestimmungen zur Anwendung, die zur Zeit der Leistung des betreffenden Schreibwerks galten. 2

2. Die typische Übergangsbestimmung.

Bezüglich der typischen Übergangsbestimmung fragt es sich, was unter den „noch nicht beendigten Geschäften" zu verstehen ist. Bedenkt man, daß diese Worte für die Vergütung der Notare und Rechtsanwälte gebraucht werden, während bei den Gerichtskosten es darauf abgestellt wird, ob diese „noch nicht fällig geworden" sind, so wird man nicht fehl gehen, die Gleichartigkeit beider Voraussetzungen anzunehmen und ein Geschäft für beendigt anzusehen, wenn die einschlägige Gebühr fällig geworden ist, mag auch die Erledigung gebührenfreier Nebengeschäfte noch ausstehen[2]). Da nach § 85 RAGebO., der im gesamten Gebiete der LGebO. gilt, die Gebühren mit Erledigung des Auftrags fällig werden, so ist mit solcher Erledigung auch das Geschäft beendigt[3]). 3

Schwierigkeiten bereitet die Anwendung der in den Art. 10 und 12 vorgesehenen Gesamtbeträge. Man wird bei ihrer Berechnung von der GebO. auszugehen haben, die die höchste Gebühr vorsieht.

Ist ein Geschäft zur Zeit des Inkrafttretens des neuen Rechts, insbesondere also der 7. Verordnung, noch nicht beendigt, so ergreift das neue Recht die Abgeltung des Geschäfts auch insoweit, als Arbeiten bereits geleistet sind. Das ist wichtig, weil nach der Landesgebührenordnung die Abgeltung vielfach durch Einzelgebühren erfolgt.

3. Die Goldumrechnung in der Übergangszeit.

a) Der Streitwert.

Nach Art. II Abs. 1 der 7. Verordnung ist der Wert des Gegenstandes in Gold zu bestimmen. Das gilt auch, wenn es sich um Geschäfte handelt, die am 1. Januar 1924 noch nicht beendigt waren. In diesem Falle wird Abs. 2 des genannten Art. II von Bedeutung. Danach ist der Wert des Gegenstandes, auf den sich das Geschäft bezieht, wenn er in (früherer) Reichswährung bestimmt ist, nach dem Umrechnungssatz im Zeitpunkte der Fälligkeit der Gebühren in Gold umzurechnen. Umrechnungssatz ist hier wie stets in der 7. Verordnung der nach § 2 der Durchführungsbestimmungen zur Aufwertungsverordnung vom 13. Oktober 1923 (RGBl. I 951) vom Reichsminister der Finanzen bekanntgegebene Goldumrechnungssatz und für die Zeit vor dem 1. September 1923 das Goldzollaufgeld (Art. I Abs. 3 der 7. Verordnung), soweit nicht für den einen oder anderen Fall der Justizminister einen anderen Umrechnungssatz bestimmt. 4

b) Die Zahlungen an den Rechtsanwalt (Vorschüsse).

Nach Art. I Abs. 1 der 7. Verordnung werden die auf Grund der Landesgebührenordnung zu erhebenden Gebühren, Auslagen und Vorschüsse in Gold berechnet. In früherer Reichswährung geleistete Zahlungen sind nach Abs. 2 5

1a) Walter-Joachim-Friedländer Anh. I z. I. Abschn. Anm. 1.

2) KGJ. 52 B 290/293 = Bbl. 1920, 226/227 (den § 6 des Ges. vom 6. Juli 1918 GS. 128 betr.); Rausnitz § 27 NotGebO. Anm. 1, § 19 PrGKG. Anm. 1.

3) Ungedrucktes Gutachten des AKV. Köln 10. Juli 1924 (den Art. II Abs. 2 des Ges. vom 28. Oktober 1922 GS. 539 betr.).

ebenda nach dem Tage der Zahlung in Gold umzurechnen. Als Tag der Zahlung gilt bei Zahlung durch Postanweisung oder Zahlkarte der aus dem Tagesstempel der Aufgabepostanstalt ersichtliche Tag der Einzahlung, bei Zahlung durch Postscheck oder Postüberweisung der Tag, der sich aus dem Tagesstempel des Postscheckamts auf dem der Kasse ausgehändigten Abschnitte ergibt, bei Erhebung der Kosten durch Nachnahme der Tag der Aufgabe des Auftrags zur Post, im übrigen der Tag des Zahlungseingangs, d. h. also der Zeitpunkt, „in dem der RA. nicht nur rechtlich, sondern auch tatsächlich über das Geld verfügen kann[4]).

6 All dies gilt auch für Geschäfte, die am 1. Januar 1924 noch nicht beendigt waren. Ist in solchen Fällen zur Deckung der Gebühren und Auslagen vor dem 1. Januar 1924 ein Vorschuß erfordert, so wird er nach Art. IX Abs. 1 der 7. Verordnung in Gold umgerechnet und auf die entstandenen Kosten in Anrechnung gebracht. Gleichgültig ist dabei, ob er auch vor dem 1. Januar 1924 bereits gezahlt war[5]). Die Tatsache der Bezahlung vor diesem Tage ist nur maßgebend für die Bestimmung des Umrechnungssatzes. Ist auch die Zahlung vor dem 1. Januar 1924 geschehen, so kommt der am Tage der Zahlung geltende Goldumrechnungssatz oder das an diesem Tage geltende Goldzollaufgeld in Betracht; ist die Zahlung am 1. Januar 1924 noch nicht bewirkt, so entscheidet der an diesem Tage geltende Goldumrechnungssatz.

7 Die Anrechnung des umgerechneten Vorschusses geschieht in voller Höhe[6]). Ebenso unbeschränkt ist die Pflicht zur Rückerstattung, falls der anzurechnende Vorschuß höher ist als die endgültige Kostenforderung[7]).

c) Umrechnung der Auslagen des Anwalts in Gold.

8 Art. III der 7. Verordnung stimmt wörtlich mit Art. IV Abs. 1 der für das Reich geltenden GoldgebO. überein. Eine dem Art. IV Abs. 2 dieser GoldgebO. entsprechende Bestimmung kennt das preußische Recht nicht, Post- und Fernsprechgebühren werden also ebenso wie sonstige Auslagen behandelt.

d) Gebühren und Auslagen in Sachen, für welche die 7. Verordnung nicht gilt.

9 Art. IX Abs. 2 der 7. Verordnung bestimmt folgendes: „Gebühren, die vor dem Inkrafttreten dieser Verordnung fällig geworden, und Auslagen, die vor diesem Zeitpunkt entstanden sind, werden, soweit sie noch nicht erfordert und soweit sie nicht durch Vorschüsse gedeckt sind, in Gold umgerechnet." Es handelt sich also um Vergütungen, die sich nach dem früheren Rechte bemessen, da ja die 7. VO. nur eingreift, wenn die Fälligkeit noch nicht eingetreten ist. Die Umrechnung[8]) erfolgt nach dem Umrechnungssatze am Tage des Inkrafttretens der 7. Verordnung (1. Januar 1924). Die sich ergebenden Gesamtbeträge werden auf volle 50 Goldpfennige (jetzt Reichspfennige) nach unten abgerundet, Beträge von weniger als 50 Goldpfennigen (jetzt Reichspfennigen) werden weder erhoben noch erstattet.

---

[4]) Walter-Joachim-Friedländer Anh. I z. 1. Abschnitt Anm. 51.

[5]) Anders die im Reiche geltende GoldgebO. s. Walter-Joachim-Friedländer a. a. O. Anm. 53 ff.

[6]) Anders auch hier die im Reiche geltende GoldgebO. s. Walter-Joachim-Friedländer a. a. O. Anm. 53.

[7]) Die in der GoldgebO. des Reichsrechts getroffene andere Regelung (s. Walter-Joachim-Friedländer a. a. O. Anm. 54 ff.) dürfte der Billigkeit mehr entsprechen.

[8]) Eine Aufwertung ist hier ausgeschlossen. JW. 1925, 1790 (OLG. Stettin) und Anm. von Kraemer dazu.

Soweit dagegen die vor dem Inkrafttreten der 7. VO. fällig gewordenen Gebühren oder entstandenen Auslagen am 1. Januar 1924 entweder erfordert oder durch Vorschüsse gedeckt sind, bewirkt dieses Inkrafttreten keine Änderung des bisherigen Rechtszustandes. Wohl aber kommt nach den allgemeinen Grundsätzen[9]) eine Aufwertung in Frage, welcher die 7. VO. nicht entgegensteht[10]). 10

II. Pachtschutzordnung.

Die Preußische Pachtschutzordnung in der Fassung der Bekanntmachung vom 16. Oktober 1925, in Kraft seit 1. Oktober 1925 und gültig bis einschließlich 30. September 1927, bestimmt in § 58 Abs. 2, daß die vor ihrem Inkrafttreten gestellten Anträge, wenn das Pachteinigungsamt darüber noch nicht entschieden hat, nach den neuen Vorschriften, andernfalls nach dem bisherigen Rechte beurteilt werden. Man wird diese Bestimmung auch für das Anwaltskostenrecht anzuwenden haben. 11

III. Gebührenordnung für Auflösung von Familiengütern.

Die Regelung des Übergangsrechts in § 31 der Verordnung vom 11. Januar/31. Mai 1924 entspricht durchaus der in der 7. VO. sich findenden. § 31 Abs. 4 der genannten Verordnung verweist für die Gebühren, Auslagen und Vorschüsse, die auf Grund der RAGebO. berechnet sind oder berechnet werden, auf die Vorschriften des Art. VII der im Reich geltenden Goldgebührenordnung[11]). 12

§ 4. Die Erstattung der Kosten des Armenanwalts durch den Staat.

Nach § 14 FGG. finden in den Angelegenheiten der freiwilligen Gerichtsbarkeit die Vorschriften der ZPO. über das Armenrecht entsprechende Anwendung. Das Reichsgesetz über die Erstattung von Rechtsanwaltsgebühren in Armensachen vom 6. Februar 1923 (RGBl. I 103) stellt sich als eine Ergänzung der gedachten Vorschriften über das Armenrecht dar und findet deshalb auch entsprechende Anwendung bezüglich der nach Landesrecht[1]) sich bemessenden Kosten des Armenanwalts[1a]), der auf Grund des § 14 FGG. bei-

---

[9]) Vgl. darüber Kraemer, Die Aufwertung von Anwalts- und Notariatsgebühren in der Festgabe für Max Fuchs 41/46; Walter-Joachim-Friedländer Anh. I z. I. Abschnitt Anm. 67.

[10]) JW. 1925, 1782/1783 (KG.), 1787 (OLG. Königsberg), 1789 ff. (OLG. Stettin); Kraemer a. a. O. 43; Recht 1927 Nr. 1508 (RG.).

[11]) Soweit nach der PrLGebO. das Recht der RAGebO. gilt, kommt auch das reichsrechtliche Übergangsrecht zur Anwendung.

[1]) In Preußen nach Art. 8—12 PrLGebO. (s. unten Vorb. zu Art. 8—12 Anm. 1).

[1a]) Wenn das Reichsges. vom 6. Febr. 1923 davon spricht, daß dem Armenanwalte die Gebühren und Auslagen „nach Maßgabe der Gebührenordnung für Rechtsanwälte" von der Staatskasse ersetzt werden, so setzt es die Anwendbarkeit der RAGebO. voraus. Die „entsprechende" Anwendung der Vorschriften über das Armenrecht muß auch zu einer „entsprechenden" Anwendung des ArmKErstGes. führen. „Ersetzen" kann man nur, was vorher da war, also können hier nur die Gebühren und Auslagen nach Maßgabe des Landesrechts für die Erstattung seitens der Staatskasse in Betracht kommen. So ZDJustAmtm. 1925, 191 (KG.); ZPrJustAmtm. 1927, 94 (OLG. Frankfurt a. M.) und 94/5 (LG. Frankfurt a. M.); M. Friedlaender, JW. 1926, 1528 und Anm. zu JW. 1926, 857[3]; JW. 1926, 2583[1] (OLG. Dresden) und M. Friedlaender in der Anm. dazu; offenbar auch KG. in JFGErg. 1, 60; a. M. Goltermann, JW. 1926, 1528.

geordnet worden ist[2]). Dies gilt nicht nur im ursprünglichen Bereiche des FGG., sondern auch soweit reichsrechtlich darüber hinaus das Verfahren der freiwilligen Gerichtsbarkeit für anwendbar erklärt[3]) oder landesrechtlich das Anwendungsgebiet des § 14 FGG. erweitert ist[4]). Dagegen kann in diesen Fällen in Preußen das Abänderungsgesetz vom 14. Juli 1925 (RGBl. I 136) nur dahin für anwendbar erachtet werden, daß man auch hier die Staffel für den Anspruch des Armenanwalts auf Erstattung gegenüber der Staatskasse mit einem Betrage von 35 RM. für die volle Gebühr abschließen läßt[5]). Eine weitere Anwendung ist nicht möglich, da das Gesetz vom 14. Juli 1925 die Skala des § 9 RAGebO. teilweise durch besondere Sätze ersetzt, während in Sachen der freiwilligen Gerichtsbarkeit in Preußen die Gebührenreihe des § 32 PrGKG. gilt. § 3 ArmKErstGes. regelt allerdings das Verfahren betreffs des Erstattungsantrags gleichartig mit dem Kostenfestsetzungsverfahren, nimmt aber dessen Bestimmungen nicht lediglich in Bezug. Deshalb kann man daraus, daß sonst das PrFGG. nur eine Kostenfestsetzung durch das Gericht kennt[6]), nicht schließen, daß auch hier alsbald das Gericht und nicht der Gerichtsschreiber festzusetzen habe[7])[8]).

---

[2]) Walter-Joachim-Friedlaender, Anh. II zum I. Abschn. Anm. 2; Recht 1923 Nr. 256 (KG.) = JFGErg. 1, 57; ZDJustAmtm. 1925, 191 (KG.); Willenbücher 180; JW. 1926, 2582[1] (OLG. Dresden) und M. Friedlaender in der Anm. dazu. A. M. JW. 1925, 1654[2] (OLG. Stuttgart); ZDJustAmtm. 1925, 334 (OLG. und LG. Dresden).

[3]) Also insbesondere für Aufwertungssachen (s. unten Vorb. zu Art. 8—12 Anm. 1). JW. 1926, 2583[1] (OLG. Dresden) und M. Friedlaender Anm. dazu; BBl. 1925, 137 (KG.); JW. 1925, 1654[2] (OLG. Stuttgart). A. M. ZDJustAmtm. 1926, 334 (LG. Dresden); Bartscher-Drinnenberg-Wenz Abschnitt IV D c.

[4]) S. Art. 1 PrFGG. Mit Recht wird wegen § 119 Abs. 1 ZPO., der jede Zwangsvollstreckung betrifft, die Erstattung der Kosten des Armenanwalts durch die Staatskasse auch für die Zwangsvollstreckung in das unbewegliche Vermögen bewilligt, auch hier nach den Sätzen des Landesgebührenrechts, also in Preußen nach Art. 4 ff. LGebO.: ZPrJustAmtm. 1927, 94 (OLG. Frankfurt a. M.); JW. 1927, 1325[8] (OLG. Breslau).

[5]) M. Friedlaender, JW. 1926, 1528; Willenbücher Anm. 9b zu Art. 2 PrGebO. Dagegen wollen Bartscher-Drinnenberg-Wenz Abschnitt IV D c die entsprechende Anwendung so gestalten, daß bei den Werten über 1000 RM. nicht mehr als die in der LGebO. für die folgende Wertstufe (1000—1500 RM.) bestimmte Gebühr gewährt wird. ZPrJustAmtm. 1927, 94 (OLG. Frankfurt a. M.) und 94/5 (LG. Frankfurt a. M.) lehnen jede entsprechende Anwendung des RGes. vom 14. Juli 1925 ab.

[6]) JW. 1925, 1410[4] (KG.); ZDJustAmtm. 1925, 191 (KG.).

[7]) A. M. ZDJustAmtm. 1925, 191 (KG.).

[8]) Die Anfechtung des auf Erinnerung ergangenen gerichtlichen Beschlusses über den Erstattungsantrag richtet sich nach FGG. Walter-Joachim-Friedlaender Anh. II zum I. Abschnitt Fußnote 32 c. A. M. JW. 1927, 1879[39] (KG.).

I. Landesgebührenordnung für Rechtsanwälte und Gerichtsvollzieher

vom 28. Oktober 1922 in der Fassung der Bekanntmachung vom 31. Oktober 1922 (GS. 410) mit den Abänderungen des Gesetzes vom 12. April 1923 (GS. 107) und der Verordnungen vom 18. Dezember 1923 (GS. 556) und vom 2. Juli 1926 (GS. 192)

nebst den einschlägigen Bestimmungen des Preußischen Gerichtskostengesetzes, der preußischen Gebührenordnung für Notare und des preußischen Stempelsteuergesetzes in der jetzt gültigen Fassung.

Erster Abschnitt.

Gebühren der Rechtsanwälte.

Artikel 1.

Die Vergütung für die Berufstätigkeit der Rechtsanwälte bestimmt sich, soweit sie nicht reichsgesetzlich geregelt ist, ausschließlich nach den nachstehenden Vorschriften.

1. Darüber, was unter „Berufstätigkeit" zu verstehen ist, vgl. Friedlaender, RAO.[2] Allg. Einl. Anm. 16 ff.[1]); darüber, inwieweit die Vergütung für die Berufstätigkeit der Rechtsanwälte reichsrechtlich geregelt ist, s. Walter-Joachim-Friedlaender § 1 Anm. 34 ff., § 91 Anm. 1 ff. 1

2. Jede Berufstätigkeit eines preußischen RA., für welche die Vergütung nicht reichsgesetzlich geregelt ist, wird nach der PrLGebO. vergütet. Fehlt in ihr eine besondere Vorschrift, so kommt Art. 14 zur Anwendung. Alles ältere Landesrecht über die Vergütung der Berufstätigkeit von Anwälten ist be- 2

---

[1]) Keine Berufstätigkeit stellt z. B. die Tätigkeit als Testamentsvollstrecker dar. Für sie kommt, wie die RAGebO., so auch die PrLGebO. nicht zur Anwendung. JW. 1918, 741[5] (OLG. Düsseldorf); 1922, 519/520 (LG. Bautzen); s. auch ABNachr. 1916, 17 ff. Das gleiche gilt von der von den Erben übertragenen Verwaltung und Vertretung des Nachlasses (JW. 1922 a. a. O.), von der Tätigkeit als Schiedsrichter (KG. in JW. 1922, 1402[10] und Anm. v. Kisch dazu), Konkursverwalter, Zwangsverwalter, Pfleger, Vormund usw. Im einzelnen s. Friedlaender an der im Text erwähnten Stelle. Vgl. ferner JW. 1926, 874[2] (LG. Bochum) und Anm. von M. Friedlaender: Ausarbeitung eines Finanzierungsplans fällt nicht in den Rahmen der Berufstätigkeit eines RA. und ist nach den in Bankkreisen üblichen Sätzen zu honorieren.

seitigt, nicht nur das in Art. 26 Ziff. 1 genannte AGRAGebO.[2]). Als neueres Sonderrecht gehen aber der PrLGebO. vor die Bestimmungen der Gebührenordnung für Auflösung von Familiengütern vom 11. Januar 1924 (GS. 29) in der Fassung der VO. vom 31. Mai 1924 (GS. 545) und der preußischen Pachtschutzordnung vom 30. September 1925 in der Fassung der Bekanntmachung vom 16. Oktober 1925 (GS. 141).

3 3. Über Zusammentreffen von Reichs- und Landesrecht s. Walter-Joachim-Friedlaender § 92 Anm. 1 ff.

Artikel 2.

(1) Die Deutsche Gebührenordnung für Rechtsanwälte findet entsprechende Anwendung auf die Berufstätigkeit des Rechtsanwalts:

1. in den vor besondere Gerichte gehörigen Rechtssachen, auf welche die Zivilprozeßordnung oder die Strafprozeßordnung Anwendung findet;
2. in den nach dem Gesetze, betreffend den Forstdiebstahl, vom 15. April 1878 (Gesetzsamml. S. 222) in der Fassung des Gesetzes vom 14. Dezember 1920 (Gesetzsamml. 1921 S. 103) zu behandelnden Strafsachen;
3. im Verwaltungsstreitverfahren;
4. im Verfahren vor dem Bundesamte für das Heimatwesen;
5. in dem Rechtsmittelverfahren, betreffend die Veranlagung von Staatssteuern;
6. im Verwaltungsstrafverfahren;
7. im Disziplinarverfahren.

(2) Im Sinne der Gebührenordnung steht das Verwaltungsstrafverfahren dem Vorverfahren, das Verfahren vor der entscheidenden Disziplinarbehörde dem Verfahren vor der Strafkammer gleich.

Vorbemerkung.

Art. 2 erklärt für eine Reihe von Fällen, die an sich der LGebO. unterfallen, die RAGebO. für entsprechend anwendbar.

Gliederung der Erläuterung:

1 **I. Entstehungsgeschichte.** Die Worte in Abs. 1 Ziff. 2 „in der Fassung des Gesetzes vom 14. Dezember 1920 (GS. 1921 S. 103)" sind erst durch das Gesetz vom 28. Oktober 1922 eingefügt worden.

---

[2]) Sydow-Busch, Art. 2 Anm. 3, wo auch das frühere Recht angeführt ist.

II. Inhalt des Artikels. Art. 2 führt in 7 Nummern Verfahren auf, bei denen die RAGebO. auf die Berufstätigkeit des RA. entsprechende Anwendung findet. In Frage kommt die Anwendbarkeit der RAGebO. im ganzen und nicht nur für die Vertretung in den betreffenden Verfahren, sondern auch hinsichtlich der beratenden Berufstätigkeit. 2

III. Die vor besondere Gerichte gehörigen Rechtssachen, auf welche die ZPO. oder die StPO. Anwendung findet.

3 1. Art. 2 Ziff. 1 greift nur ein, wenn die Rechtssache vor ein besonderes Gericht gehört und zugleich auf das Verfahren die ZPO. oder die StPO. Anwendung findet.

4 2. Die ZPO. oder die StPO. findet auf das Verfahren Anwendung, wenn diese Gesetze im ganzen gelten. Die Anwendbarkeit einzelner Abschnitte genügt nicht, Abweichungen im einzelnen stehen nicht entgegen.

5 3. Danach scheiden aus:

a) das Verfahren vor den Gerichten für linksrheinische Gemeinheitsteilungs- und Ablösungssachen, da für das Verfahren nach § 12 PrAGZPO. nur gewisse Vorschriften der ZPO. gelten, während im übrigen die Bestimmungen des PrGes. vom 19. Mai 1851 (GS. 383) zur Anwendung kommen;

b) das Verfahren vor den Innungsausschüssen, weil hier nicht die ZPO. maßgebend ist (§§ 91—91 b GewO., der letzte Paragraph in der Fassung des § 111 Ziff. 2 des Arbeitsgerichtsgesetzes);

c) das Verfahren vor den jetzt Landeskulturbehörden genannten früheren Auseinandersetzungsbehörden, weil ihre bisherige Zuständigkeit „zur Entscheidung von Streitigkeiten über solche Rechtsverhältnisse, die außerhalb eines Auseinandersetzungsverfahrens Gegenstand eines Rechtsstreites hätten werden können und dann vor die ordentlichen Gerichte gehört hätten", durch § 1 Abs. 5 des Gesetzes vom 3. Juni 1919 (GS. 101) beseitigt ist, so daß diese Behörden gar nicht mehr § 14 Ziff. 2 GVG. unterfallen[1]);

d) das Verfahren vor den Mieteinigungsämtern[2]), auch soweit als solche die Amtsgerichte fungieren, und den Beschwerdestellen, da hier nicht besondere Gerichte, sondern Verwaltungsbehörden in Frage kommen, auch das Verfahren abweichend von der ZPO. geregelt ist;

e) das Verfahren vor den Amtsgerichten als Pachteinigungsämtern und den Beschwerdestellen, da hier die Gebühren der Rechtsanwälte besonders geregelt sind;

f) das Verfahren vor den Amtsgerichten über die anderweitige Festsetzung von Geldbezügen aus Altenteilsverträgen gemäß der VO. vom 8. September 1923 (GS. 433), da das Verfahren sich nach der PrPSchO. und nicht nach der ZPO. richtet;

---

[1]) Sydow-Busch Art. 2 Anm. 1d.

[2]) RGZ. 107, 286; Bandmann, Verfahren vor den Mieteinigungsämtern und Beschwerdestellen 8 ff. (mit Angabe der Literatur und Rechtsprechung), 63; JW. 1925, 2280[2] (LG. Oldenburg). Dagegen ist nach JW. 1924, 843[27] (KG.) das MEA. „einem Verwaltungsgericht zu vergleichen"; ebenso Ruth, JW. 1925, 2800[4] B Anm.

g) das Verfahren vor den Aufwertungsstellen[3]) und den Beschwerdegerichten sowie vor den Spruchstellen nach der Goldbilanzverordnung und der vierten Durchführungsverordnung vom 28. August 1924 und der Durchführungsverordnung zum Aufwertungsgesetze vom 29. November 1925, weil hier überall das Recht der freiwilligen Gerichtsbarkeit gilt;

h) das Verfahren vor den Schiedsgerichten nach der VO. vom 1. Februar 1919 (RGBl. 135) in der Fassung der Bekanntmachung vom 16. Juni 1922 (RGBl. I 510) und für das Reichsbahngericht, weil hier die ZPO. nicht anwendbar ist.

6 4. Dagegen unterfallen dem Art. 2 Ziff. 1

a) die Rheinschiffahrtsgerichte: gewisse Amtsgerichte am Rhein als erste und das Oberlandesgericht Cöln als zweite und letzte Instanz,

b) die Elbschiffahrtsgerichte: gewisse Amtsgerichte als erste und bestimmte Landgerichte als zweite und letzte Instanz,

c) der Staatsgerichtshof nach dem RGes. vom 9. Juli 1921 (RGBl. 905) im Verfahren auf Grund von Anklagen des Reichstags oder der Volksvertretung eines Landes, da hier die StPO. gilt (§ 6 des genannten Ges.)[3a]), während bei verfassungsrechtlichen Streitigkeiten das Verfahren in der GeschO. des Staatsgerichtshofs besonders geregelt ist (Bek. vom 6. Dezember 1921 RGBl. 1535).

d) die Arbeitsgerichte nach dem Arbeitsgerichtsgesetz vom 23. Dezember 1926 (RGBl. I 507) im Urteilsverfahren, da hier nach § 46 Abs. 2 die für das amtsgerichtliche Verfahren maßgebenden Vorschriften der ZPO. mit den aus §§ 47 ff. sich ergebenden Abänderungen maßgebend sind. Allerdings sind hier nur die in § 11 Abs. 1 ArbGerG. genannten Anwälte als Prozeßbevollmächtigte und Beistände zugelassen, andere RA. können also nur vorbereitende Handlungen (etwa Fertigung von Schriftsätzen oder Ratserteilungen) ausüben[3b]).

e) Es gelten in den Fällen zu a und b die Bestimmungen des 2. oder des 4. Abschnitts der RAGebO., je nachdem es sich um eine Zivil- oder eine Strafsache handelt. In den Fällen zu c kommt der 4. Abschnitt der RAGebO. zur Anwendung; nach § 6 Satz 2 des Ges. vom 9. Juli 1921 eröffnet die Übersendung der Anklageschrift das Hauptverfahren und beendet also das Vorverfahren. Wenn § 6 Satz 1 a. a. O. die Vorschriften über den Strafprozeß „in Strafkammersachen" für sinngemäß anwendbar erklärt, so ist statt dessen jetzt zu lesen „in Amtsgerichtssachen". Es wird anzunehmen sein, daß sich auch die Gebühren nach den Sätzen richten, die für die nicht vor das Schwurgericht oder Reichsgericht gehörigen Sachen gelten. Im Falle zu d gilt der 2. Abschnitt der RAGebO.

---

[3]) Kraemer, JW. 1925, 2567; DJZ. 1925, 517 (KG.).

[3a]) A. M. Willenbücher Anm. 9e zu Art. 2 PrGebO., „da die Voraussetzungen des § 1 RAGebO. nicht gegeben sind". Aber nicht darauf kommt es an, sondern maßgebend ist, ob nicht Art. 2 Ziff. 1 PrGebO. eingreift, was doch offenbar der Fall ist.

[3b]) Landesarbeitsgerichte und Reichsarbeitsgericht sind ordentliche Gerichte s. Walter-Joachim-Friedlaender § 1 Anm. 58a.

5. Über die Frage der entsprechenden Anwendung des Art. 2 Ziff. 1 vgl. Art. 14 Anm. 3. 7

IV. **Die Forstdiebstahlssachen.** Das Forstdiebstahlsgesetz ist weiter abgeändert durch die Gesetze vom 1. Juli 1923 (GS. 291) und vom 12. März 1924 (GS. 127). Für das Verfahren sind nach § 20 die Vorschriften der StPO. mit einigen in den §§ 21—32 enthaltenen Abänderungen maßgebend. Die Anwendbarkeit der RAGebO. ergäbe sich also schon nach Ziff. 1. 8

V. **Das Verwaltungsstreitverfahren.***)

1. Schon § 103 Abs. 3 des Gesetzes über die allgemeine Landesverwaltung vom 30. Juli 1883 (GS. 195) bestimmte bei der Regelung der Kosten des Verwaltungsstreitverfahrens: 9

„Die Gebühren der Rechtsanwälte bestimmen sich nach den für dieselben bei den ordentlichen Gerichten geltenden Vorschriften."

Darauf geht die zuerst im Gesetze vom 27. September 1899 sich findende, seitdem unverändert beibehaltene Vorschrift des Art. 2 Ziff. 3 zurück. Man wird deshalb die Ziff. 3 nur auf das in den §§ 61 ff. des PrLVG. geregelte Verwaltungsstreitverfahren zu beziehen haben[4]). Wäre die gedachte Beschränkung nicht anzunehmen, dann wäre nicht verständlich, weshalb noch die Ziff. 4 eingefügt wäre.

2. Ein Versäumnisverfahren gibt es nicht. Soweit nicht Anerkenntnis, Vergleich oder Verzicht in Frage kommt, gilt daher die Verhandlung stets als streitige[5]). 10

3. Im Falle eines Vergleichs ist die Vergleichsgebühr begründet, wenn auch der Vergleich das Verfahren nicht ohne weiteres beendet, vielmehr noch eine auf dem Vergleiche fußende richterliche Entscheidung erforderlich ist[6]). 11

4. In der Berufungs- und Revisionsinstanz erhöhen sich die Gebühren nach § 52 RAGebO.[7]). 12

5. Bei Zurückverweisungen gilt § 27 RAGebO. 13

6. Während § 103 Abs. 3 LVG. nur von den Gebühren[8]) spricht, kann es jetzt nicht zweifelhaft sein, daß auch die Bestimmungen der RAGebO. über die Auslagen Anwendung finden, insbesondere also diejenigen über die Schreibgebühren der RA.[9]). 14

7. Nach § 103 Abs. 2 LVG. ist der Wert des Streitobjektes im Endurteile festzusetzen. Die Wertfestsetzung ist also ein Teil der Entscheidung selbst und daher nicht für sich allein[10]) und nur von dem in der Sache selbst 15

---

*) Boethke, Die Rechtsanwaltskosten im preußischen Verwaltungsstreitverfahren, insbesondere nach den neuen Kostengesetzen JW. 1912, 274/276.

4) Bandmann, Verf. vor den MEA. und Beschwerdestellen 63; Koßmann, PrVerwBl. 38, 672.

5) Boethke 275; OVG. 18, 450.

6) Boethke a. a. O. und Willenbücher Art. 2 Anm. 3a.

7) OVG. 59, 468.

8) Pfafferoth Art. 2 Anm. 9 versteht unter „Gebühren" die gesamte Vergütung.

9) Willenbücher Art. 2 Anm. 3b und Boethke a. a. O.

10) Vgl. auch § 105 LVG., wonach die Entscheidung über den Kostenpunkt nur gleichzeitig mit der Entscheidung in der Hauptsache angefochten werden kann.

zum Ergreifen des Rechtsmittels Berechtigten angreifbar. Deshalb hat hier nicht, wie im Bereiche der RAGebO., der RA. die Möglichkeit, aus eigenem Rechte gemäß § 12 RAGebO. gegen die Wertfestsetzung Beschwerde zu führen [11].

Nach § 106 LVG. kommt an Kosten ein Pauschquantum zur Hebung. „Für die Berechnung" des Pauschquantums kann von den Ministern der Finanzen und des Innern ein Tarif aufgestellt werden. Dies ist geschehen durch den Tarif vom 27. Februar 1884 (MinBlJV. 30), abgeändert durch die MinVf. vom 17. September 1923 (MinBlJV. 962) und 7. Februar 1924 (MinBlJV. 133). Dieser enthält in den Abschnitten VI—IX die Grundsätze über die Wertfestsetzung [11a], die von § 4 Abs. 1 Satz 2 ZPO. und § 9 Abs. 2 GKG. abweichen. Daraus ergibt sich, daß die seitens des Verwaltungsgerichts erfolgte Wertfestsetzung nicht auch für die Berechnung der Gebühren des RA. maßgebend ist [12]; denn § 11 RAGebO. kann nicht zur Anwendung kommen, wenn bei dem Anwalt, für den § 10 RAGebO. gilt, die dort erwähnten Bestimmungen für die Wertbemessung gelten, während das Gericht andere Bestimmungen der Wertfestsetzung zugrunde zu legen hat [13].

16 8. Kostenerstattung [14].

a) § 103 Abs. 1 Satz 1 LVG. bestimmt: „Dem unterliegenden Teile sind die Kosten und die baren Auslagen des Verfahrens, sowie die erforderlichen baren Auslagen des obsiegenden Teils zur Last zu legen." Daraus ergibt sich die Unanwendbarkeit des § 7 RAGebO. [15], bei dem es sich ja nicht um Erstattung barer Auslagen, sondern um einen Erstattungsanspruch auf Grund der Fiktion eines Vertretungsverhältnisses handelt.

17 b) Nach § 103 Abs. 1 Satz 2 LVG. sind „die Gebühren eines Rechtsanwalts des obsiegenden Teils nur insoweit zu erstatten, als dieselben für Wahrnehmung der mündlichen Verhandlung vor dem Bezirksausschusse oder dem Oberverwaltungsgerichte zu zahlen sind". Eine Erstattung von Gebühren kommt also im Verfahren vor dem Kreis- oder Stadtausschusse

---

[11]) JW. 1916, 1032/3 (OVG.); Willenbücher Art. 2 Anm. 3b; Sydow-Busch Art. 2 Anm. 3.

[11a]) Abschnitt VI besagt auch, daß der Streitwert, wenn ein Endurteil nicht ergeht, im Beschlusse des § 108 LVG., erforderlichenfalls durch besonderen Beschluß festgesetzt wird. Das ist aber keine Bestimmung mehr über „die Berechnung des Pauschquantums", also nicht gedeckt durch § 106 Satz 2 LVG. und deshalb nicht rechtsverbindlich.

[12]) A. M. Pfafferoth Art. 2 Anm. 8. Eine Wertfestsetzung lediglich zur Berechnung der Anwaltsgebühren erfolgt seitens des Verwaltungsgerichts nicht. JW. 1915, 744 (OVG.). Haußmann, der diese Entsch. ebenda bekämpft, übersieht, daß es auch nach der RAGebO. eine gerichtliche Streitwertfestsetzung, die nur für die Anwaltskosten von Bedeutung wäre, nicht gibt. Walter-Joachim-Friedländer §§ 11, 12 Anm. 4.

[13]) S. gleichartige Fälle aus dem Gebiete der freiwilligen Gerichtsbarkeit KGJ. 28 B 43/7; 42, 292/5; Bbl. 22, 226 (KG.). Vgl. auch Vorb. zu Art. 8—12 Anm. 12.

[14]) Über das Kostenfestsetzungsverfahren s. § 108 LVG.

[15]) Zu erstatten sind vielmehr nur die baren Auslagen mit der in § 103 Abs. 1 Satz 3 LVG. vorgesehenen Höchstgrenze OVG. 51, 452; JW. 1927, 1334[1] (OVG.); Willenbücher Art. 2 Anm. 3b.

nicht in Frage, das gleiche gilt vor anderen Verwaltungsgerichten, falls keine mündliche Verhandlung stattgefunden hat. Im übrigen ist die erwähnte Bestimmung dahin aufzufassen, daß nur die Gebühren zu erstatten sind, die ein lediglich mit der Wahrnehmung der mündlichen Verhandlung beauftragter RA. erhält[16]). Das sind gemäß § 43 RAGebO. $^5/_{10}$ Prozeßgebühr und die Verhandlungsgebühr, ferner die Beweisgebühr, wenn die Beweisaufnahme vor dem Verwaltungsgericht und nicht vor einem beauftragten oder ersuchten Richter stattfindet, endlich die Vergleichsgebühr für einen in der Verhandlung geschlossenen Vergleich, u. zw. alle diese Gebühren zutreffendenfalls mit den Erhöhungen nach § 52 RAGebO.[17]).

c) Als bare Auslagen sind die vorgelegten Post- und Telegraphengebühren zu erstatten[18]), ebenso die Umsatzsteuer[19]). Die Erstattungsfähigkeit der Schreibgebühren verneint das OVG.[20]), weil die Schreibgebühren keine Auslagen, sondern Gebühren und nicht für die mündliche Verhandlung entstanden seien. Die Schreibgebühren sind aber Auslagen[20a]) und auch bare Auslagen, da den gerichtlichen Schreibgebühren völlig gleichartig, die das GKG. selbst als solche bezeichnet[21]). 18

9. Von dem Verwaltungsstreitverfahren ist das Verwaltungsbeschlußverfahren zu unterscheiden. Für dieses kommt Art. 2 Ziff. 3 nicht in Betracht, vielmehr gelten insoweit Art. 8—12[22]). 19

10. Für die Tätigkeit im Verwaltungszwangsverfahren gilt Art. 2 Ziff. 3, wenn es sich an ein Verwaltungsstreitverfahren anschließt, dagegen sind Art. 8—12 maßgebend, wenn es einem Verwaltungsbeschlußverfahren folgt[23]). 20

11. Über die Frage der entsprechenden Anwendung des Art. 2 Ziff. 3 s. Art. 14 Anm. 3. 21

VI. Das Verfahren vor dem Bundesamte für das Heimatwesen[24]). 22

Art. 2 Nr. 4 gilt für den preußischen RA., mag die Zuständigkeit des Bundesamts für das Heimatwesen sich außer auf § 29 FürsorgepflVO. auf

---

16) KGBl. 1901, 122 (OVG.); Willenbücher a. a. O. Deshalb sind auch die Reisekosten eines auswärtigen RA. nicht erstattungsfähig. OVG. 71, 444.

17) Boethke 275; Willenbücher Art. 2 Anm. 3b; OVG. 44, 447; JW. 1921, 494 (OVG.) und Anm. von Friedrichs dazu.

18) Willenbücher a. a. O.

19) JW. 1921, 494 und 768 (OVG.); Willenbücher a. a. O.

20) Vgl. die Nachweisungen bei Boethke 276 und Willenbücher Art. 2 Anm. 3b, ferner Rausnitz, DJZ. 1912, 1523/1524.

20a) Walter-Joachim-Friedlaender § 76 Anm. 5.

21) § 71 in Verbindung mit Eingang des § 72 GKG.

22) Sydow-Busch Art. 2 Anm. 3.

23) Sydow-Busch und Willenbücher a. a. O.

24) Die VO. über die Fürsorgepflicht vom 13. Februar 1924 (RGBl. I 100) hebt in § 29 das UnterstWG. in der Fassung vom 30. Mai 1908 auf, bestimmt aber gleichzeitig, daß bis zur Neuregelung des Rechtsverfahrens Streitigkeiten zwischen Fürsorgeverbänden nach den Bestimmungen der §§ 37 bis 57, 58 Abs. 2 dieses Gesetzes entschieden werden. Die PrAusfVO. zu der gedachten ReichsVO. vom 17. April 1924 (GS. 210) erklärt in § 33 u. a. die §§ 57, 58 des PrAGUnterstWG., das im übrigen aufgehoben wird, bei Streitigkeiten zwischen Fürsorgeverbänden für entsprechend anwendbar.

§§ 37 Abs. 2, 41 UnterstWG. oder auf § 52 UnterstWG. in Verbindung mit § 57 PrAG. dazu gründen, mag es sich also um Streitigkeiten zwischen preußischen und nichtpreußischen oder um solche lediglich zwischen preußischen Fürsorgeverbänden handeln[25]: denn weder das UnterstWG. noch das PrAG. enthalten Bestimmungen über die Berechnung der Vergütung von Anwälten für ihre Tätigkeit in dem Verfahren. Nur bei Streitsachen zwischen preußischen Fürsorgeverbänden ist vorgesehen, daß die unterliegende Partei verpflichtet ist, „der Gegenpartei ... die Gebühren eines sie in der öffentlichen Sitzung des Bundesamts vertretenden Rechtsverständigen zu erstatten" (§ 58 PrAG.).

Maßgebend für die Vergütung des RA. sind die Bestimmungen für bürgerliche Rechtsstreitigkeiten.

VII. Das Rechtsmittelverfahren, betreffend die Veranlagung von Staatssteuern.

23 1. Die RAGebO. gilt nur für das Rechtsmittelverfahren, betreffend die Veranlagung von Staatssteuern, also nicht

a) für das Veranlagungsverfahren,

b) bei anderen als Staatssteuern auch nicht für das Rechtsmittelverfahren.

Bei Kommunalsteuern kommt danach für die Vergütung eines in dem Steuerverfahren auftretenden RA. die RAGebO. nur zur Anwendung, soweit etwa ein Verwaltungsstreitverfahren in Frage steht.

Soweit die RAGebO. nicht gilt, sind die Art. 8—12 LGebO. anwendbar.

24 2. Gilt die RAGebO., so sind die Bestimmungen für bürgerliche Rechtsstreitigkeiten maßgebend.

25 3. Berücksichtigt werden nur preußische Staatssteuern, da für Reichssteuern § 288 Abs. 2 RAbgO. gilt[26].

VIII. Das Verwaltungsstrafverfahren.*)

26 1. Das Verwaltungsstrafverfahren auf Grund der Reichszoll- und Steuergesetze ist durch die §§ 386 ff. RAbgO. geregelt, Bestimmungen über die Vergütung eines in dem Verfahren auftretenden RA. fehlen. Art. 2 Ziff. 6 gilt deshalb, mag das Verwaltungsstrafverfahren auf Reichs- oder auf Landesrecht beruhen[27].

27 2. Im Verwaltungsstrafverfahren kommen die Bestimmungen der RAGebO. für Strafsachen zur Anwendung. Im Sinne der RAGebO. steht das Verwaltungsstrafverfahren dem Vorverfahren gleich[28]. Zum Verwaltungsstrafverfahren gehört auch das Unterwerfungsverfahren des § 410 RAbgO.[29], eine Bestimmung, die sich ja im 3. Teil Abschn. 2 Titel 2 der RAbgO., der die Überschrift „Verwaltungsstrafverfahren" trägt, befindet. Welcher

---

25) Willenbücher Art. 2 Anm. 4. A. M. Sydow-Busch Art. 2 Anm. 4; Pfafferoth Art. 2 Anm. 10.

26) Vgl. dazu Walter-Joachim-Friedlaender Anm. 42 ff. zu § 91.

*) Wetzler, „Verteidigung" im Verwaltungsstrafverfahren JW. 1925, 1982/3; Lelewer, dsgl. JW. 1925, 1983/4.

27) Sydow-Busch Art. 2 Anm. 6; Willenbücher Art. 2 Anm. 6.

28) Die Gebühr des § 67 RAGebO. gilt gemäß § 70 RAGebO. auch den Antrag auf gerichtliche Entscheidung und die Beschwerden nach §§ 415, 418 RAbgO. ab. Willenbücher Art. 2 Anm. 6.

29) Dagegen sieht Wetzler 1983 in dem Unterwerfungsverfahren „Hauptverfahren, Hauptverhandlung und Rechtsmittelzug in einem Rechtsakt".

der Sätze des § 67 RAGebO. zur Anwendung kommt, bemißt sich danach, welches Gericht nach dem Gegenstande des Verwaltungsstrafverfahrens in der Hauptverhandlung zuständig sein würde.

3. Wird gegen den Strafbescheid auf gerichtliche Entscheidung angetragen, so ist für das folgende Verfahren die RAGebO. kraft Reichsrechts maßgebend. 28

IX. Das Disziplinarverfahren.

1. Art. 2 Ziff. 7 gilt für alle Disziplinarverfahren, bezüglich deren nicht reichsrechtlich die Vergütung der Anwaltstätigkeit geregelt ist, mag das Disziplinarverfahren reichs- oder landesrechtlich geregelt sein. 29

2. Als solche reichsrechtlich geordnete Disziplinarverfahren werden anzusehen sein 30

a) das ehrengerichtliche Verfahren nach §§ 9 ff. des Börsengesetzes in der Fassung der Bekanntmachung vom 27. Mai 1908 (RGBl. 215),

b) das ehrengerichtliche Verfahren nach §§ 8 ff. des Gesetzes, betreffend die Patentanwälte, vom 21. Mai 1900 (RGBl. 233)[30].

3. Landesgesetzlich ist das Disziplinarverfahren in folgenden Gesetzen geregelt: 31

a) Gesetze vom 7. Mai 1851 (GS. 218) und 26. März 1856 (GS. 201), betreffend die Dienstvergehen der Richter und die unfreiwillige Versetzung derselben auf eine andere Stelle oder in den Ruhestand,

b) Gesetz vom 21. Juli 1852 (GS. 465), betreffend die Dienstvergehen der nicht richterlichen Beamten, die Versetzung derselben auf eine andere Stelle oder in den Ruhestand,

zu a) und b) ausgedehnt durch VO. vom 23. September 1867 (GS. 1613) auf die Beamten in den neu erworbenen Landesteilen,

abgeändert durch

α) Gesetz vom 9. April 1879 (GS. 345), betreffend die Abänderung von Bestimmungen der Disziplinargesetze,

β) Gesetz vom 14. November 1904 (GS. 283),

γ) Gesetz vom 24. Februar 1913 (GS. 25),

δ) Gesetz vom 13. Mai 1918 (GS. 53),

ε) VO. vom 18. Februar 1919 (GS. 29),

ζ) VO. vom 26. Februar 1919 (GS. 33),

η) Gesetz vom 31. Juli 1922 (GS. 207),

ϑ) Gesetz vom 4. August 1922 (GS. 208),

ι) PrPersAbbauVO. vom 8. Februar 1924 (GS. 73),

c) § 5 des Gesetzes vom 27. März 1872 (GS. 278) betreffs der Mitglieder der Oberrechnungskammer,

d) PrLVG. u. zw.:

§ 14 betreffs der Mitglieder des Provinzialrates,

§ 32 " " " " Bezirksausschusses,

§ 39 " " " " Kreis- und Stadtausschusses,

§§ 45, 47, 157 betreffs der Behörden für den Stadtkreis Berlin,

[30]) Vgl. auch Reichsges. vom 8. Mai 1920 (RGBl. 910) § 8.

e) PrZustG. u. zw.:
§ 20 betreffs der Bürgermeister, Beigeordneten und sonstigen Gemeindebeamten,
§ 36 betreffs der Gemeindevorsteher, Schöffen, Mitglieder des Gemeindevorstandes und sonstigen Gemeindebeamten,

f) Gesetz, betreffend das Disziplinarverfahren bei dem Oberverwaltungsgerichte, vom 8. Mai 1889 (GS. 107),

g) Gesetz, betreffend die ärztlichen Ehrengerichte ... vom 25. November 1899 (GS. 565), abgeändert durch Gesetz vom 27. Juli 1904 (GS. 182),

h) Gesetz vom 17. Juni 1900 (GS. 251) betreffs der Beamten der Landes-Versicherungsanstalten,

i) Gesetz vom 11. Mai 1916 (GS. 96) betreffs der Beamten der Orts-, Land- und Innungskrankenkassen,

k) Art. 4 des Gesetzes vom 4. August 1922 (GS. 208) betreffs der Privatdozenten.

4. Anwendbar sind die für Strafsachen maßgebenden Vor-
32 schriften der RAGebO. Nach Art. 2 Abs. 2 steht „das Verfahren vor der entscheidenden Disziplinarbehörde dem Verfahren vor der Strafkammer gleich". Statt dessen muß es jetzt heißen „vor dem Amtsgericht".

Das Verfahren endet

a) im ehrengerichtlichen Verfahren nach dem Börsengesetz mit der Anberaumung der Hauptverhandlung (§ 13 BörsG.),

b) im ehrengerichtlichen Verfahren gegen Patentanwälte mit der Bestimmung des Termins zur mündlichen Verhandlung (§ 10 PatAnwG.),

c) im Disziplinarverfahren gegen richterliche Beamte und Mitglieder der Oberrechnungskammer mit der Erlassung des Verweisungsbeschlusses (§ 28 Abs. 2 RichtDiszG.) oder, falls eine Voruntersuchung nicht stattgefunden hat, mit der Erlassung des Einleitungsbeschlusses (§ 24 ebenda),

d) nach dem Disziplinargesetz für nicht richterliche Beamte[31]) mit der auf die Einreichung der Anschuldigungsschrift der StA. erfolgenden Terminsbestimmung des Vorsitzenden der Disziplinarbehörde (§ 34 NichtrichtDiszG.)[31a]),

e) im förmlichen ärztlichen ehrengerichtlichen Verfahren[32]) mit der Bestimmung der Hauptverhandlung durch den Vorsitzenden des Ehrengerichts (§ 30 ArztEGG.).

---

[31]) Dessen Bestimmungen kommen entsprechend zur Anwendung auch nach den in Anm. 31 zu d, e, h und i genannten Gesetzen.

[31a]) Dagegen läßt Willenbücher Anm. 7 zu Art. 2 PrGebO. in den Fällen zu c und d das Vorverfahren mit der Zustellung der Anschuldigungsschrift enden.

[32]) Auch im nicht förmlichen ärztlichen ehrengerichtlichen Verfahren (§§ 17, 18 ArztEGG.) kann ein RA. tätig werden. Man wird hier, da es sich um ein summarisches Verfahren handelt und eine Hauptverhandlung nicht stattfindet, die Gebühr für das Vorverfahren (§ 67 RAGebO.) als angemessene Vergütung anzusehen haben.

Artikel 3.*)

Volle Gebühr im Sinne dieses Gesetzes ist die im § 32 des Preußischen Gerichtskostengesetzes bestimmte Gebühr. Der Mindestbetrag einer Gebühr beträgt 2 Reichsmark. Pfennigbeträge, welche nicht ohne Bruch durch zehn teilbar sind, sind auf volle 10 Reichspfennige aufzurunden.

Vorbemerkung.

Der Artikel bestimmt, was im Sinne von Art. 4 ff. als volle Gebühr zu verstehen ist, regelt den Mindestbetrag einer Gebühr und die Aufrundung von Pfennigbeträgen.

I. Entstehungsgeschichte. Art. 3 lautete in dem Gesetz von 1899, wie folgt: 1

„Volle Gebühr im Sinne der nachstehenden Vorschriften ist die im § 9 der Deutschen Gebührenordnung bestimmte Gebühr mit der Maßgabe, daß von 10 000 bis 20 000 Mark die Wertsklassen um je 2500 Mark und die Gebühren um je 4 Mark und von 20 000 Mark an die Gebühren um je 5 Mark und die Wertsklassen bis 100 000 Mark um je 5000 Mark, bis 300 000 Mark um je 10 000 Mark, bis 1 Million Mark um je 25 000 Mark und darüber hinaus um je 50 000 Mark steigen." Das Gesetz vom 28. Oktober 1922 gab dem Art. 3 folgende neue Fassung:

„Volle Gebühr im Sinne dieses Gesetzes ist die im § 32 Abs. 2 des Preußischen Gerichtskostengesetzes bestimmte Gebühr. Die Vorschriften des § 31 Abs. 1 und 2 daselbst finden entsprechende Anwendung."

Die 7. VO. vom 18. Dezember 1923 bestimmte in Art. VIII, der die Überschrift trägt „Landesgebührenordnung für Rechtsanwälte und Gerichtsvollzieher", unter 1:

„Volle Gebühr im Sinne des Artikels 3 ist die im Artikel VI unter Nr. 3 dieser Verordnung bestimmte Gebühr. Der Mindestbetrag einer Gebühr beträgt 2 Goldmark. Pfennigbeträge, welche nicht ohne Bruch durch zehn teilbar sind, sind auf volle 10 Goldpfennige aufzurunden."

Eine formelle Aufhebung oder Neufassung des bisherigen Art. 3 ist nicht erfolgt, obwohl doch Art. VIII 1 der VO. vom 18. Dez. 1923 zweifellos den Art. 3 LGebO. abändert. Es bleibt also nichts übrig als zu versuchen, eine dem Willen des Gesetzgebers möglichst gerecht werdende Textgestaltung zu gewinnen. Die beiden letzten Sätze des Art. VIII 1 entsprechen inhaltlich dem Art. 3 Satz 2, sie haben also an dessen Stelle zu treten. Art. 3 Satz 1 ist derart zu ändern, daß das Zitat richtiggestellt wird. Die im Artikel VI unter Nr. 3 der VO. vom 18. Dez. 1923 bestimmte Gebühr ist die Gebühr des § 32 PrGKG., der jetzt nur noch *eine* Gebührenstaffel enthält. Danach sind in Art. 3 Satz 1 lediglich die Worte „Abs. 2" gestrichen worden**).

---

*) Über die Gestaltung des obigen Textes des Art. 3 s. die Darlegungen in Anm. 1, ferner Einleitung § 1 Anm. 7 a.

**) Ebenso *Bartscher-Drinnenberg-Wenz* 444. Anders *Willenbücher* 403.

2 **II. Der § 32 PrGKG.** lautet jetzt:

Die volle Gebühr (§ 32) beträgt bei Gegenständen im Werte:

1.	bis	50 Reichsmark	einschließlich	. . . .		2	Reichsmark
2.	von mehr als	50	Reichsmark bis	100	Reichsmark einschl.	3	„
3.	„ „ „	100	„ „	200	„ „	4	„
4.	„ „ „	200	„ „	300	„ „	5	„
5.	„ „ „	300	„ „	500	„ „	6	„
6.	„ „ „	500	„ „	1 000	„ „	8	„
7.	„ „ „	1 000	„ „	1 500	„ „	10	„
8.	„ „ „	1 500	„ „	2 000	„ „	12	„
9.	„ „ „	2 000	„ „	2 500	„ „	14	„
10.	„ „ „	2 500	„ „	3 000	„ „	16	„
11.	„ „ „	3 000	„ „	3 500	„ „	18	„
12.	„ „ „	3 500	„ „	4 000	„ „	20	„
13.	„ „ „	4 000	„ „	5 000	„ „	22	„
14.	„ „ „	5 000	„ „	6 000	„ „	24	„
15.	„ „ „	6 000	„ „	7 000	„ „	26	„
16.	„ „ „	7 000	„ „	8 000	„ „	28	„
17.	„ „ „	8 000	„ „	9 000	„ „	30	„
18	„ „ „	9 000	„ „	10 000	„ „	32	„
19.	„ „ „	10 000	„ „	12 000	„ „	36	„
20.	„ „ „	12 000	„ „	14 000	„ „	40	„
21.	„ „ „	14 000	„ „	16 000	„ „	44	„
22.	„ „ „	16 000	„ „	18 000	„ „	48	„
23.	„ „ „	18 000	„ „	20 000	„ „	52	„
24.	„ „ „	20 000	„ „	22 000	„ „	56	„
25.	„ „ „	22 000	„ „	24 000	„ „	60	„
26.	„ „ „	24 000	„ „	26 000	„ „	64	„
27.	„ „ „	26 000	„ „	28 000	„ „	68	„
28.	„ „ „	28 000	„ „	30 000	„ „	72	„
29.	„ „ „	30 000	„ „	35 000	„ „	80	„
30.	„ „ „	35 000	„ „	40 000	„ „	88	„
31.	„ „ „	40 000	„ „	50 000	„ „	100	„
32.	„ „ „	50 000	„ „	60 000	„ „	112	„
33.	„ „ „	60 000	„ „	70 000	„ „	124	„
34.	„ „ „	70 000	„ „	80 000	„ „	136	„
35.	„ „ „	80 000	„ „	90 000	„ „	148	„
36.	„ „ „	90 000	„ „	100 000	„ „	160	„

Die ferneren Wertklassen steigen um je 10 000 Reichsmark und die Gebühren um je 12 Reichsmark.

3 **III. Die volle Gebühr.**

Die Berechnung der Gebühren bei Werten über 100 000 Reichsmark gestaltet sich wie folgt:

Der Wert wird auf volle 10 000 Reichsmark aufgerundet. Von je 10 000 Reichsmark des aufgerundeten Betrages kommen 12 Reichsmark in Ansatz, und zu dem Ergebnisse werden 40 Reichsmark zugezählt.

Soll also z. B. die volle Gebühr für einen Wert von 785 643 Reichsmark gefunden werden, so erfolgt zunächst Aufrundung auf 790 000 Reichsmark. $79 \times 12 = 948$, dazu $40 = 988$. Die volle Gebühr beträgt 988 Reichsmark.

Die Bruchteile[1]) und Vielfachen der vollen Gebühr berechnen sich bei Werten über 100 000 Reichsmark, wie folgt, wenn der auf volle 10 000 Reichsmark aufgerundete Betrag mit Y bezeichnet wird:

Beispiel: Wert 785 643 Reichsmark.

$^3/_{10}$	$8 + \left(\frac{Y}{10\,000} \cdot 2{,}40\right)$	$8 + \left(\frac{790\,000}{10\,000} \cdot 2{,}40\right) = 8 + 79 \cdot 2{,}40 = 197{,}60$ RM.
$^5/_{10}$	$20 + \left(\frac{Y}{10\,000} \cdot 6\right)$	$20 + \left(\frac{790\,000}{10\,000} \cdot 6\right) = 20 + 79 \cdot 6 = 494$ RM.
$^8/_{10}$	$32 + \left(\frac{Y}{10\,000} \cdot 9{,}60\right)$	$32 + \left(\frac{790\,000}{10\,000} \cdot 9{,}60\right) = 32 + 79 \cdot 9{,}60 = 790{,}40$ RM.
$^{15}/_{10}$	$60 + \left(\frac{Y}{10\,000} \cdot 18\right)$	$60 + \left(\frac{790\,000}{10\,000} \cdot 18\right) = 60 + 79 \cdot 18 = 1482$ RM.
$^{20}/_{10}$	$80 + \left(\frac{Y}{10\,000} \cdot 24\right)$	$80 + \left(\frac{790\,000}{10\,000} \cdot 24\right) = 80 + 79 \cdot 24 = 1976$ RM.
$^{30}/_{10}$	$120 + \left(\frac{Y}{10\,000} \cdot 36\right)$	$120 + \left(\frac{790\,000}{10\,000} \cdot 36\right) = 120 + 79 \cdot 36 = 2964$ RM.

IV. Der Mindestbetrag einer Gebühr beträgt 2 Reichsmark, er ist bei mehreren selbständigen Gebühren für jede einzelne Gebühr zu berücksichtigen[2]). Für die Hebegebühr nach Art. 13 LGebO., § 14 NotGebO. gilt der Mindestbetrag von 2 Reichsmark nicht (§ 14 Abs. 5 NotGebO.), die Mindestgebühr beträgt hier 0,10 bzw. 0,20 Reichsmark. Für Auslagen gibt es keinen Mindestsatz. 4

V. Aufrundung von Pfennigbeträgen. Pfennigbeträge, welche nicht ohne Bruch durch zehn teilbar sind, sind auf volle 10 Reichspfennige aufzurunden. Auslagen, die bereits nach der Goldrechnung entstanden sind, werden nicht aufgerundet. 5

VI. Höchstsatz von Gebühren. Einen Höchstsatz der einzelnen Gebühr gibt es im allgemeinen nicht; vgl. jedoch wegen Art. 13 den § 51 Abs. 1 Satz 2 PrGKG. (Anm. 130 zu Art. 13). Höchstsätze für Fälle der Gebührenhäufung sehen Art. 10 und 12 vor. 6

Vorbemerkungen zu Art. 4—6. 1

1. **Die Gebührenvorschriften der Art. 4 und 5 sowie des Art. 6 Satz 2 schließen sich an das Verfahren nach dem ZVG. an,** dessen Anwendung voraussetzt, daß das Grundbuch als angelegt anzusehen ist. Ist dies nicht der Fall, so sind noch die früheren Zwangsversteigerungsgesetze maßgebend. Aber auch dann kommen die Art. 4—6 zur Anwendung. Da in Preußen die Grundbuchanlegung beendet ist (Bek. 2. Dez. 1925 GS. 175), hat das Gesagte nur noch Bedeutung, wenn ein preußischer RA. in einem außerhalb Preußens

1) Eine Gebühr von $^1/_{10}$ kommt nur für Notare in Frage (§ 49 Abs. 1 Satz 2 PrGKG., § 5 NotGebO.).

2) Im Falle der Anrechnung einer Gebühr auf eine andere (Art. 9 Abs. 1 Satz 4, Art. 16 Abs. 2 Satz 2 LGebO.) gilt für den verbleibenden Rest kein Mindestsatz.

schwebenden Verfahren nach der PrLGebO. zu liquidieren hat (vgl. hierzu Walter-Joachim-Friedlaender Vorbem. zu den Landesgebührenordnungen).

2 2. Für die Vergütung der Tätigkeit des RA. im Verfahren der Zwangsversteigerung und der Zwangsverwaltung gilt nach § 31 Abs. 2 RAGebO. das Landesrecht[1]), das für Preußen in Art. 4—6 LGebO. geregelt ist. Auch für die Tätigkeit bei der Zwangsvollstreckung durch Eintragung einer Sicherungshypothek gilt Landesrecht[2]) u. zw. für Preußen Art. 8—12 LGebO.[3]).

Artikel 4.

(1) Für die Vertretung eines Beteiligten im Verfahren der Zwangsversteigerung erhält der Rechtsanwalt die volle Gebühr:

1. für die Vertretung bis zur Einleitung des Verteilungsverfahrens;
2. für die Vertretung im Verteilungsverfahren.

(2) Die gleiche Gebühr erhält er außerdem für die Wahrnehmung der Versteigerungstermine.

(3) Die Gebühr für die Vertretung im Verteilungsverfahren steht dem Rechtsanwalt auch dann zu, wenn unter seiner Mitwirkung eine außergerichtliche Verteilung stattfindet.

(4) Die Gebühren für die Vertretung des Gläubigers oder eines anderen Berechtigten (§ 9 Abs. 1, 2 des Gesetzes über die Zwangsversteigerung und die Zwangsverwaltung), bestimmen sich nach dem Werte des Rechtes, wenn jedoch der Wert des Gegenstandes der Zwangsversteigerung oder des Verteilungsverfahrens geringer ist, nach diesem. Im Falle der Vertretung eines anderen Beteiligten bestimmen sich die Gebühren nach dem Werte des Gegenstandes der Zwangsversteigerung oder des Verteilungsverfahrens oder des Anteils des Vertretenen an diesem Gegenstande. Auf die Berechnung des Wertes des Gegenstandes der Zwangsversteigerung oder des Verteilungsverfahrens finden die in Ansehung der Gerichtskosten geltenden Vorschriften Anwendung.

(5) Beschränkt sich die Tätigkeit des Rechtsanwalts auf die Vertretung des Gläubigers in dem Verfahren bis zum Versteigerungstermine, so ist für die Gebührenberechnung an Stelle des Wertes des Rechtes der Wert des Anspruchs, wegen dessen die Zwangsversteigerung beantragt ist, maßgebend, sofern nicht die Wahrnehmung eines anderen Termins stattgefunden hat.

Vorbemerkung.

Art. 4 regelt die Vergütung für die Vertretung Beteiligter im Verfahren der Zwangsversteigerung. Die Erläuterung gliedert sich, wie folgt:

---

1) Siehe aber wegen der Vergütung in der Beschwerdeinstanz Art. 4 Anm. 10.

2) Walter-Joachim-Friedlaender § 31 Anm. 4, § 23 Anm. 53; Willenbücher § 31 Anm. 2; ZPrJustAmtm. 1925, 105 (OLG. Kiel).

3) Willenbücher Art. 8 Anm. 1; OLG. Kiel a. a. O.

I. Entstehungsgeschichte. Im Abs. 1 standen früher statt „die volle Gebühr" die Worte „drei Zehnteile der vollen Gebühr". Abs. 2 lautete früher: „Der Vertreter des Antragstellers erhält außerdem drei Zehnteile der vollen Gebühr für die Wahrnehmung der Versteigerungstermine." Endlich stand in Abs. 4 nach dem jetzigen Satz 1 ein Semikolon, auf das die Worte folgten: „die neben einem Hauptanspruche bestehenden Ansprüche wegen der Kosten und Nebenleistungen bleiben unberücksichtigt." Alle diese Änderungen beruhen auf dem Gesetze vom 28. Oktober 1922. 1

II. Inhalt des Artikels. Der Art. 4 regelt die Gebühren des RA. für die Vertretung eines Beteiligten im Verfahren der Zwangsversteigerung. 2

III. Zwangsversteigerung. Es muß ein Verfahren der Zwangsversteigerung in Frage kommen. Das ist der Fall 3

1. bei der Zwangsversteigerung von Grundstücken im Wege der Zwangsvollstreckung (§§ 1 ff. ZVG.),

2. bei der Zwangsversteigerung von Schiffen im Wege der Zwangsvollstreckung (§§ 162 ff. ZVG.),

3. bei der Zwangsversteigerung von Hochseekabeln (§§ 1, 24 des Kabelpfandgesetzes vom 31. März 1925 RGBl. I 37)[1]),

4. bei der Zwangsversteigerung außerhalb der Fälle der Zwangsvollstreckung, nämlich bei einer solchen

a) auf Antrag des Konkursverwalters (§§ 172 ff. ZVG.),

b) auf Antrag des nicht unbeschränkt für die Nachlaßverbindlichkeiten haftenden Erben oder der sonstigen zum Aufgebote der Nachlaßgläubiger Berechtigten (§§ 175 ff. ZVG.),

c) zum Zwecke der Aufhebung einer Gemeinschaft (§§ 180 ff. ZVG.),

d) aus baupolizeilichen Gründen (§§ 40, 58, 60 Teil I Titel 8 PrALR., Art. 28 PrAGZVG.),

e) aus bahnhoheitlichen Gründen (§§ 21, 47 des preußischen Gesetzes über die Eisenbahnunternehmungen vom 3. November 1838, § 39 des preußischen Gesetzes über die Bahneinheiten vom 11. Juni 1902),

f) aus berghoheitlichen Gründen (§§ 159, 160, 161 PrABG., Art. 23 PrAGZVG.),

g) bezüglich eines Kuxes alten Rechts gemäß §§ 234, 235 g PrABG., Art. 23 PrAGZVG.).

4. Den Grundstücken stehen gleich die Berechtigungen, für welche die sich auf Grundstücke beziehenden Vorschriften gelten (§§ 864, 866, 870 ZPO.). Das sind 4

---

[1]) An die Stelle des Grundbuchs tritt hier das Kabelbuch (§ 25 KabelpfG.).

a) das Erbbaurecht (§ 11 ErbbauRVO.),
b) das Erbpachtrecht mit Einschluß des Büdnerrechts und des Häuslerrechts, (Art. 63 EGBGB.),
c) das vererbliche und veräußerliche Recht zur Gewinnung eines den bergrechtlichen Vorschriften nicht unterliegenden Minerals (Art. 68 EGBGB.),
d) das Bergwerkseigentum (Art. 67 EGBGB., § 50 Abs. 2 PrABG., Art. 15 ff. und 22 ff. PrAGZVG.),
e) die Kuxe alten Rechts (Art. 67 EGBGB., § 231 Abs. 1 PrABG.),
f) ein unbeweglicher Bergwerksanteil (Art. 67 EGBGB., Art. 15 ff. und 22 ff. PrAGZVG.),
g) eine selbständige Kohlenabbaugerechtigkeit in den vormals Sächsischen Landesteilen (Art. 67 EGBGB., Art. 38 § 5 PrAGBGB., Art. 15 ff. PrAGZVG.),
h) die sonstigen selbständigen Gerechtigkeiten (Art. 40 PrAGBGB., Art. 22 ff. PrAGZVG.),
i) die Bahneinheiten (§ 16 Abs. 1 PrBahneinhG.)[1a].

5 **IV. Beteiligte.** Der Art. 4 gilt nur, wenn der RA. für einen Beteiligten auftritt.

1. Als Beteiligte gelten

A. bei der Zwangsversteigerung von Grundstücken und den ihnen gleichstehenden Berechtigungen (§ 9 ZVG.):
a) der Gläubiger, der betreibende und der beigetretene,
b) der Schuldner d. h. der zur Zeit der Einleitung des Verfahrens eingetragene Eigentümer oder sein Erbe,
c) der Eigentümer eines mit einem Erbbaurecht belasteten Grundstücks bei der Vollstreckung in das Erbbaurecht (§ 24 ErbbauRVO.),
d) die Rentenbank bei der Vollstreckung in ein mit einer Rentenbankgrundschuld belastetes Grundstück (§ 42 der AusfVO. zur RentenbankVO. vom $\frac{\text{14. November 1923}}{\text{17. Dezember 1923}}$ RGBl. I 1072, 1243),
e) der Ausgeber einer Heimstätte nach dem Reichsheimstättengesetz vom 10. Mai 1920 (RGBl. 962),
f) diejenigen, für welche zur Zeit der Eintragung des Vollstreckungsvermerkes ein Recht im Grundbuche eingetragen oder durch Eintragung gesichert ist[1b],

---

[1a]) Die Reparationshypothek nach § 4 des Reichsbahngesetzes vom 30. Aug. 1924 (RGBl. II 272) gibt kein Recht zum Betreiben der Zwangsversteigerung (Reinhard, Einfluß der neuen Gesetzgebung auf die Zwangsversteigerung und Zwangsverwaltung² S. 104).

[1b]) Dazu gehören die Hypothekengläubiger, deren Hypotheken zwar gelöscht sind, denen aber ein Aufwertungsrecht kraft Rückwirkung zusteht, nur, falls sie einen Widerspruch gegen die Löschung gemäß § 16 Abs. 2 Satz 2, § 17 Abs. 2 AufwG. haben eintragen lassen oder ihren Aufwertungsanspruch angemeldet haben. JW. 1926, 210³ (OLG. Hamburg), 1037⁹ (OLG. Hamm), 1044³ (LG. Bartenstein); Rspr. in Aufwertungss. 1, 214 (OLG. Dresden); Reinhard, Einfluß der neuen Gesetzgeb. auf ZVerst. und ZVerw.² 39/40. Dagegen verlangen JW. 1925, 2642⁶ (LG. Hamburg) und Stillschweig Anm. zu JW. 1926, 210³ die gedachten besonderen Voraussetzungen nicht.

g) diejenigen, welche ein der Zwangsvollstreckung entgegenstehendes Recht, ein Recht an dem Grundstücke oder der ihr gleichstehenden Berechtigung oder an einem das Grundstück oder eine solche Berechtigung belastenden Rechte, einen Anspruch mit dem Rechte auf Befriedigung aus dem Grundstücke oder einer solchen Berechtigung oder ein Miet- oder Pachtrecht, auf Grund dessen ihnen das Grundstück bzw. eine derartige Berechtigung überlassen ist, bei dem Vollstreckungsgericht anmelden und auf Verlangen des Gerichts oder eines Beteiligten glaubhaft machen;

B. bei der Zwangsversteigerung eines Schiffes im Wege der Zwangsvollstreckung:

a) der Gläubiger,
b) der Schuldner, der Eigenbesitzer des Schiffes ist (§ 164 ZVG.), der Schiffer (§ 761 HGB.), der dritte Besitzer des Schiffes (§§ 755 Abs. 2, 759 HGB., § 103 Abs. 2 BSchG.), der Ausrüster des Schiffes (§ 510 HGB.), der Korrespondentreeder (§ 493 HGB.),
c) die Schiffsgläubiger, welche ihre Forderung angemeldet haben, die Berufsgenossenschaft und die Invaliditäts-Versicherungsanstalt auch ohne solche Anmeldung (§ 163 Abs. 3 ZVG.),
d) die im Schiffsregister eingetragenen Pfandgläubiger;

C. bei der Zwangsversteigerung außerhalb der Fälle der Zwangsvollstreckung:

a) im Falle des § 172 ZVG. der Konkursverwalter an Stelle des Gläubigers und Schuldners,
b) im Falle des § 175 ZVG. der Erbe oder sonstige Antragsberechtigte an Stelle des Gläubigers oder Schuldners,
c) im Falle des § 180 ZVG. der Antragsteller an Stelle des Gläubigers und die anderen Miteigentümer an Stelle des Schuldners,
d) bei der Zwangsversteigerung aus polizeilichen Gründen die Ortspolizeibehörde als Antragsteller (Art. 29 AGZVG.),
e) bei der Zwangsversteigerung aus bahnhoheitlichen Gründen die Bahnaufsichtsbehörde,
f) bei der Zwangsversteigerung aus berghoheitlichen Gründen die Realberechtigten und der Bergwerkseigentümer,
g) bei der Zwangsversteigerung eines Kuxes alten Rechts zugunsten der Gewerkschaft diese an Stelle des Antragstellers;

D. in allen Fällen der Zwangsversteigerung eines Bergwerkseigentums, eines unbeweglichen Bergwerksanteils oder einer selbständigen Kohlenabbau-Gerechtigkeit in den vormals Sächsischen Landesteilen auch der Repräsentant oder Grubenvorstand (Art. 16 AGZVG.).

2. Keine Beteiligten sind[2]) 6

a) der Bieter,
b) der Ersteher,
c) der Zahlungspflichtige des § 61 ZVG.,
d) die Gerichtskasse,
e) der Mobiliarpfandschuldner,
f) der Bürge.

---

[2]) Sydow-Busch Art. 4 Anm. 2; Pfafferoth Art. 4 Anm. 2, 6; Bartscher-Drinnenberg-Wenz Art. 4 Anm. 1.

Tritt der RA. für sie auf, so bestimmen sich seine Gebühren nach Art. 8 ff. LGebO.[3]).

V. Vertretung eines Beteiligten.

7 1. Nur für die „Vertretung" eines Beteiligten werden die Gebühren des Art. 4 gewährt. Unter einer solchen „Vertretung" kann im Hinblick auf Art. 8—10 LGebO., welche einzelne Geschäfte aufführen, die der RA. für seinen Auftraggeber vornimmt, nur die Wahrnehmung der Rechte des Auftraggebers verstanden werden, die kraft Vollmacht für das ganze Verfahren erfolgt[4]).

Der „Vertreter" entspricht danach dem Prozeßbevollmächtigten des Zivilprozesses. Deshalb erklärt auch Art. 16 Abs. 2 die §§ 48, 49 RAGebO. für entsprechend anwendbar. Wenn also der RA. lediglich mit Vornahme einzelner bestimmter Geschäfte für einen Beteiligten im Verfahren der Zwangsversteigerung beauftragt ist, so erhält er insgesamt höchstens die Gebühren des Art. 4. Wird der RA., der ursprünglich nur solche Einzelaufträge hatte, zum „Vertreter" für das Verfahren der Zwangsversteigerung bestellt, so bekommt er für alle seine Tätigkeiten zusammen nicht mehr als die Gebühren des Art. 4.

8 2. Wie der „Vertreter" wird auch der Beistand entlohnt, dessen Tätigkeit ebenso umfassend gestaltet ist, wie die des „Vertreters" (Art. 16 Abs. 1 LGebO., § 4 RAGebO.)[5]).

VI. Die Gebühren des Art. 4.

9 1. Der Art. 4 billigt je eine volle Gebühr zu

a) für die Vertretung bis zur Einleitung des Verteilungsverfahrens,

b) für die Vertretung im Verteilungsverfahren,

c) für die Wahrnehmung der Versteigerungstermine.

Wir nennen die Gebühr zu a) die Betriebsgebühr, die zu b) die Verteilungsgebühr, die zu c), die jetzt nicht mehr nur dem Vertreter des Antragstellers zusteht, die Terminsgebühr.

10 2. Die Betriebsgebühr gilt die Vertretung bis zur Einleitung des Verteilungsverfahrens ab. Diesem Verfahrensabschnitte unterfällt der Antrag auf Bestellung eines Vollstreckungsgerichts (§ 2 ZVG.), die Anordnung, Aufhebung, einstweilige Einstellung und Fortsetzung des Verfahrens, der Antrag, dem Drittschuldner zu verbieten, an den Schuldner zu zahlen (§ 22 Abs. 2 ZVG.), oder bei Gefährdung der ordnungsmäßigen Wirtschaft durch den Schuldner die erforderlichen Gegenmaßregeln anzuordnen (§ 25 ZVG.), die Bestimmung des Versteigerungstermins, die Feststellung des geringsten Gebots und der Versteigerungsbedingungen, die Abhaltung des Versteigerungstermins und die Entscheidung über den Zuschlag. Daß auch die Wahrnehmung der Versteigerungstermine der Betriebsgebühr unterfällt, ergibt sich daraus,

---

[3]) Willenbücher Art. 4 Anm. 4; Sydow-Busch, Pfafferoth, Bartscher-Drinnenberg-Wenz a. a. O.

[4]) Willenbücher Art. 4 Anm. 2; Sydow-Busch Art. 4 Anm. 1; Pfafferoth Art. 4 Anm. 2.

[5]) Pfafferoth Art. 4 Anm. 7; Willenbücher Art. 4 Anm. 2.

daß der RA. für diese Tätigkeit „außerdem" noch die Terminsgebühr erhält. Die Tätigkeit in der Beschwerdeinstanz ist nicht mitabgegolten[6]). Art. 16 Abs. 2 LGebO. erklärt die §§ 25, 26 RAGebO., also den Instanzbegriff der RAGebO. für anwendbar, das Verfahren in der Beschwerdeinstanz bildet daher eine besondere Instanz, bei der für die Vergütung, da das Beschwerdeverfahren des ZVG. sich grundsätzlich nach den Bestimmungen der ZPO. richtet, die RAGebO. maßgebend ist[7]). Der Verfahrensabschnitt, der durch die Betriebsgebühr abgegolten wird, geht „bis zur Einleitung des Verteilungsverfahrens". Diese Einleitung liegt in der Bestimmung des Termins zur Verteilung des Versteigerungserlöses (§ 105 Abs. 1 ZVG.)[8]).

3. Die Verteilungsgebühr gilt die Tätigkeit im Verteilungsver- 11
fahren ab. Zu diesem Verfahrensabschnitte gehören die Abhaltung der Verteilungstermine, die Aufstellung und die Ausführung des Verteilungsplans. Besondere Vergütung nach § 40 RAGebO. steht für das Aufgebotsverfahren nach §§ 136, 138, 140 ZVG. zu[9]), das nach §§ 9, 10 PrAGZPO. den Bestimmungen der ZPO. folgt. Ebenso kommen für Prozesse, welche im Verfahren entstandene Streitigkeiten zum Austrage bringen (§§ 115, 137, 139 ZVG.), die Kosten besonders zum Ansatze[10]). Im Verteilungsverfahren kann eine Erhebung und Ablieferung von Geldern auf seiten des RA. in Frage kommen. Das Entgelt hierfür bestimmt sich nicht nach § 87 RAGebO., da dieser Paragraph gemäß § 31 Abs. 2 RAGebO. hier nicht gilt und er in Art. 16 LGebO. nicht für anwendbar erklärt ist. Art. 13 LGebO. regelt die Hebegebühr nur für Angelegenheiten, die nicht zur streitigen Rechtspflege gehören, während die Zwangsversteigerung zur streitigen Rechtspflege gehört. Unmittelbar ist also Art. 13 hier nicht anwendbar. Gemäß Art. 14 wird aber Art. 13 zur entsprechenden Anwendung zu bringen sein[11]).

Nach §§ 143 ff. ZVG. kann die Verteilung des Versteigerungserlöses 12
außergerichtlich erfolgen. Die Mitwirkung bei einer solchen außergerichtlichen Verteilung steht nach Art. 4 Abs. 3 der Vertretung im Verteilungsverfahren gleich. Der RA., dessen Tätigkeit sich auf solche Mitwirkung beschränkt, erhält die Verteilungsgebühr, welche auch die Tätigkeit nach §§ 143—145 ZVG. gegenüber dem Vollstreckungsgerichte abgilt[12]).

---

[6]) Sydow-Busch Art. 4 Anm. 4; Pfafferoth Art. 4 Anm. 9; Bartscher-Drinnenberg-Wenz Art. 4 Anm. 2; Willenbücher Art. 4 Anm. 4.

[7]) Willenbücher, Pfafferoth a. a. O.; Fürst-Roth § 1 Anm. 1.

[8]) Pfafferoth Art. 4 Anm. 10.

[9]) Pfafferoth Art. 4 Anm. 9; Willenbücher Art. 4 Anm. 4; Sydow-Busch Art. 4 Anm. 5; Bartscher-Drinnenberg-Wenz Art. 4 Anm. 3.

[10]) Pfafferoth, Willenbücher, Sydow-Busch, Bartscher-Drinnenberg-Wenz a. a. O.

[11]) Willenbücher Art. 4 Anm. 4. Vgl. auch KGBl. 1922, 62 ff. (AKB. Berlin). Im Ergebnis übereinstimmend Bartscher-Drinnenberg-Wenz Art. 4 Anm. 3.

[12]) Bartscher-Drinnenberg-Wenz Art. 4 Anm. 4.

13 Wird eine Wiederversteigerung (§§ 128, 133 ZVG.) nötig, so liegt ein neues Versteigerungsverfahren vor, das eine neue Instanz eröffnet[13].

14 4. Neben der Betriebsgebühr („außerdem") erhält der RA. die Terminsgebühr für die Wahrnehmung der Versteigerungstermine. Was für einen Beteiligten der RA. dabei vertritt, ist jetzt gleichgültig, während nach dem Rechte vor dem Gesetze vom 28. Oktober 1922 nur der Vertreter des Antragstellers diese Gebühr erhielt. Sie wird nicht für jeden Termin besonders gewährt, sondern für die Wahrnehmung „der Versteigerungstermine", also für die Wahrung aller einschlägigen Termine, aber nur für die wirkliche Wahrnehmung[14], nicht auch schon für deren Vorbereitung. In Betracht kommen nur die Versteigerungstermine, nicht andere Termine.

15 Der RA. erhält die Terminsgebühr „außerdem", mithin neben der Betriebsgebühr des Art. 4 Abs. 1, daher nicht, wenn sein Auftrag sich nur auf die Wahrnehmung der Versteigerungstermine erstreckt, er also nicht „Vertreter" i. S. des Art. 4 ist. In diesem Falle kommt Art. 10 LGebO. zur Anwendung. Das gleiche gilt, wenn der RA. nur Termine wahrzunehmen hat, die keine Versteigerungstermine sind.

16 5. Die Gebühren des Art. 4 sind Pauschgebühren, eine jede ist also durch irgendeine Tätigkeit verdient, die in das Gebiet der Handlungen fällt, das durch die Gebühr abgegolten wird. Art. 16 Abs. 2 erklärt die §§ 29—32, 35, 36 RAGebO. für anwendbar. Einen Zweifelsfall entscheidet Art. 16 Abs. 2 Satz 2 LGebO. für den Antrag auf Eintragung einer Sicherungshypothek (vgl. Vorb. zu Art. 4—6 Anm. 2). Nach § 31 Abs. 1 RAGebO. bildet eine jede Vollstreckungsmaßregel zusammen mit den durch dieselbe vorbereiteten weiteren Vollstreckungshandlungen bis zu der durch die Maßregel zu erlangenden Befriedigung des Gläubigers eine Instanz. Folgt nun dem gedachten Eintragungsantrage, gestützt auf die erwirkte Eintragung, der Antrag auf Zwangsversteigerung, so kommt es darauf an, ob der Versteigerungsantrag sich auf einen Auftrag gründet, der bereits zur Zeit der Betrauung mit der Herbeiführung des Eintrags der Sicherungshypothek vorlag. Nur wenn dies der Fall ist und sich der Versteigerungsantrag unmittelbar an den Hypothekeneintrag anschließt, wird sich gemäß § 31 Abs. 1 RAGebO., der nach Art. 16 Abs. 2 LGebO. Anwendung findet, sagen lassen, daß beide Maßnahmen zu derselben Instanz gehören[15]. In solchem Falle ist die Gebühr für den Antrag auf Eintragung einer Sicherungshypothek auf die Betriebsgebühr anzurechnen.

17 6. **Jede der 3 Gebühren des Art. 4 kann für die Instanz nur einmal in Ansatz kommen**, insgesamt können also demselben RA. in der Instanz drei volle Gebühren erwachsen.

18 **VII. Der Wert des Gegenstandes.**

1. Die Gebühren für die Vertretung des Gläubigers oder eines anderen Berechtigten (§ 9 Nr. 1, 2 ZVG.).

---

[13] Pfafferoth Art. 4 Anm. 4; Willenbücher Art. 4 Anm. 4.

[14] Daß nach Beginn des Versteigerungstermins das Verfahren eingestellt wird, macht die bereits erfolgte Terminswahrnehmung nicht ungeschehen KBAbgG. 7.

[15] KBAbgH. 14; Sydow-Busch Art. 16 Anm. 5; Willenbücher Art. 16 Anm. 3; Pfafferoth Art. 15 Anm. 2.

Maßgebend ist der volle Wert des Rechts des Auftraggebers, ohne Rücksicht darauf, ob wegen des gesamten Betrags oder nur wegen eines Teils das Verfahren betrieben wird, da dieses doch zur Berücksichtigung des ganzen Rechts führt[16]). Die Berechnung dieses Wertes erfolgt gemäß Art. 16 nach § 10 RAGebO. und den dort in Bezug genommenen Bestimmungen[17]). Beschränkt sich die Tätigkeit des RA. auf die Vertretung des Gläubigers in dem Verfahren bis zum Versteigerungstermine, so tritt an die Stelle des Wertes des Rechtes der Wert des Anspruchs, wegen dessen die Zwangsversteigerung beantragt ist, es sei denn, daß die Wahrnehmung eines anderen Termins, z. B. eines besonderen Termins zu Erörterungen über das geringste Gebot und die Versteigerungsbedingungen (§ 62 ZVG.), stattgefunden hat: solchenfalls kommt wieder Abs. 4 zur Anwendung.

Ist der Wert des Gegenstandes der Zwangsversteigerung oder des Verteilungsverfahrens geringer als der gedachte Wert 19
des Rechts des Auftraggebers bzw. des Anspruchs, wegen dessen die Zwangsversteigerung beantragt ist, so ist jener geringere Wert zugrunde zu legen.

2. Die Gebühren für die Vertretung eines anderen Be- 20
teiligten.

Maßgebend ist der Wert des Gegenstandes der Zwangsversteigerung oder des Verteilungsverfahrens oder des Anteils der Vertretenen an diesem Gegenstande.

3. Auf die Berechnung des Wertes des Gegenstandes der 21
Zwangsversteigerung oder des Verteilungsverfahrens finden die in Ansehung der Gerichtskosten geltenden Vorschriften Anwendung.

a) Über den Wert des Gegenstandes der Zwangsversteigerung enthält das 22
PrGKG. in der jetzt gültigen Fassung keine Bestimmungen mehr.

b) **§ 123 PrGKG.** lautet: 23

(1) Die nach den §§ 121, 122 zu erhebenden Gebühren werden nach dem Gebote berechnet, für welches der Zuschlag erteilt ist.

(2) Erreicht das Gebot nicht den Wert des Gegenstandes, so tritt bei Berechnung der nach § 121 Abs. 1 Nr. 1, 2, 3, § 122[18]) zu erhebenden Gebühren dieser an die Stelle des Gebots; ein höherer Wert als der bei Berechnung des geringsten Gebots angenommene darf der Gebührenberechnung aus § 121 nur dann zugrunde gelegt werden, wenn er spätestens im Versteigerungstermine bekanntgemacht worden ist. Wenn der Ersteher zur Zeit der Einleitung der

---

[16]) Sydow-Busch Art. 4 Anm. 10; Willenbücher Art. 4 Anm. 5.

[17]) Dabei ist aber zu beachten, daß für die Zwangsvollstreckung der nach § 4 ZPO. wichtige Unterschied von Haupt- und Nebenforderungen außer Betracht bleibt. JW. 1923, 620 [2] (LG. Dresden) und 856 [40] (OLG. München) mit Anmerkungen von M. Friedlaender.

[18]) Es betreffen § 121 Nr. 1 die Gebühr für den Erlaß der Bekanntmachung des Versteigerungstermins, § 121 Nr. 2 die Gebühr für die Abhaltung des ersten Versteigerungstermins, § 121 Nr. 3 die Gebühr für die Abhaltung eines jeden Versteigerungstermins nach Abhaltung des ersten, § 121 Nr. 4 die Gebühr für das Verteilungsverfahren, § 122 die Gebühr für die Erteilung des Zuschlags.

Zwangsversteigerung Hypotheken- oder Grundschuldgläubiger ist, so tritt an die Stelle des Meistgebots, falls dieses hinter dem Gesamtbetrage der Hypotheken oder Grundschuldforderungen des Erstehers und der diesen vorangehenden Forderungen zurückbleibt, dieser Gesamtbetrag, sofern er nicht den Wert des Gegenstandes übersteigt.

(3) Ist der Zuschlag nicht erteilt, so werden die nach § 121 zu erhebenden Gebühren nach dem Werte des Gegenstandes berechnet.

(4) Sind nach § 65 des Gesetzes über die Zwangsversteigerung und die Zwangsverwaltung Gegenstände besonders versteigert oder anderweit verwertet worden, so tritt für die Berechnung der Gebühren für das Versteigerungsverfahren ihr Erlös dem Gebote hinzu.

24 4. Nach dem wiedergegebenen § 123 PrGKG. ist, soweit sich nach ihm der Wert des Gegenstandes bemißt, für die Verteilungsgebühr ausschließlich, für die anderen Gebühren in erster Linie das Meistgebot maßgebend. An seine Stelle tritt bei der Betriebsgebühr und bei der Terminsgebühr, wenn das Meistgebot den Wert, d. h. den gemeinen Wert des Gegenstandes nicht erreicht, dieser Wert, jedoch kein höherer Wert als der bei der Berechnung des geringsten Gebots angenommene oder spätestens im Versteigerungstermin bekanntgemachte. Eine weitere Ausnahme von der Maßgeblichkeit des Meistgebots für die beiden Gebühren gilt in dem Falle, daß der Ersteher zur Zeit der Einleitung der Zwangsversteigerung Hypotheken- oder Grundschuldgläubiger ist. Hier bedarf es der gesonderten Ermittelung des gemeinen Werts des Gegenstandes einerseits und des Gesamtbetrages der Hypotheken oder Grundschuldforderungen des Erstehers und der diesen vorangehenden Forderungen andererseits. **Maßgebend ist im Falle des § 123 Abs. 2 Satz 2 PrGKG. das Meistgebot,** wenn es höher ist als der gemeine Grundstückswert und der Gesamtbetrag der Hypotheken oder Grundschuldforderungen des Erstehers und der diesen vorangehenden Forderungen. **Dieser Gesamtbetrag ist entscheidend,** wenn das Meistgebot niedriger ist als der Gesamtbetrag und dieser niedriger als der Grundstückswert. **Der Grundstückswert endlich ist zugrunde zu legen,** wenn das Meistgebot und der Grundstückswert niedriger sind als der beregte Gesamtbetrag[19]).

25 Das Meistgebot setzt sich zusammen aus dem Bargebot und den übernommenen und bestehenbleibenden Rechten[20]). Maßgebend ist der Inhalt des Zuschlagbeschlusses[21]). Jede danach bestehenbleibende oder vom Ersteher zu übernehmende Grundpfandpost ist dem Bargebote mit dem vollen, im Zuschlagbeschlusse berücksichtigten Betrage selbst dann hinzuzurechnen, wenn eine Löschungsvormerkung eingetragen ist, sofern das Löschungsrecht bei Erteilung des Zuschlags nicht ausgeübt war[22]). Auch eine Höchstbetragshypothek, die in das geringste Gebot aufgenommen ist, kommt mit dem vollen eingetragenen

---

19) KGJ. 40, 377/383.

20) KGJ. 29 B 50; 31 B 32.

21) KGJ. 51, 392.

22) KGJ. 51, 390/3. Hinzuzurechnen ist auch eine auf Grund des pr. Ges. vom 26. April 1886 bestellte und bestehenbleibende Rentengutsrente KGJ. 47, 305/310; a. M. Nußbaum, ZV. und ZVerw. 102. Altenteilsrechte und solche

Höchstbetrage zum Ansatz[23]). Werden die mit einer Gesamthypothek belasteten Grundstücke in getrennten Zwangsversteigerungsverfahren unter der Bedingung zugeschlagen, daß die Hypothek auf jedem Grundstücke in ganzer Höhe bestehen bleibt, so ist in jedem Verfahren bei dem Meistgebote der volle Betrag zu berücksichtigen[24]).

Sind nach § 65 ZVG. Gegenstände besonders versteigert oder anderweit verwertet worden, so tritt für die Berechnung der Verteilungsgebühr nach § 123 Abs. 4 PrGKG. ihr Erlös dem Gebote hinzu. 26

Soweit der Wert des Gegenstandes der Zwangsversteigerung maßgebend ist, kommt in Betracht, wie weit zur Zeit der Verkündung des Zuschlagbeschlusses die Wirkung der Beschlagnahme reichte. Dem Werte des Grundstücks ist danach der Wert der mitversteigerten beweglichen Sachen zuzurechnen[25]). Der Wert des Gegenstandes ist auch maßgebend, wenn der Zuschlag nicht erteilt ist[26]). Hier wird an die Stelle des Zeitpunktes der Verkündung des Zuschlagbeschlusses der Zeitpunkt der Beendigung des Verfahrens treten müssen. 27

Die Bestimmung des § 123 Abs. 2 PrGKG., die den Gesamtbetrag der Hypotheken oder Grundschuldforderungen des Erstehers und der diesen vorangehenden Forderungen berücksichtigt, setzt, wie die Fassung ergibt, voraus, daß die dem meistbietenden Gläubiger zustehende Grundpfandpost ganz oder teilweise ausfällt[27]). Doch ist dem mit Recht der Fall gleichgestellt worden, daß der Gläubiger ohne Verschulden nach Maßgabe der im Versteigerungstermin bekannten und erkennbaren Verhältnisse bei Angabe des Meistgebots annehmen durfte, seine Forderung werde dadurch nicht voll gedeckt werden[28]). Bei der Feststellung des Gesamtbetrages 28

Grunddienstbarkeiten, die zur Erhaltung ihrer Wirksamkeit gegenüber dem öffentlichen Glauben des Grundbuchs der Eintragung nicht bedürfen, bleiben, wenn sie dem Rechte des betreibenden Gläubigers gleich- oder nachstehen, unberücksichtigt. KGJ. 38 B 44/50. Daß diese Rechte bei Feststellung des geringsten Gebots zu Unrecht mitberücksichtigt sind, macht keinen Unterschied. Mügel-Ehm § 127 Anm. 2, der mit Recht annimmt, daß gleiches auch gilt, wenn sie dem Rechte des betreibenden Gläubigers vorgehen und eine Verpflichtung des Erstehers, für den Fall ihrer Nichtexistenz einen Ersatzbetrag bar zu zahlen, im Zuschlagsbeschlusse nicht zum Ausdruck gekommen ist.

Auch sonstige Rechte, die ohne Berücksichtigung im geringsten Gebote bestehen bleiben, bleiben außer Betracht, z. B. die Rentenbankgrundschuld, die öffentliche Last gemäß dem Industriebelastungsgesetze vom 30. August 1924 RGBl. II 257, das Erbbaurecht bei ZV. des Grundstücks, vgl. § 4 Abs. 4 Ges. über die Liquidierung des Umlaufs an Rentenbankscheinen vom 30. August 1924 RGBl. II 252, § 25 ErbbauRVO. Reinhard, Einfluß der neuen Gesetzgebung auf die ZV. und ZVerw.[2] 85, 102, 128; Willenbücher Art. 4 Anm. 6 b.

23) KGJ. 29 B 49/53.

24) KGJ. 31 B 31/4.

25) KGJ. 47, 311/3.

26) Das ist z. B. der Fall, wenn der Zuschlag versagt ist (§ 83 ZVG.), aber auch, wenn es überhaupt nicht zu einem Zwangsversteigerungstermin gekommen ist. Mügel-Ehm § 127 Anm. 5.

27) KGJ. 40, 383/7; 50, 269.

28) KGJ. 50, 267/273.

werden Hauptgeld, Zinsen und Kosten, für die das Grundstück haftet, und die sämtlichen im § 10 ZVG. aufgeführten Rechte berücksichtigt[29]), soweit sie der Hypotheken- oder Grundschuldpost des Erstehers vorgehen. Die Mitberücksichtigung der mit dieser Post im gleichen Range stehenden Rechte ist mit der klaren Fassung des Gesetzes nicht zu vereinen[30]). Der Aufwertungsbetrag hat den dinglichen Rang des aufgewerteten Rechtes[31]); das gilt ohne Rücksicht darauf, ob die Aufwertung bereits in das Grundbuch eingetragen oder ob dies noch nicht geschehen ist[32]). Unvalutierte Teile einer durch Rangabtretung vorgetretenen Baugeldpost sind für den Gesamtbetrag nicht zu berücksichtigen, wenn sich die Rangabtretung auf die wirklich valutierten Teile der Baugeldpost beschränkte[33]). Der Ersteher muß zur Zeit der Einleitung der Zwangsversteigerung Hypotheken- oder Grundschuldgläubiger sein, er braucht aber als solcher nicht eingetragen zu sein[34]). Dagegen genügt es nicht, daß der Ersteher mit Miterben an einer Nachlaßhypothek in ungeteilter Erbengemeinschaft beteiligt ist: denn da in einem solchen Falle dem Ersteher weder die ganze Grundpfandpost noch ein bestimmter Anteil an ihr zusteht, läßt sich der in § 123 Abs. 2 Satz 2 PrGKG. gedachte Gesamtbetrag gar nicht feststellen[35]). Dasselbe gilt, wenn eine offene Handelsgesellschaft eingetragene Hypothekengläubigerin ist und die Gesellschafter das Grundstück erstehen[36]). Im Zeitpunkte der Einleitung der Zwangsversteigerung muß der demnächstige Ersteher bereits Hypotheken- oder Grundschuldgläubiger sein. Aber nur dafür ist der gedachte Zeitpunkt maßgebend, ob § 123 Abs. 2 Satz 2 PrGKG. überhaupt zur Anwendung kommt, nicht auch für den Umfang der bei der Feststellung des Gesamtbetrags zu berücksichtigenden Forderungen des Erstehers. Hat dieser während des Verfahrens eine weitere nacheingetragene Hypothek oder Grundschuld erworben, und ist er mit seiner ursprünglichen und mit der dazu erworbenen Grundpfandpost ganz oder teilweise ausgefallen, so sind beide Posten in den Gesamtbetrag des § 123 Abs. 2 Satz 2 PrGKG. einzurechnen[37]).

29 **VIII. Freiwillige Versteigerung von Grundstücken.** Bei einer solchen werden gemäß Art. 14 die Vorschriften des Art. 4 entsprechend anzuwenden sein[38]).

30 **IX. Vergütung für Tätigkeiten im Verfahren der Zwangsversteigerung, die nicht dem Art. 4 unterfallen.** Ist Art. 4 nicht anwendbar, weil es sich

---

[29]) KGJ. 40, 381. Die Berechnung hat für den Tag des Zuschlags zu erfolgen.

[30]) A. M. Breme, ZBlFG. 11, 618.

[31]) § 6 Abs. 1 AufwG., vorbehaltlich der Bestimmungen der §§ 6 Abs. 2, 7, 20, 21 AufwG.

[32]) Mügel, AufwR., § 6 Anm. 8 AufwG. Freilich muß der Gläubiger, wenn der Aufwertungsbetrag noch nicht eingetragen ist, den von ihm erforderten Betrag anmelden, da dieser nicht aus dem Grundbuch ersichtlich ist (§ 114 ZVG.); Mügel a. a. O. § 4 Anm. 9 AufwG.

[33]) KGJ. 42, 338/41.

[34]) KGJ. 48, 306/11.

[35]) KGJ. 48, 306/11. A. M. Bartscher-Drinnenberg-Wenz § 123 Anm. 2.

[36]) Mügel-Ehm § 126 Anm. 3; Bartscher-Drinnenberg-Wenz § 123 Anm. 2; ZPrJustAmtm. 1913, 38 (KG.).

[37]) KGJ. 44, 398/402.

[38]) Pfafferoth Art. 4 Anm. 1; Willenbücher Art. 4 Anm. 2.

um keine „Vertretung", sondern um eine Betrauung mit einzelnen Geschäften handelt, oder weil der Auftraggeber kein „Beteiligter" ist, so sind für die Bemessung der Vergütung die Art. 8 ff. maßgebend. Vgl. im übrigen oben Anm. 7. Wegen der Vergütung der Tätigkeit des RA., der zum Zustellungsvertreter (§§ 6, 7 ZVG.) oder zum Vertreter eines unbekannten Berechtigten bestellt ist (§ 135 ZVG.), vgl. Art. 17 Anm. 3.

Artikel 5.

(1) Für die Vertretung des Gläubigers, des Schuldners oder des Konkursverwalters im Verfahren der Zwangsverwaltung, einschließlich des Verteilungsverfahrens, erhält der Rechtsanwalt jährlich acht Zehnteile der vollen Gebühr nach dem Werte der jährlichen Einkünfte. Auf die Berechnung dieser Gebühr finden die in Ansehung der Gerichtskosten geltenden Vorschriften entsprechende Anwendung.

(2) Der Vertreter des Antragstellers erhält außerdem die volle Gebühr nach dem Werte der jährlichen Einkünfte; ist ein Gläubiger der Antragsteller und ist der Antrag der beizutreibenden Forderung und der miteinzuziehenden Zinsen geringer als der Wert der jährlichen Einkünfte, so ist dieser Betrag für die Gebührenberechnung maßgebend.

(3) Beschränkt sich die Tätigkeit des Rechtsanwalts auf die Vertretung in dem Verfahren wegen Anordnung der Zwangsverwaltung, so erhält er nur die im Abs. 2 bestimmte Gebühr.

Vorbemerkung.

Die Erläuterungen des Art. 5, der die Gebühren des RA. für einen Teil der Fälle der Zwangsverwaltung regelt, betreffen folgende Punkte:

I. Entstehungsgeschichte (1).
II. Inhalt des Artikels (2).
III. Zwangsverwaltung (3).
IV. Beteiligte (4).
V. Vertretung eines Beteiligten (5).
VI. Die Gebühren des Art. 5 (6—8).
VII. Vergütung für Tätigkeiten im Verfahren der Zwangsverwaltung, die nicht dem Art. 5 unterfallen (9).

I. Entstehungsgeschichte. Die Gebührensätze betrugen früher nach Abs. 1: $^2/_{10}$ und nach Abs. 2: $^3/_{10}$. Die jetzige Fassung beruht auf dem Gesetze vom 28. Oktober 1922. 1

II. Inhalt des Artikels. Art. 5 regelt die Gebühren des RA. für die Vertretung des Gläubigers, des Schuldners oder des Konkursverwalters im Verfahren der Zwangsverwaltung einschließlich des Verteilungsverfahrens. Für die Vertretung eines anderen Beteiligten in einem solchen Verteilungsverfahren bestimmt Art. 6 Satz 2 die Gebühren. 2

III. Zwangsverwaltung. Die Zwangsverwaltung findet statt 3

1. im Wege der Zwangsvollstreckung in Grundstücke oder Hochseekabel nach §§ 146—161 ZVG. und §§ 1, 24 KabelpfG. bzw. Art. 57—60, 167 EGBGB., § 2 EGZVG., §§ 3 Abs. 2, 5 Abs. 2 des Ges., betr. die Zwangsvollstreckung aus Forderungen landschaftlicher (ritterschaftlicher) Kreditanstalten, vom 3. August 1897 (GS. 388), abgeändert durch Art. 5 PrAGZPO.

Den Grundstücken stehen die in Art. 4 Anm. 4 genannten Berechtigungen gleich. Eine Zwangsverwaltung von Schiffen ist nicht statthaft (§ 870 Abs. 2 ZPO.).

2. Außerhalb der Zwangsvollstreckung erfolgt eine Zwangsverwaltung nur auf Antrag des Konkursverwalters gemäß § 172 ZVG.

3. Keine Zwangsverwaltung ist die gerichtliche Verwaltung nach § 94 ZVG. und die in § 938 Abs. 2 ZPO. vorgesehene Sequestration zur Ausführung einer einstweiligen Verfügung.

4 **IV. Beteiligte.** Als solche kommen in Betracht

1. der betreibende und der beigetretene Gläubiger,

2. der Schuldner d. h. der zur Zeit der Einleitung des Verfahrens eingetragene Eigentümer des Grundstücks oder sein Erbe, nach § 147 ZVG. auch der Eigenbesitzer des Grundstücks,

3. die in § 9 Ziff. 1 und 2 ZVG. Genannten,

4. der Konkursverwalter nach § 172 ZVG.,

5. der Repräsentant oder Grubenvorstand nach Art. 16 PrAGZVG.

5 **V. Vertretung eines Beteiligten.** Art. 5 regelt nur die Vergütung für die „Vertretung". Darüber, was unter „Vertretung" zu verstehen ist, vgl. Art. 4 Anm. 7. Während Art. 4 die Vertretung aller Beteiligten betrifft, befaßt sich Art. 5 nur mit der Vertretung des Gläubigers, des Schuldners und des Konkursverwalters. Die Vergütung für die Vertretung anderer Beteiligter regelt Art. 6 Satz 2. Wegen des Beistandes gilt das in Anm. 8 zu Art. 4 Gesagte.

6 **VI. Die Gebühren des Art. 5.**

1. Es stehen zu

a) eine jährliche Gebühr (Art. 5 Abs. 1),

b) für den Vertreter des Antragstellers außerdem noch eine einmalige Gebühr (Art. 5 Abs. 2).

Beschränkt sich die Tätigkeit des RA. auf die Vertretung in dem Verfahren wegen Anordnung der Zwangsverwaltung, so erhält er nur die einmalige Gebühr (Art. 5 Abs. 3).

7 2. Durch die jährliche Gebühr wird die gesamte Tätigkeit im Verfahren der Zwangsverwaltung abgegolten, insbesondere auch die Mitwirkung im Verteilungsverfahren und die Wahrnehmung von Terminen, nicht auch die Tätigkeit in der Beschwerdeinstanz, für die das in Art. 4 Anm. 10 Gesagte gilt. Die Gebühr ist eine Pauschgebühr.

Der Rechtsanwalt erhält die Gebühr nicht nur einmal, sondern jährlich. Sie berechnet sich nach dem Werte der jährlichen Einkünfte. Für die Bestimmung des Jahreszeitraumes und für die Bemessung der Einkünfte ist § 126 PrGKG. maßgebend. Er lautet, wie folgt:

„(1) In dem Verfahren der Zwangsverwaltung wird für jedes Jahr das Zweifache der vollen Gebühr erhoben. Der Tag der Beschlagnahme gilt als der erste Tag eines jeden Verwaltungsjahrs.

(2) Die Gebühr wird nach demjenigen Betrage der Einkünfte berechnet, welcher nach Berichtigung aller Ausgaben der Verwaltung und der laufenden Beträge der öffentlichen Lasten zur Verteilung gelangt, mindestens jedoch nach

dem Betrage des Grundsteuerreinertrags und des Gebäudesteuernutzungswertes[1]). In den Hohenzollernschen Landen tritt an Stelle des Grundsteuerreinertrags und Gebäudesteuernutzungswerts der Betrag von vier Prozent des Steueranschlags."

Das erste Jahr beginnt mit dem Tage der Beschlagnahme (§§ 22, 151 ZVG.)[2]), jedes angefangene Jahr wird für den Gebührenansatz als voll gerechnet.

Die Gebühr beträgt $^{8}/_{10}$ der vollen Gebühr. Der Gegenstandswert bedarf für jedes Jahr der besonderen Berechnung. Neben der jährlichen Gebühr kommt für Empfang, Verwahrung und Auszahlung von Geldern eine besondere Gebühr unter entsprechender Anwendung des Art. 13 in Ansatz (vgl. Art. 4 Anm. 11).

3. Die einmalige Gebühr steht zu 8

a) dem Vertreter des Antragstellers neben der jährlichen Gebühr,

b) als alleinige Vergütung dem RA., dessen Tätigkeit sich auf die Vertretung in dem Verfahren wegen Anordnung der Zwangsverwaltung beschränkt.

Steht die einmalige Gebühr dem Vertreter des Schuldners oder des Konkursverwalters zu, so berechnet sie sich stets nach dem Werte der jährlichen Einkünfte. Vertritt der RA. einen Gläubiger, der betreibender oder beigetretener Antragsteller ist, so tritt an die Stelle der jährlichen Einkünfte der Betrag der beizutreibenden Forderung und der miteinzuziehenden Zinsen, falls dieser Betrag geringer ist als der Wert der jährlichen Einkünfte.

Soweit für die Berechnung der einmaligen Gebühr der Wert der jährlichen Einkünfte maßgebend ist, findet Art. 5 Abs. 1 Satz 2 und damit § 126 PrGKG. keine Anwendung. Es sind deshalb die wirklichen Einkünfte ohne irgendwelche Kürzung zugrunde zu legen. Das Jahr, dessen Einkünfte maßgebend sind, beginnt mit dem Zeitpunkte der Antragstellung.

Die einmalige Gebühr kommt in Höhe der vollen Gebühr zum Ansatz, sie ist eine Pauschgebühr.

Wegen Anrechnung auf die einmalige Gebühr nach Art. 16 Abs. 2 Satz 2 vgl. Art. 4 Anm. 16.

VII. Vergütung für Tätigkeiten im Verfahren der Zwangsverwaltung, die nicht dem Art. 5 unterfallen. Ist Art. 5 nicht anwendbar, weil es sich um keine „Vertretung", sondern um Betrauung mit einzelnen Geschäften handelt, so sind für die Gebühren die Art. 8 ff. maßgebend. Handelt es sich um Vertretung anderer Beteiligter als der in Art. 5 genannten, so ist Art. 6 Satz 2 anzuwenden: denn für solche andere Beteiligte kommt im Verfahren der Zwangsverwaltung eine Vertretung außerhalb des Verteilungsverfahrens nicht in Frage. Vgl. ferner Art. 17 Anm. 3. 9

---

[1]) Hat keine Veranlagung zur Grund- und Gebäudesteuer stattgefunden, so ist der Betrag der Einkünfte zugrunde zu legen, nicht etwa der Ertragswert richterlich festzusetzen. Mügel-Ehm § 130 Anm. 2. A. M. Bartscher-Drinnenberg-Wenz § 126 Anm. 2.

[2]) Kommt es nicht zur Beschlagnahme, weil z. B. der Antrag auf Anordnung der Zwangsverwaltung abgelehnt wird, so entsteht die jährliche Gebühr nicht.

Artikel 6.

Auf die Vergütung der Berufstätigkeit eines Rechtsanwalts in einem Verteilungsverfahren außerhalb der Fälle der Zwangsversteigerung oder der Zwangsverwaltung finden die Vorschriften des Artikel 4 entsprechende Anwendung. Das gleiche gilt für ein Verteilungsverfahren im Falle der Zwangsverwaltung, wenn der Rechtsanwalt einen anderen Beteiligten als den Gläubiger, den Schuldner oder den Konkursverwalter vertritt; für die Berechnung wiederkehrender Leistungen ist der Wert der Leistungen eines Jahres, für die Berechnung des Wertes des Gegenstandes des Verteilungsverfahrens ist der Wert der Einkünfte eines Jahres maßgebend.

1 1. Art. 6 ist formell unverändert geblieben. Durch die Änderung des Art. 4, dessen entsprechende Anwendung er anordnet, hat sich auch hier die Gebühr auf $^{10}/_{10}$ der vollen Gebühr erhöht.

2 2. Art. 6 betrifft nur die Vertretung in einem Verteilungsverfahren u. zw.:

a) nach Satz 1 außerhalb der Zwangsversteigerung oder Zwangsverwaltung,

b) nach Satz 2 innerhalb einer Zwangsverwaltung in dem durch Art. 5 nicht geregelten Falle, daß der RA. einen anderen Beteiligten als den Gläubiger, Schuldner oder Konkursverwalter vertritt. Über den Begriff der Vertretung s. Art. 4 Anm. 7.

3 3. Nach den Art. 52, 53, 54, 67, 109 EGBGB. und Art. 35 PrAGZVG. kommt ein Verteilungsverfahren auch außerhalb der Fälle der Zwangsversteigerung oder Zwangsverwaltung vor. Dazu führt der Widerspruch eines Berechtigten gegen die Auszahlung der Entschädigung in den Fällen des Rayongesetzes vom 21. Dezember 1871 (RGBl. 459), des § 51 GewO., des RGes. über die Naturalleistungen für die bewaffnete Macht im Frieden in der Fassung vom 6. April 1925 (RGBl. I 44), der §§ 6, 7, 137, 138, 139 PrABG., des PrEnteignG., des PrFluchtlinG.

4 4. Die Gebühr ist in beiden Fällen des Art. 6 die gleiche, nämlich die im Art. 4 Nr. 2 bestimmte Gebühr für die Vertretung im Verteilungsverfahren, sie erwächst also in Höhe einer vollen Gebühr. Sie ist eine einmalige Pauschgebühr für die gesamte Tätigkeit im Verteilungsverfahren. Wegen der Beschwerden s. Art. 4 Anm. 10, wegen der Hebegebühr s. Art. 4 Anm. 11.

5 5. Der Wert des Gegenstandes richtet sich gemäß Art. 4 Abs. 4

a) im Falle des Art. 6 Satz 1 nach dem Anteil des Vertretenen an dem zu verteilenden Betrage,

b) im Falle des Art. 6 Satz 2 nach dem Anteile des Vertretenen an dem Werte der Jahreseinkünfte oder dem geringeren Werte des Anspruchs des Beteiligten; das Jahr, dessen Einkünfte in Betracht kommen, beginnt mit der Einleitung des Verfahrens.

Artikel 7.

(1) Für die Vertretung eines Beteiligten im Verfahren der Zwangsliquidation einer Bahneinheit erhält der Rechtsanwalt die volle Gebühr. Der Vertreter des Antragstellers erhält außerdem die volle Gebühr für die Vertretung in der Versammlung der Bahnpfandgläubiger.

(2) Auf die Wertberechnung finden die Vorschriften des Artikel 4 Abs. 4 entsprechende Anwendung.

1. Entstehungsgeschichte. Die Gebühren des Abs. 1 betrugen früher je $^3/_{10}$ der vollen Gebühr. Ihre Erhöhung beruht auf dem Gesetze vom 28. Oktober 1922. 1

2. In Betracht kommt das Gesetz vom 19. August 1895 (GS. 499), abgeändert durch das Gesetz vom 11. Juni 1902 (GS. 215), jetzt gültig in der Fassung vom 8. Juli 1902 (GS. 237). Dazu die JMVf. vom 19. September 1895 (JMBl. 286) und vom 11. November 1902 (JMBl. 275). Die Zwangsliquidation einer Bahneinheit ist eine Maßregel der Zwangsvollstreckung, bei der aber ein gerichtliches Verteilungsverfahren nicht stattfindet. 2

3. Beteiligte sind die Bahnpfandgläubiger, der Bahneigentümer und der Konkursverwalter, nicht der Liquidator. 3

4. Die Gebühr für die Vertretung eines Beteiligten ist eine Pauschgebühr für die gesamte Tätigkeit, sie fällt in Höhe der vollen Gebühr an. Wegen der in Art. 16 Abs. 2 Satz 2 vorgesehenen Anrechnung auf diese Gebühr siehe Art. 4 Anm. 16. Nur der Vertreter des Antragstellers erhält noch eine weitere Gebühr in gleicher Höhe für die Vertretung in der Versammlung der Bahnpfandgläubiger. Antragsteller kann jeder Beteiligte sein. Über den Begriff der Vertretung siehe Art. 4 Anm. 7. 4

5. Für die Wertberechnung kommt bei Vertretung eines Gläubigers der Wert des Rechtes d. h. der Bahnpfandforderung oder der geringere Wert des Gegenstandes der Zwangsliquidation in Betracht, bei Vertretung des Bahneigentümers oder des Konkursverwalters nur der letztgenannte Wert. Dieser bemißt sich gemäß § 130 PrGKG. nach dem Gesamtwerte der Bestandteile der Bahneinheit. 5

6. In den §§ 42, 45 Abs. 4, 49 Abs. 2, 51 Abs. 3, 53 PrBahneinhG. sind Beschwerden vorgesehen, für welche die Bestimmungen der ZPO. und der KO. gelten. Es trifft daher auch hier das in Art. 4 Anm. 10 Gesagte zu. 6

Vorbemerkungen zu den Art. 8—12.

I. **Anwendungsgebiet.** Soweit für eine der LGebO. unterfallende Tätigkeit des RA. weder gemäß Art. 2 die RAGebO. maßgebend ist noch die besonderen Bestimmungen der Art. 4—7 eingreifen, kommen die Art. 8—12 zur Anwendung, es sei denn, daß die Tätigkeit dem Art. 13 unterfällt oder daß auf Grund des Art. 14 die RAGebO. oder einer der Art. 4—7 LGebO. anzuwenden sind. Es ist insoweit auf die Erläuterungen zu den Art. 13 und 14 zu verweisen. 1

Danach unterfallen den Art. 8—12 insbesondere[1])

1. die Tätigkeit bei den Verwaltungsbehörden (außerhalb der Fälle des Art. 2) und bei den Polizeibehörden,

---

[1]) Begr. 14.

2. die Tätigkeit auf dem Gebiete der freiwilligen Gerichtsbarkeit (außerhalb der Fälle des Art. 13), also in Vormundschafts-, Nachlaß-, Grundbuch-[1a]), Registersachen,

3. die Tätigkeit im Verkehr mit Privatpersonen, insbesondere die außergerichtliche Rechtsverfolgung, außergerichtliche Vergleiche und Akkorde, soweit nicht Art. 14 oder die GeschAufsVO. bzw. die VglO. eingreift.

Der Gruppe 1 unterfällt z. B. die Tätigkeit im Enteignungsverfahren vor den Verwaltungsbehörden[2]). Ferner gehört hierher das Verfahren vor dem Mieteinigungsamte und der vorgesetzten Beschwerdestelle[3]) [3a]).

Zur Gruppe 2 gehört die Tätigkeit im Verfahren der Fürsorgeerziehung, wie überhaupt das Tätigwerden in allen dem Vormundschaftsgerichte als solchem zugewiesenen Angelegenheiten, ferner die Tätigkeit vor

---

[1a]) Das gilt auch für den Antrag auf Eintragung der durch eine einstweilige Verfügung angeordneten Vormerkung in das Grundbuch. Walter-Joachim-Friedlaender § 23 Anm. 58; JW. 1926, 2591[11] (OLG. Königsberg).

[2]) Recht 1914 Nr. 1360 (RG.).

[3]) Bandmann, Verf. vor den Mieteinigungsämtern usw. 63; Bartscher-Drinnenberg-Wenz Art. 8 Anm. 2, wo aber zu Unrecht auch das Verfahren vor dem Pachteinigungsamt erwähnt wird; Willenbücher Anm. 9a zu Art. 2 PrGebO.; vgl. auch JW. 1924, 825 (OG. Danzig, PachtEA. betr.) und Anm. v. M. Friedlaender dazu. Dagegen will KG. in JurRundsch. 2 Rspr. Nr. 26 = JW. 1926, 997[1], ebenso JW. 1927, 594[25] (KG.) die RAGebO. zur Anwendung bringen, ebenso BreslauAK. 1921, 43 = KGBl. 1922, 12 (AKB. Breslau), KGBl. 1922, 10 (AKB. Berlin) und KGBl. 1926, 33 (LG. Berlin III) und zwar auf Grund des Art. 14 in Vbdg. mit Art. 2 Nr. 1 bzw. Nr. 3. Vgl. dagegen oben Art. 2 Anm. 5 unter d und Fußnote 2 sowie Anm. 9, ferner Anm. von A. Friedlaender zu JW. 1926, 997[1]. Wenn die Gegner behaupten, das Verf. vor dem MEA. und der Beschwerdestelle sei dem zivilprozessualen Verfahren ähnlich, so ist dies durchaus zu bestreiten. Das Verf. ist vielmehr gerade im Gegensatz zum Zivilprozeß überaus frei gestaltet. Wenn ferner darauf Wert gelegt wird, zur Ergänzung seien im Verf. vor MEA. und Beschwst. die Bestimmungen der ZPO. heranzuziehen, so kann solche Heranziehung nur insoweit gebilligt werden, als es sich entweder um allgemeine Grundsätze handelt, die für jedes Verfahren Anwendung finden müssen, oder als einzelne Vorschriften mit Bestimmungen der ZPO., die für anwendbar erklärt sind, in untrennbarem Zusammenhange stehen (vgl. JW. 1924, 2037 Anm. von A. Friedlaender zu einer die PrPachtSchO. betreffenden Entsch.; RGZ. 107, 286, wo ausdrücklich hervorgehoben wird, daß nur einzelne Vorschriften der ZPO. Anwendung finden). Weshalb die Tätigkeit des RA. vor dem MEA. sich, wie das KG. meint, nicht in Tätigkeiten nach Art. 8—12 solle zerlegen lassen, ist gar nicht einzusehen (s. OG. Danzig und M. Friedlaender a. a. O.). Mit der Analogie aus Art. 2 Nr. 3 läßt sich schon deshalb nicht operieren, weil man sonst zu dem unleidlichen Ergebnisse käme, daß die Tätigkeit vor dem MEA. ungleich höher vergütet würde als die vor dem PEA. Vor dem PEA. kommt nach der PrPachtSchO. eine volle Gebühr aus § 9 RAGebO. zum Ansatz, nach der Ansicht der Gegner könnten vor dem MEA. 3½ solcher vollen Gebühren in Frage kommen. Solche Differenzierung kann doch kaum als Wille des Gesetzgebers angesehen werden. Nach der hier vertretenen Ansicht sind die Unterschiede dagegen nicht unerträglich, wenn man bedenkt, daß es sich um ganz verschiedene Tarife handelt. Es kämen in Ansatz

bei einem Streitwerte von	vor dem PEA.	vor dem MEA. höchstens
3 000 RM.	105 RM.	6×16 = 96 RM.
6 000 „	165 „ (früher 185 RM.)	6×24 = 144 „
9 000 „	195 „ (früher 245 RM.)	6×30 = 180 „

den Aufwertungsstellen und ihren Beschwerdegerichten[4]) sowie vor den Spruchstellen nach der Goldbilanzverordnung und der 4. Durchführungsverordnung vom 28. August 1924 und der Durchführungsverordnung zum Aufwertungsgesetze vom 29. November 1925[4a]), da insoweit das Recht der freiwilligen Gerichtsbarkeit gilt.

II. Im Geltungsbereiche der Art. 8—12 wird die Tätigkeit des RA. durch **Einzelgebühren** abgegolten u. zw. durch solche für Anträge, Erklärungen und Beschwerden bei Behörden (Art. 8), für Schreiben an Privatpersonen (Art. 9), für Wahrnehmung von Terminen (Art. 10) und für Ratserteilungen und Besprechungen (Art. 11). Die Gebühren können in einer und derselben Angelegenheit mehrfach zum Ansatz kommen, doch enthalten Art. 10 und 12 Höchstsätze, welche die Summe der Einzelgebühren in einer Angelegenheit in der Instanz nicht überschreiten darf. 2

III. Jede der Einzelgebühren vergütet zugleich die mit der Erledigung des Geschäfts verbundenen **Nebengeschäfte** z. B. die Akteneinsicht zur Vorbereitung des Schriftsatzes[4b]). 3

IV. Der Wert des Gegenstandes.

1. Nach Art. 16 Abs. 1 finden die Vorschriften der §§ 10 bis 12 RAGebO., soweit nicht ein anderes bestimmt ist, in den Fällen der Artikel 4 bis 14 entsprechende Anwendung. Diese Bestimmung ist hier nur bezüglich der Art. 8—12 zu besprechen. 4

2. Wert des Gegenstandes. Streitgegenstand i. S. der ZPO. und des GKG. ist „die der richterlichen Entscheidung unterbreitete Rechtsfolge eines materiellrechtlichen Tatbestandes in der durch den Klageantrag gegebenen 5

Nun beachte man noch die Entstehungsgeschichte der PSchO.! Ursprünglich enthielt diese keine Bestimmung über die Gebühren der RA. Erst die VO. vom 23. Juli 1921 (GS. 488) sah in § 37 Abs. 3 vor, daß der RA. für die Beschwerdeinstanz die volle Gebühr des § 9 RAGebO. erhalte. Dasselbe bestimmte die PrPSchO. vom 27. September 1922 (GS. 287) in § 43 Abs. 2. Die PrPSchO. vom 27. Februar 1924 (GS. 115) regelte dann in § 42 Abs. 2 die Gebührenfrage dahin, daß der RA. in jeder Instanz die einmalige volle Gebühr nach § 9 RAGebO. bekomme. Die PrPSchO. vom 16. Oktober 1925 (GS. 141) endlich erhöhte in § 53 Abs. 1 für die Rechts-Beschwerde- und Berufungsinstanz die Gebühren auf das Anderthalbfache des Satzes erster Instanz. Die Gegner müssen annehmen, daß ursprünglich vor dem PEA. 3½ Gebühren nach § 9 RAGebO. entstehen konnten, daß diese auf 1 bzw. 1½ Gebühren herabgesetzt worden sind, während man keine Veranlassung nahm, die Gebühren für das doch gleichartige Verfahren vor dem MEA. entsprechend herabzumindern. Auch das ist nicht verständlich und weist auf das Unrichtige des gegnerischen Standpunkts hin.

[3a]) Das Verfahren für anderweitige Festsetzung von Geldbezügen aus Altenteilsverträgen nach der PrVO. vom 8. September 1923 (GS. 433) richtet sich gemäß § 7 mit geringen Abweichungen nach den Bestimmungen der PrPachtSchO. Man wird deshalb auch für die Gebühren der RA. in diesem Verfahren die einschlägigen Vorschriften der PrPachtSchO. zur Anwendung zu bringen haben. Dagegen wendet Willenbücher Art. 2 Anm. 9c die LGebO. u. zw., wie Vorb. zu Art. 8—12 ergibt, die Art. 8—12 an. JW. 1926, 2595[13] (LG. Guben) zieht zur Analogie § 38a RAGebO. (Güteverfahren) heran. Die Anm. von Salomon zu der gedachten Entsch. läßt nicht klar erkennen, welche Ansicht er vertritt.

[4]) Bbl. 1925, 117/118 (KG.); Mügel, AufwertR., Anm. 1 zu § 76 AufwG.; Kraemer, JW. 1925, 2567; Wrzeszinski, JW. 1926, 112; JW. 1925, 1410[4] (KG.); 1926, 1240[2] (KG.); ZDJustAmtm. 1925, 191 (KG.): Willenbücher Anm. 9b zu Art. 2 PrGebO.; Bartscher-Drinnenberg-Wenz a. a. O. ZPrJustAmtm. 1927, 14/5 (LG. Frankfurt a. M.).

[4a]) Willenbücher Art. 2 Anm. 9d.

Begrenzung. Bei der Leistungsklage ist diese „Rechtsfolge" identisch mit dem Anspruch, bei der Feststellungsklage mit dem festzustellenden Rechtsverhältnis, bei der sogenannten Rechtsgestaltungsklage mit der Rechtsänderung, die bewirkt werden soll"[4c]). Die Bestimmungen über die Bewertung dieses Streitgegenstandes sollen nun in den Fällen der Art. 8—12 entsprechend angewandt werden.

6 Es gibt Fälle, in denen dies keinerlei Schwierigkeiten bereitet, weil hier die Parallele zum Zivilprozeß sich leicht ziehen läßt. Wenn der Gläubiger den Schuldner durch den RA. mahnen läßt, ohne daß auch nur bedingt Klageauftrag gegeben ist, so ist die Gegenstandsbewertung die gleiche, wie wenn gleichzeitig, bedingt oder unbedingt, Klageauftrag erteilt wäre. Sucht der bisher im Grundbuch als Eigentümer Eingetragene gegen die Überschreibung des Grundstücks auf einen neuen Erwerber die Eintragung eines Widerspruchs wegen angeblicher Nichtigkeit der Auflassung herbeizuführen, und legt er gegen den ablehnenden Beschluß des Grundbuchamts Beschwerde ein, so ist der Beschwerdegegenstand nicht anders zu bewerten als der Streitgegenstand bei einer Klage auf Feststellung der Nichtigkeit der Auflassung. Die Entmündigung, deren Verfahren in der ZPO. geregelt ist, so daß für die Vergütung der Anwaltstätigkeit die RAGebO. maßgebend ist, bewirkt die Verwandlung der vollen Geschäftsfähigkeit in beschränkte Geschäftsfähigkeit oder Geschäftsunfähigkeit. Das Gegenstück dazu ist die Volljährigkeitserklärung, die dem bisher beschränkt Geschäftsfähigen die volle Geschäftsfähigkeit verleiht, aber in den Formen der freiwilligen Gerichtsbarkeit vor sich geht und deshalb unter Art. 8—12 LGebO. fällt. Die Bewertung der Volljährigkeitserklärung nach § 11 GKG. wird keinen größeren Schwierigkeiten unterliegen als die Bewertung der Entmündigung auf Grund der gleichen Bestimmung.

7 Dagegen läßt sich nicht ohne weiteres in allen Fällen, in denen ein Beteiligter Anträge stellt, ein solcher Antrag dem Klageantrage gleichbehandeln. In der freiwilligen Gerichtsbarkeit ist das Gericht regelmäßig nicht an Anträge gebunden. Beantragt z. B. einer der geschiedenen Eheleute, ihm gemäß § 1635 BGB. die Sorge für die Person eines der Kinder zuzusprechen, so kann das Vormundschaftsgericht darüber hinausgehen und ihm alle Kinder zuweisen, und das wird nicht ohne Bedeutung für die Bemessung des Gegenstandswerts sein.

8 Wo nicht mit einem Anspruche, dessen Wert sich ermessen ließe, operiert werden kann, muß das dem Verfahren unterliegende Rechtsverhältnis den Ausgangspunkt für die Festsetzung des Gegenstandswerts bilden, bei dem dann nach Möglichkeit die Bestimmungen der ZPO. und des GKG. anzuwenden sind[5]).

9 Wird die Einleitung einer Nachlaßpflegschaft oder die Regelung eines Nachlasses beantragt, so ist maßgebend das Rechtsverhältnis der Erben zum Gesamtnachlasse, also dessen Wert ohne Abzug der Schulden. Betreibt der Vertragsgegner des Mündels die vormundschaftsgerichtliche Genehmigung eines Vertrags, durch den er ein Grundstück von dem Mündel gekauft hat, so be-

---

[4b]) Begr. 14/15. Vgl. auch JFGErg. 3, 262. Der Antrag auf Kostenfestsetzung ist kein derartiges Nebengeschäft JW. 1927, 536[6] (LG. Glatz) und Anm. von A. Friedlaender.

[4c]) Walter-Joachim-Friedlaender § 9 Anm. 5.

[5]) Vgl. OLG. 17, 223 (KG.): Schreiben betr. Aufforderung zur Zurücknahme von Aktien, Gegenstandswert bemessen nach dem Kurswerte der Aktien; OLG. 17, 224 (KG.): Wahrnehmung einer Generalversammlung, maßgebend das unmittelbare Interesse des Auftraggebers; OLG. 17, 228/9 (KG.): Rat betr. Ordnung eines Nachlasses, besonders darüber, ob die Erbschaft angenommen werden soll, unter entsprechender Anwendung des Art. 13 Höhe des Nachlasses ohne Abzug der Schulden maßgebend.

stimmt der Wert des Grundstücks den Gegenstandswert. Wird gemäß § 1217 BGB. verlangt, daß ein Verwahrer gerichtlich (§ 165 FGG.) bestellt werde, an den das Pfand abzuliefern sei, weil der Pfandgläubiger die Rechte des Verpfänders verletze, so wird § 6 ZPO. entsprechend anzuwenden sein. Bei einer Beschwerde gegen einen Beschluß, der die Berichtigung einer Geburtsanzeige dahin anordnet, daß das Kind, weil eine standesamtliche Eheschließung nicht vorlag, nicht von der Ehefrau des N. N., sondern von der P.Q. geboren sei, wird das Rechtsverhältnis des Kindes zu seinem Erzeuger unter der Voraussetzung, daß dieser als ehelicher Vater anzusehen ist, zu bewerten sein.

Besonderes Interesse, aber auch besondere Schwierigkeiten bietet die 10 Wertbemessung im Verfahren vor der Aufwertungsstelle [5a]). Art. 129 Abs. 1 der Durchführungsverordnung zum Aufwertungsgesetze vom 29. November 1925 (RGBl. I 392) [5b]) bestimmt folgendes:

Die Gebühr im Aufwertungsverfahren ist nach dem Werte des Streitgegenstandes zu erheben. Der Wert des Streitgegenstandes wird von der Aufwertungsstelle unter Berücksichtigung der gestellten Anträge nach freiem Ermessen festgesetzt.

Die Gebühr, von der im Satze 1 die Rede ist, ist die für die Tätigkeit der Aufwertungsstelle zu erhebende Gebühr [5c]). Der für sie maßgebende Streitwert wird „unter Berücksichtigung der gestellten Anträge nach freiem Ermessen festgesetzt". Daß die Berücksichtigung der gestellten Anträge — sie sind nicht unbedingt maßgebend, sondern eben nur zu „berücksichtigen" [6]) — vorgeschrieben ist, bedeutet noch keine Abweichung von den für das Prozeßrecht gültigen Bestimmungen über die Streitwertbemessung. Auch hier werden ja die Anträge berücksichtigt, die Anträge desjenigen, der den Anspruch erhebt, stets, aber auch bisweilen die des Anspruchsgegners z. B. bei der negativen Feststellungsklage. Dagegen liegt eine wirkliche Abweichung darin, daß nach der DurchfVO. dem freien Ermessen keine Schranken gesetzt sind, während solche nach den §§ 4—9 ZPO., §§ 9—15 GKG. bestehen. Die Wertbestimmung in Art. 129 Abs. 1 Satz 2 der DurchfVO. ist weder durch das Reichsrecht [6c]) noch durch das preußische Recht auf die Anwaltsgebühren erstreckt. Für diese gilt nach Art. 16 Abs. 1 PrLGebO. der § 10 RAGebO. Daraus ergibt sich, daß die Wertbestimmung für die Anwaltsgebühren nach GKG. und ZPO. erfolgt [7]), und

---

[5a]) Berolzheimer, Der Streitwert in Aufwertungssachen und die Gebühren der bayer. Rechtsanwälte BayZ. 22, 265/270; Emmerich, Berechnung der Anwaltsgebühren in Aufwertungssachen JW. 1927, 361/2; Heß, Zur Berechnung der Anwaltsgebühren in Aufwertungssachen JW. 1927, 836/7; Carlebach, Anwaltsgebühren und Streitwertfestsetzung in Aufwertungssachen JW. 1927, 964.

[5b]) Art. 129 gilt nur für das Verfahren vor der Aufwertungsstelle einschließlich der Beschwerdeinstanz. Wassertrüdinger JW. 1926, 2644 Anm. zu Nr. 2 daselbst. A. M. JW. 1926, 2644 [2] (BayObLG.).

[5c]) Berolzheimer 266.

[6]) Mügel, DurchfVO. z. AufwG. 350.

[6c]) Berolzheimer 266; Emmerich 362.

[7]) Emmerich 362; Heß 837. Das Ergebnis des Textes ist auch nicht auffallend, denn Nadler Grundbuch und Aufwertungsfragen [3] 163 bemerkt mit Recht: „Das Aufwertungsverfahren ist nur äußerlich nach Art eines Verfahrens der freiwilligen Gerichtsbarkeit gestaltet, in Wirklichkeit ist es, wie der Prozeß, ein echtes Streitverfahren, in dem sich zwei Parteien gegenüberstehen, über deren widerstreitende Anträge zu entscheiden ist." Ebenso JW. 1926, 1580 [2] (OLG. Karlsruhe), 1826 [7] (KG.). Daß die Entscheidung der Aufwertungsstelle, soweit deren Zuständigkeit nicht vereinbart ist, nur bezüglich der Kosten vollstreckbar ist (§ 75 AufwG.), steht dieser Auffassung natürlich nicht entgegen: auch im Zivilprozesse sind ja reine Feststellungsurteile einer Vollstreckung nicht zugänglich.

daß die seitens der Aufwertungsstelle geschehene Festsetzung des Streitwerts für die Berechnung der Anwaltsgebühren nicht maßgebend, § 11 RAGebO. also nicht anwendbar ist[8]). Wenn z. B. zufolge vereinbarter Zuständigkeit (§ 71 AufwG.) die Aufwertung eines Rentenanspruchs nach Grund und Höhe vor der Aufwertungsstelle zur Verhandlung kommt, so ist für die Anwaltsgebühren § 9 ZPO. maßgebend, während für die Gebühren der Aufwertungsstelle der Streitwert nach freiem Ermessen festgesetzt wird. Für die Entgegennahme einer Anmeldung bei der Aufwertungsstelle gemäß § 16 Abs. 1 Satz 1 AufwG. wird nach Nr. 2 der Allg. Vf. vom 30. September 1925 (PrJMBl. 363) eine Gebühr nicht berechnet, eine gerichtliche Wertfestsetzung findet daher insoweit auch nicht statt, während dem RA. für solche Anmeldung die Gebühr des Art. 8 LGebO. zusteht.

11 Es ist nun auf die einzelnen Fälle der gesetzlichen Zuständigkeit der Aufwertungsstelle einzugehen.

A. Entscheidung der Aufwertungsstelle über die Höhe der Aufwertung der in den §§ 4—54 AufwG. bezeichneten Ansprüche. Die Aufwertungsstelle ist nach § 69 Satz 1 AufwG. zur Entscheidung berufen, wenn Streit darüber besteht, in welcher Höhe die Ansprüche aufgewertet sind. Der Streitwert bemißt sich daher nach dem Betrage, der sich als Differenz aus dem Standpunkte des betreibenden Teils und seines Gegners ergibt[8a]). Fehlt es an einer Äußerung des Gegners, so muß die mutmaßliche Differenz geschätzt werden[8b]).

B. Ermittlung des Wehrbeitragswerts im Falle des § 7 Abs. 2 AufwG. Die Ermittlung erfolgt nur zur Bestimmung des Rechts auf erweiterten Rangvorbehalt des Eigentümers nach § 7 AufwG., dieses Recht ist daher als der eigentliche Gegenstand der Tätigkeit der Aufwertungsstelle anzusehen, sein Wert ist für die Anwaltsgebühren maßgebend.

C. Entscheidung über die Härtevorschriften der §§ 8, 15, 16, 34, 52 AufwG. In diesen Fällen handelt es sich gleichfalls um die Entscheidung über die Höhe der Aufwertung[9]), der Streitwert ist also ebenso, wie unter A. gedacht, zu bestimmen. Wird die Herabsetzung der Aufwertung auf 15% verlangt, so beträgt der Wert des Streitgegenstandes 25—15 = 10 %. Gibt der Eigentümer an, der Gläubiger verlange selbst nur 20 %, und begehrt er Herabsetzung um weitere 5%, so bilden diese 5% den Streitwert. Ist die Vergütung des RA. nur für die Anmeldung nach § 16 Abs. 1 AufwG. zu bemessen, und gibt diese nicht an, in welcher Höhe die Aufwertung erfolgen soll, so wird von einer solchen zu 25% auszugehen sein.

---

[8]) Ebenso Berolzheimer 266; Emmerich 362; Heß 837. Siehe auch unten Anm. 12. A. M. Kraemer, JW. 1925, 2567; DRZ. 1927 Rspr. Nr. 194 (BayObLG.); AufwRspr. 2, 319 (KG.) = JW. 1927, 1494[3] (s. dazu Anm. von A. Friedlaender); Carlebach 964.

JW. 1927, 1331[1] (LG. Altona) folgert daraus, daß das Aufwertungsverfahren „in vieler Hinsicht die Merkmale des Streitverfahrens" aufweist, das Recht des RA., in eigenem Namen gegen den Wertfestsetzungsbeschluß Beschwerde zu führen. Ähnlich kommt Jacobsohn in der Anm. zu dieser Entsch. zu der gleichen Ansicht. Auf die doch allein maßgebenden, im Texte erwähnten positiven Bestimmungen gehen beide gar nicht ein.

[8a]) Zugrunde zu legen ist der Betrag, nicht der Wert der Forderungen. Ein Abzug wegen der erst später eintretenden Fälligkeit ist hier wie im Prozesse unstatthaft. Berolzheimer 267, 268; Emmerich 362. Vgl. auch JW. 1926, 1859[3] (LG. München). Anders die Praxis des KG. bezüglich der gerichtlichen Wertfestsetzung. Vgl. Nadler, Grundbuch- und Aufwertungsfragen[3] 170 und dazu JurRundsch. 2 Rspr. 2066 (KG.).

[8b]) Vgl. darüber Berolzheimer 268.

[9]) Nadler, Grundbuch- und Aufwertungsfragen[3] 177.

D. Aufteilung einer Gesamthypothek im Falle des § 23 AufwG.

Maßgebend für den Streitwert ist nicht etwa der Betrag der Gesamthypothek, sondern lediglich der von der Aufwertungsstelle zu bestimmende Betrag, in dessen Höhe dem den Antrag stellenden Gläubiger der aufgewerteten Hypothek der Vorrang vor der Gesamthypothek einzuräumen ist[9a]). Dieser Betrag wird nach Maßgabe des § 1172 Abs. 2 BGB. zu bestimmen sein[10]).

E. Anordnung einer Teil- oder Vorleistung im Falle der §§ 26, 27 AufwG.

Der Streitwert bemißt sich nach dem Interesse des Antragstellers, der im Falle des § 26 der Eigentümer oder Schuldner, im Falle des § 27 der Gläubiger ist[10a]).

F. Nach Art. 14 der zu § 64 AufwG. ergangenen Durchführungsverordnung vom 8. Juli 1926 (RGBl. I 403) entscheidet die im Art. 9 dieser VO. bestimmte Aufwertungsstelle über die Frage, ob eine Kasse als eine Fabrik- oder Werksparkasse oder eine Betriebspensionskasse im Sinne des § 63 Abs. 2 Ziff. 6 und des § 64 AufwG. zu gelten hat, inwieweit die Mittel der Kasse aus freiwilligen Zuwendungen des Arbeitgebers herrühren und ob sie ihr Vermögen gesondert zu verwalten und anzulegen hatte sowie verwaltet und angelegt hat. Sie entscheidet über die Höhe des Aufwertungssatzes und bestimmt die Fälligkeit der Guthaben gemäß Art. 7 Abs. 3 der VO. Alle diese Fragen werden nach Art. 9 der genannten VO. allgemein geregelt. Ihre Regelung ist dann nach Art. 21 für das AG. als Aufwertungsstelle in den einzelnen Aufwertungsstreitigkeiten bindend.

Bezüglich der allgemein zu regelnden Fragen — man kann diese Streitfälle Gesamtstreitigkeiten nennen — bestimmt Art. 19 der VO., daß die Gebühren nach dem Werte des Streitgegenstandes zu erheben sind und dieser nach freiem Ermessen, jedoch nicht über 200000 RM. festgesetzt wird. Diese Bestimmung gilt nicht für die Kosten des RA.[10b]). Für diese wird der Gegenstandswert, ohne daß für ihn der gedachte Höchstsatz in Frage käme, derart zu ermitteln sein, daß er hinter dem Gesamtbetrage der in Betracht kommenden Aufwertungsansprüche zurückbleibt: denn die Gesamtstreitigkeiten sind nur präparatorische Verfahren für die einzelnen Aufwertungsstreitsachen.

Die sofortige Beschwerde im Verfahren über Gesamtstreitigkeiten geht nach Art. 17 Abs. 4 der VO. an das RWG. Für die Kosten der RA. gilt insoweit die Anordnung des Reichswirtschaftsministers vom 6. Oktober 1920 (RGBl. 1716), abgeändert durch § 66 der Entschädigungsordnung vom 30. Juli 1921 (RGBl. 1046), in der ihr durch die VO. vom 28. Februar 1924 (RGBl. I 378) gegebenen Fassung[10c]).

G. Bei Rat (die Besprechung wird ihm gleichbehandelt s. Art. 11) und Gutachten ist der Gegenstand ebenso, wie vorstehend erörtert, zu berechnen[11]). Es liegt kein Grund vor, den Wert anders zu bemessen, weil der Rat usw. z. B. nur betreffs der Art, in der die Aufwertung geltend zu machen ist, begehrt wird.

3. Die §§ 11, 12 RAGebO. setzen voraus, daß die Wertbemessung für Gericht und RA. nach denselben Bestimmungen erfolgt. Ist das nicht der 12

9a) Vgl. Berolzheimer 268.

10) Nadler a. a. O. 189.

10a) Vgl. Berolzheimer 268/269.

10b) Auch die PrVO. vom 13. September 1926 (GS. 253) enthält keine die Kosten der RA. betreffende Bestimmung.

10c) Vgl. Walter-Joachim-Friedlaender, RAGebO. § 91 Anm. 64 ff.

11) Vgl. Berolzheimer 270: „Der Streitwert bemißt sich nach der Höhe der Forderung, um welche es sich insgesamt handelt, ohne Rücksicht auf das besondere Schicksal ihrer Teile.“

Fall, weil sich der Wert für die Gebühren des RA. nach ZPO. und GKG., für die Gerichtskosten aber nach einem anderen Gesetze, z. B. nach PrGKG. berechnet[12]), so kann eine Anwendung des § 11 RAGebO. nicht in Frage kommen, und wenn die gerichtliche Wertfestsetzung für die Gebührenberechnung des RA. nicht von Bedeutung ist, so kann der RA. auch nicht zur Beschwerde im eigenen Namen, wie sonst nach § 12 RAGebO., legitimiert sein[13]).

Artikel 8.

(¹) Für Anträge, Erklärungen und Beschwerden bei Behörden erhält der Rechtsanwalt acht Zehnteile der vollen Gebühr. Für bloße Benachrichtigungen, Beschleunigungsgesuche, kurze Anzeigen und Schreiben ähnlicher Art kann diese Gebühr nur gefordert werden, falls nicht dem Rechtsanwalte in der gleichen Angelegenheit eine andere Gebühr zusteht.

(²) Hat der Rechtsanwalt die einem Antrag oder einer Erklärung zugrunde liegende Urkunde entworfen, so steht ihm für den Antrag oder die Erklärung die Gebühr des Abs. 1 nicht zu; er erhält die im § 10 Abs. 2 der Gebührenordnung für Notare bestimmte Gebühr, wenn ein das Sach- und Rechtsverhältnis entwickelnder Vortrag erforderlich ist und dessen Einreichung von der Partei verlangt wird.

Vorbemerkung.

Art. 8 regelt die Vergütung für den schriftlichen Verkehr mit Behörden. Es werden erläutert:

I. Entstehungsgeschichte (1).
II. Inhalt des Artikels (2).
III. Behörden (3).
IV. Die in Betracht kommenden Geschäfte (4—6).
V. Die Gebühren (7—8).

1 **I. Entstehungsgeschichte.** Im Abs. 1 hieß es früher „zwei Zehnteile" statt „acht Zehnteile", im Abs. 2 „§ 9 Abs. 2" statt „§ 10 Abs. 2". Die erste Änderung beruht auf Art. I des Gesetzes vom 28. Oktober 1922, die zweite wurde gemäß Art. IV desselben Gesetzes durch die Abänderungen erforderlich, welche die PrNotGebO. erfahren hatte.

2 **II. Inhalt des Artikels.** Art. 8 regelt die Vergütung des schriftlichen Verkehrs mit Behörden.

3 **III. Behörden.** Eine Behörde ist „ein Organ der Staatsgewalt, welches dazu berufen ist, unter öffentlicher Autorität nach eigenem Ermessen für die Herbeiführung der Zwecke des Staates tätig zu sein" und das „eine selbständige, durch Recht und Verfassung dauernd geregelte Organisation des Amtes" besitzt[1]). Ob die Behörde als Träger der Staatsgewalt oder als Vertreter privatrechtlicher Interessen des Staates usw. angegangen wird, macht keinen

---

[12]) S. bezüglich der Aufwertungssachen oben Anm. 10.

[13]) KGJ. 28 B 45; 42, 292/5; Bbl. 1922, 226 (KG.); JW. 1926, 1589 ⁵ (KG.). Vgl. auch Art. 2 Anm. 15. In solchen Fällen hat der RA. selbst den Gegenstandswert zu bestimmen, wie sich dies in den Fällen des Art. 13 ohnehin von selbst versteht.

[1]) RGSt. 18, 249 und 250.

Unterschied[2]). Nur darf die Behörde nicht Auftraggeber des RA. sein, da Art. 9 Abs. 2 für den Verkehr mit allen Auftraggebern gilt.

IV. Die in Betracht kommenden Geschäfte. 4

1. Art. 8 Abs. 1 nennt als solche „Anträge, Erklärungen und Beschwerden". Daß nur der schriftliche Verkehr[3]) mit der Behörde gemeint ist, zeigt Abs. 1 Satz 2 mit der Erwähnung von bloßen „Benachrichtigungen, Beschleunigungsgesuchen, kurzen Anzeigen und Schreiben ähnlicher Art". Den Schreiben stehen Telegramme gleich[4]). Wegen des Verkehrs durch den Fernsprecher s. Art. 11 Anm. 5. Mit den Worten „Anträge, Erklärungen und Beschwerden" sollen alle Äußerungen gegenüber der Behörde umfaßt sein. Anträge sind die auf ein Tätigwerden der Behörde in bestimmter Richtung abzielenden Äußerungen[5]), Beschwerden das Stellungnehmen gegen Entschließungen der Behörde mit dem Ziele der Herbeiführung einer Änderung, Erklärungen alle sonstigen Äußerungen gegenüber der Behörde. Die Gebühr des Abs. 1 gilt auch die Nebengeschäfte mit ab[6]), als solche nennt Abs. 1 Satz 2 „bloße Benachrichtigungen, Beschleunigungsgesuche, kurze Anzeigen und Schreiben ähnlicher Art..."[7]). Für sie erhält der RA. die Gebühr des Abs. 1, wenn sich der Auftrag auf sie beschränkt, wenn also dem RA. „nicht in der gleichen Angelegenheit eine andere Gebühr zusteht". Erhält der RA. in derselben Angelegenheit einen weitergehenden Auftrag, so muß er die aus Art. 8 Abs. 1 Satz 2 bereits angefallenen Gebühren sich anrechnen lassen[8]).

Gleichgültig ist, ob der RA. die Schreiben vollzieht oder sie nur für 5
den Auftraggeber entwirft und von diesem vollziehen läßt[9]). Dem Entwerfen steht nach Art. 16 Abs. 1 LGebO. in Verbindung mit § 5 RAGebO. das Unterzeichnen des vom Auftraggeber gefertigten Entwurfs durch den RA. gleich[10]).

2. Einen besonderen Fall regelt Art. 8 Abs. 2. Es handelt sich dabei 6
darum, daß der Rechtsanwalt die einem Antrag oder einer Erklärung zugrundeliegende Urkunde entworfen hat. Enthält der Antrag oder die Erklärung lediglich eine mehr oder minder aus-

---

[2]) Pfafferoth Art. 8 Anm. 2.

[3]) Willenbücher Art. 8 Anm. 1; Pfafferoth Art. 8 Anm. 2. OLG. 39, 119 (KG.) will die mündlichen Erörterungen mit dem Berichterstatter als Erklärungen oder Anträge vor Behörden auffassen, übersieht dabei aber, daß Art. 8 nur den schriftlichen Verkehr betrifft. Vgl. darüber, daß es sich hier um gebührenfreie Nebengeschäfte handelt, Art. 11 Anm. 4, 5.

[4]) Willenbücher und Pfafferoth a. a. O.

[5]) Z. B. Anträge beim Vormundschaftsgericht, beim Nachlaßgericht, Anträge beim Grundbuchamt auf Eintragung einer Zwangshypothek (s. Vorb. zu Art. 4—6 Anm. 2), Eingaben an die Staatsregierung eines Landes wegen Herbeiführung einer Untersuchung über die Vermögensverhältnisse einer Hypothekenbank (KG. in OLG. 17, 226).

[6]) Vgl. auch Art. 11 Anm. 5.

[7]) Willenbücher Art. 8 Anm. 1 und Sydow-Busch Art. 8 Anm. 2 verweisen auf die ähnliche Bestimmung in Art. 9 Abs. 1 Satz 2.

[8]) KBHerrH. 3.

[9]) Willenbücher a. a. O.

[10]) Pfafferoth Art. 8 Anm. 2.

führliche Wiederholung des Inhalts der Urkunde, so erhält der RA. dafür als für ein Nebengeschäft keine besondere Gebühr. Anders ist es, „wenn ein das Sach- und Rechtsverhältnis entwickelnder Vortrag[11]) erforderlich ist und dessen Einreichung von der Partei verlangt wird". „**Die bloße Herzählung und Erläuterung** der in dem überreichten **Dokumente instrumentierten einzelnen Tatsachen und Geschäfte kann als ein solcher notwendiger Vortrag nicht angesehen, daher auch nicht taxiert werden**"[12]). Die Gebührenpflicht ist an eine doppelte Voraussetzung geknüpft:

a) daß der Vortrag erforderlich ist, d. h. daß das Unterlassen der in der Urkunde nicht bereits gegebenen Entwickelung des Sach- und Rechtsverhältnisses Schwierigkeiten erwarten läßt,

b) daß die Partei die Einreichung[13]) des besonderen Vortrags gewünscht hat.

V. Die Gebühren.

7 1. Im Falle des Abs. 1 erhält der RA. für jedes Hauptgeschäft $^{8}/_{10}$ der vollen Gebühr. Für die Summen mehrerer einschlägigen Gebühren gilt Art. 12.

8 2. Im Falle des Abs. 2 beträgt die Vergütung nach § 10 Abs. 2 PrNotGebO. $^{5}/_{10}$ der vollen Gebühr. Nach § 4 PrNotGebO. ist volle Gebühr auch im Sinne der PrNotGebO. die Gebühr des § 32 PrGKG.

Artikel 9.

(1) Für Schreiben an Privatpersonen erhält der Rechtsanwalt fünf Zehnteile der vollen Gebühr. Für Schreiben, die rechtliche Ausführungen oder sachliche Auseinandersetzungen nicht enthalten, kann diese Gebühr nur gefordert werden, falls nicht dem Rechtsanwalt in der gleichen Angelegenheit eine andere Gebühr zusteht. Für die der Einleitung eines Prozesses vorausgehenden Mahnungen, Kündigungen oder Schreiben ähnlicher Art kann eine Gebühr nicht gefordert werden, wenn dem Rechtsanwalte die Prozeßgebühr zusteht. Stellt sich indessen die Prozeßgebühr niedriger als die vorstehend bestimmte Gebühr, so erhält der Rechtsanwalt außerdem den Betrag, um welchen diese Gebühr die Prozeßgebühr übersteigt.

(2) Auf Schreiben an den Auftraggeber, die eine Raterteilung oder ein Gutachten enthalten, finden die für diese Geschäfte in den Artikeln 11, 16 gegebenen Gebührenvorschriften Anwendung. Für andere Schreiben an den Auftraggeber kann eine Gebühr auch dann nicht gefordert werden, wenn sie rechtliche Ausführungen oder sachliche Aus-

---

[11]) Allzu große Ansprüche dürfen an die Begründung, die darlegen soll, daß der mit dem Antrag oder der Erklärung verfolgte Zweck gerechtfertigt ist, nicht gestellt werden. OLG. 35, 243 (KG.).

[12]) § 8 JMInstr. 11. Sept. 1851 (PrJMBl. 152) zu dem Tarife v. 11. Mai 1851, aus dessen § 8 Abs. 2 die Vorschrift des Art. 8 Abs. 2 LGebO. und des § 10 Abs. 2 PrNotGebO. stammt.

[13]) D. h. die Sendung an die mit dem betr. Verfahren befaßte Behörde, nicht an den Auftraggeber oder einen Dritten. KGJ. 46, 308/9.

einandersetzungen enthalten; steht jedoch dem Rechtsanwalt in der gleichen Angelegenheit eine andere Gebühr nicht zu, so ist die im Abs. 1 Satz 1 bestimmte Gebühr zu erheben.

Vorbemerkung.

Art. 9 regelt die Vergütung für den schriftlichen Verkehr mit Privatpersonen und mit allen Auftraggebern. Übersicht über die Erläuterungen:

I. Entstehungsgeschichte (1).
II. Inhalt des Artikels (2).
III. Schreiben an Personen, die nicht Auftraggeber des RA. sind (3—8).
IV. Schreiben an den Auftraggeber (9—10).
V. Schreiben und was ihnen gleichsteht (11).
VI. Die Gebühr (12).

1 **I. Entstehungsgeschichte.** Die im Abs. 2 erwähnten Artikel lauteten früher „11, 15". Seit der Einschiebung des neuen Art. 15 durch die Novelle vom 21. März 1910 heißt es jetzt „16" statt „15". In Abs. 1 hieß es früher „ein Zehnteil" statt „fünf Zehnteile". Die Änderung beruht auf dem Gesetze vom 28. Oktober 1922.

2 **II. Inhalt des Artikels.** Art. 9 behandelt in Abs. 1 die „Schreiben an Privatpersonen", während sich Abs. 2 mit „Schreiben an den Auftraggeber" befaßt.

III. Schreiben an Privatpersonen, die nicht Auftraggeber des RA. sind.

3 1. Es muß sich um Schreiben an Privatpersonen handeln. Die Privatpersonen bilden den Gegensatz zu den Behörden des Art. 8. Was nicht Behörde ist, ist Privatperson, mag es sich um eine natürliche Person, eine juristische Person oder einen nicht rechtsfähigen Verband handeln[1]).

4 2. Die Schreiben an den Auftraggeber behandelt das Gesetz besonders (s. darüber Anm. 9 und 10), sie scheiden hier zunächst aus, und die Anm. 5ff. betreffen sie daher nicht.

5 3. Bei den Schreiben an andere Personen als den Auftraggeber unterscheidet Art. 9 drei Arten:

a) Schreiben, die rechtliche Ausführungen oder sachliche Auseinandersetzungen enthalten,
b) Schreiben, die solchen Inhalt nicht haben,
c) der Einleitung eines Prozesses vorausgehende Mahnungen, Kündigungen oder Schreiben ähnlicher Art.

6 4. Schreiben, die rechtliche Ausführungen oder sachliche Auseinandersetzungen enthalten, sind stets gebührenpflichtig.

7 5. Schreiben ohne rechtliche Ausführungen oder sachliche Auseinandersetzungen[2]) sind nur gebührenpflichtig, wenn dem RA. in der gleichen Angelegenheit keine andere Gebühr zusteht.

---

[1]) Willenbücher Art. 9 Anm. 1; Sydow-Busch Art. 9 Anm. 1; Pfafferoth Art. 9 Anm. 3.

[2]) Z. B. Übersendung der Abschrift eines Briefes mit Aufforderung, zur Rücksprache zu erscheinen. SGH. 8, 149.

8 6. Die der Einleitung eines Prozesses vorausgehenden Mahnungen, Kündigungen und Schreiben ähnlicher Art[3]) werden an sich nach den eben erörterten Bestimmungen behandelt. Kommt es zur Klageerhebung und steht dem RA. die Prozeßgebühr zu, so kann für jene Tätigkeiten eine Gebühr nicht gefordert werden. Sind sie bereits vergütet worden, so sind die betreffenden Gebühren auf die Prozeßgebühr anzurechnen. Das gilt auch, wenn die Prozeßgebühr nur in dem verminderten Maße des § 14 RAGebO. erwächst[4]). Die Gebühren des § 44 und des § 38 RAGebO. sind zwar keine Prozeßgebühren, werden aber im Sinne des Art. 9 diesen gleichzubehandeln sein[5]).

IV. Schreiben an den Auftraggeber.

9 1. Abs. 2 behandelt die Schreiben an alle Auftraggeber, mögen diese Privatpersonen oder Behörden sein.

10 2. Enthalten Schreiben an den Auftraggeber eine Raterteilung oder ein Gutachten[6]), so kommen für die Vergütung der Art. 11 LGebO. bzw. der in Art. 16 für anwendbar erklärte § 88 RAGebO. in Betracht. Andere Schreiben sind nur dann gebührenpflichtig, wenn dem RA. in der gleichen Angelegenheit eine andere Gebühr nicht zusteht[7]); in diesem Falle ist es gleichgültig, ob das Schreiben rechtliche Ausführungen oder sachliche Auseinandersetzungen enthält oder entbehrt[8]).

V. Schreiben und was ihnen gleichsteht.

11 Auch hier sind Telegramme den Schreiben gleich zu behandeln. Wegen der Benutzung des Fernsprechers s. Art. 11 Anm. 5.

12 **VI. Die Gebühr.** Sie beträgt $^5/_{10}$ der vollen Gebühr. Wegen der Schreiben an den Auftraggeber, die eine Raterteilung oder ein Gutachten enthalten, s. Anm. 10, wegen mehrerer Gebühren aus Art. 9 s. Art. 12.

Artikel 10.

Für die Wahrnehmung eines Termins erhält der Rechtsanwalt die volle Gebühr. Werden in derselben Angelegenheit mehrere Termine wahrgenommen, so beträgt die Gebühr für den zweiten und für jeden weiteren Termin acht Zehnteile der vollen Gebühr. Der Gesamtbetrag der Gebühren in derselben Angelegenheit darf in einer Instanz das Dreifache der vollen Gebühr nicht übersteigen.

---

3) Vgl. hierüber Walter-Joachim-Friedlaender § 1 Anm. 64, 65. Eine Aufforderung an eine Bank zur Zurücknahme von Aktien gehört hierher. OLG. 17, 223 (KG.).

4) Willenbücher Art. 9 Anm. 1.

5) Willenbücher a. a. O.

6) Z. B. den Entwurf eines Reorganisationsplans einer Bank OLG. 17, 225 (KG.). Natürlich muß der Rat oder das Gutachten von dem Auftraggeber erbeten sein. KBHerrH. 5.

7) Eine solche andere Gebühr ist eine Gebühr nach Art. 8 selbst dann, wenn der RA. an eine Behörde ein Schreiben richtet, dessen rechtliche Ausführungen oder sachliche Auseinandersetzungen bereits in einem Schreiben an den Auftraggeber enthalten waren. KBAbgH. 9.

8) Willenbücher Art. 9 Anm. 2. A. M. Sydow-Busch Art. 9 Anm. 6. Allein die Stelle „wenn ... enthalten" in Art. 9 Abs. 2 Satz 2

Vorbemerkung.

Art. 10 behandelt die Terminsgebühr. Die Erläuterungen betreffen:

I. Entstehungsgeschichte (1).	IV. Wahrnehmung eines Termins (4—5).
II. Inhalt des Artikels (2).	V. Die Gebühr (6)
III. Termine (3).	VI. Mehrere Terminsgebühren (7).

I. Entstehungsgeschichte. Der letzte Satz bildete früher den Absatz 2 des Artikels. Die Gebührensätze lauteten früher im Satz 1 „drei Zehnteile der vollen Gebühr", im Satz 2 „zwei Zehnteile der vollen Gebühr". Im Satz 3 hieß es statt „das Dreifache der vollen Gebühr" früher „die volle Gebühr". Die Änderungen erfolgten durch das Gesetz vom 28. Oktober 1922. 1

II. Inhalt des Artikels. Art. 10 regelt die Vergütung für die Wahrnehmung von Terminen (Terminsgebühr) und bestimmt gleichzeitig den Höchstbetrag, den eine Mehrheit solcher Gebühren in der Instanz nicht übersteigen darf. 2

III. Termine. Die Terminsgebühr wird für die Wahrnehmung eines Termins gewährt. Es bedarf also zunächst der Feststellung, wann ein Termin in Frage kommt. Herkömmlicherweise versteht man unter einem Termin den von einer Behörde oder einem einzelnen Beamten vorher festgesetzten Zeitpunkt „für eine bestimmte, einen Bestandteil des Verfahrens bildende Tätigkeit"[1]. Der Sachverständige ist behördlicher Gehilfe, auch er kann Termine anberaumen[2]. Dagegen spricht man nicht von einem Termin, wenn Privatpersonen einen Zeitpunkt für Verhandlungen irgendwelcher Art festsetzen[3]. Die Wahrnehmung von Generalversammlungen einer Bank unterfällt daher nicht dem Art. 10[4]. Auch der RA. ist nicht in der Lage, Termine im Sinne dieses Art. anzuberaumen. Mag er Parteien oder Auskunftspersonen in seine Schreibstube bestellen oder sich an einem Orte außerhalb mit Beteiligten treffen, niemals kommt die Wahrnehmung eines Termins in Frage. 3

IV. Wahrnehmung eines Termins. *Ein Termin wird wahrgenommen*, indem die durch ihn gebotene Gelegenheit zum Tätigwerden benützt wird. Ob das in einer Weise geschieht, daß die betreffende Angelegenheit zu 4

---

knüpft lediglich an Abs. 1 an, ergibt aber nicht, daß Schreiben ohne rechtliche Ausführungen oder sachliche Auseinandersetzungen im Falle des Abs. 2 Satz 2 Halbsatz 2 anders behandelt werden sollen als im Falle des Abs. 1 Satz 2.

[1]) OLG. 15, 183 (KG.). Sucht der RA. den Berichterstatter oder Bearbeiter auf und erörtert mit ihm die betreffende Angelegenheit, so ist das keine Wahrnehmung eines Termins, weil der Zeitpunkt nicht behördlicherseits festgesetzt ist (vgl. OLG. 39, 119 [KG.]). Wenn dagegen der Berichterstatter oder Bearbeiter den RA. zur Rücksprache bestellt, so kommt die Bestimmung eines Termins in Frage.

[2]) Ebenda.

[3]) OLG. 15, 183/4 (KG.).

[4]) A. M. OLG. 17, 223 (KG.), wo als Wahrnehmung eines Termins „jede Vertretungs- oder Beistandsleistung des Anwalts außerhalb seiner Geschäftsräume an einem Orte, welcher behufs Erörterung einer Rechtsangelegenheit oder Vornahme eines Geschäftes bestimmt war", behandelt wird. Es ist aber gar nicht einzusehen, weshalb es für den Termin wesentlich sein soll, daß er außerhalb der Geschäftsräume des RA. stattfindet. Danach wären alle Besprechungen zu einer vom RA. bestimmten Zeit zugleich Terminswahrnehmungen, und Art. 11 käme nur in seltenen Fällen für Besprechungen zur Anwendung, was gewiß nicht Wille des Gesetzgebers gewesen ist.

Ende geführt oder wenigstens sachlich gefördert wird, oder ob man sich auf formelle Schritte beschränkt, ist gleichgültig. Die Terminswahrnehmung erfordert kein Verhandeln, auch das Auftreten mit alsbaldigem Vertagungsantrage genügt[5]). Dagegen ist das Erscheinen im Termin unerläßlich, schriftliche Eingaben sind, auch wenn sie den Gegenstand des Termins betreffen, keine Terminswahrnehmung. Das Auftreten als Beistand steht dem Auftreten als Vertreter gleich.

5 Die Terminsgebühr deckt alle Tätigkeiten im Termin, auch die Mitwirkung bei dem Abschluß eines Vergleichs[6a]), sie deckt auch die für die Vorbereitung des Termins entfaltete Tätigkeit[6]). Kommt es nach erfolgter Vorbereitung zu einer Terminswahrnehmung nicht, z. B. weil der Termin aufgehoben wurde, so ist Art. 14 Satz 2 anzuwenden. Man wird dann wohl die Hälfte der Gebühr für angemessen halten können (vgl. §§ 14 Abs. 1, 45 Abs. 1 RAGebO.).

6 **V. Die Gebühr.** Als Gebühr kommt für den ersten wahrgenommenen Termin die volle Gebühr in Ansatz, für jeden weiteren, in derselben Angelegenheit gewahrten Termin $^8/_{10}$ der vollen Gebühr. Weitere Termine im Sinne des Art. 10 kommen nur in Frage, wenn derselbe RA. den ersten Termin und die späteren Termine wahrnimmt. Wahrt der RA. A den einen und der Rechtsanwalt B den anderen Termin, so erhält jeder die volle Gebühr.

7 **VI. Mehrere Terminsgebühren.** Für jede Terminswahrnehmung[7]) wird die Terminsgebühr gewährt; des verschiedenen Satzes für den ersten und für die späteren Termine in derselben Angelegenheit ist schon gedacht worden. Mehrere Terminsgebühren werden zusammengerechnet. Der Gesamtbetrag darf in derselben Angelegenheit in einer Instanz das Dreifache der vollen Gebühr nicht übersteigen, die sich, wenn für die einzelnen Terminsgebühren verschiedene Gegenstandswerte maßgebend sind, nach dem höchsten von ihnen berechnet. (Art. 16 Abs. 1 LGebO., § 10 RAGebO., § 14 Abs. 2 GKG.) Wird durch die Summierung das Dreifache der vollen Gebühr überstiegen, so mindert sich der Gesamtbetrag auf das gedachte Dreifache. Die Bestimmungen der RAGebO. über den Instanzbegriff erklärt Art. 16 Abs. 2 nur bei den Angelegenheiten der Art. 4—7 für anwendbar. Es wird also nichts

---

5) Willenbücher Art. 10 Anm. 1; Sydow-Busch Art. 10 Anm. 1; Bartscher-Drinnenberg-Wenz Art. 10 Anm.; Pfafferoth Art. 10 Anm. A. M. EGH. 9, 149.

6a) Eine besondere Vergleichsgebühr, wie sie z. B. die BayRpflVO. v. $\frac{26.\ \text{März}\ 1902}{28.\ \text{März}\ 1919}$ in Art. 11 kennt, gibt es nach der PrLGebO. nicht. BuschsZ. 51, 122 (KG.). Wegen der Vergütung für das Zustandebringen eines außergerichtlichen Vergleichs s. Art. 14 Anm. 3, ebenda auch über den Fall eines Vergleichs vor der Aufwertungsstelle, wenn nicht nur über die Höhe der Aufwertung Streit bestand.

6) OLG. 17, 224 (KG.); EGH. 9, 147/8.

7) Die Einheit des Termins wird durch kürzere Unterbrechungen nicht beeinträchtigt. Es liegt aber auch ein Termin vor, wenn am Abend des einen Tages die Verhandlung abgebrochen und am anderen Tage mit ihr fortgefahren wird. Anders bei Vertagung auf einen späteren Tag, wenn die bisherige Verhandlung als in sich abgeschlossen angesehen wird.

anderes übrig bleiben, als für Art. 10 den Instanzbegriff zugrunde zu legen, der für das jeweils in Betracht kommende Verfahren gilt[8]). Danach wird z. B. für den Bereich des FGG. das Verfahren auf Einspruch nach §§ 132 ff. oder auf Widerspruch gemäß §§ 141, 142, 143, 144, 155 als zur Instanz gehörig zu erachten sein. Das Verfahren, betreffend die Wiedereinsetzung in den vorigen Stand (§§ 22, 92, 137 FGG.), ist zu der Instanz zu rechnen, die über die Wiedereinsetzung entscheidet. Die Kostenfestsetzung gemäß Art. 10 PrFGG. ist zur ersten Instanz zu zählen[9]), da § 30 RAGebO. nach Art. 16 Abs. 2 LGebO. nur für die Angelegenheiten der Art. 4—7 gilt. Dagegen bildet das Verfahren auf einfache oder sofortige Beschwerde eine besondere Instanz.

Artikel 11.

Fünf Zehnteile der vollen Gebühr erhält der Rechtsanwalt, falls nicht eine der in den Artikeln 8 bis 10 bestimmten Gebühren anzusetzen ist, für die Erteilung eines Rates sowie für eine Besprechung.

Vorbemerkung.

Art. 11 regelt die Vergütung für einen Rat oder eine Besprechung. Die Erläuterungen gliedern sich, wie folgt:

I. Entstehungsgeschichte. Die Eingangsworte lauteten früher „Ein Zehnteil". Die Änderung beruht auf dem Gesetze vom 28. Oktober 1922. 1

II. Inhalt des Artikels. Art. 11 bestimmt die Gebühren für Ratserteilung und für Besprechungen sowie das Verhältnis dieser Gebühren zu den Gebühren nach Art. 8—10. 2

III. Rat und Besprechung.

1. Der Begriff der Ratserteilung im Sinne des Art. 11 ist kein anderer als der gleiche Begriff in § 47 RAGebO.[1]). Auch der Unterschied zwischen Rat und Gutachten ist derselbe wie nach der RAGebO.[2]). 3

2. Die Besprechung ist das Gegenstück zur Terminswahrnehmung. Dient der Termin dem mündlichen Verkehr zwischen der zur Leitung des Verfahrens oder zur Entscheidung berufenen Stelle (Behörde, Beamter) und den Beteiligten, so kommt für die Besprechung der sonstige mündliche Verkehr, insbesondere der Beteiligten, in Frage. Eine Besprechung hält der RA. mit 4

---

[8]) Willenbücher Art. 10 Anm. 2.

[9]) A. Friedlaender, Anm. zu JW. 1927, 536[6]; a. M. Pfafferoth Art. 12 Anm.

[1]) Vgl. Walter-Joachim-Friedlaender § 47 Anm. 1 ff.

[2]) Vgl. Walter-Joachim-Friedlaender § 47 Anm. 4, § 88 Anm. 1. Der Entwurf von Anträgen für die Tagesordnung einer anzuberaumenden Aufsichtsratssitzung ist, auch wenn eine Begründung beigefügt ist, Rat und nicht Gutachten. OLG. 17, 227 (KG.). Die Erklärung, eine Strafanzeige könne keinen Erfolg haben, ist ein Rat (nämlich zur Nichteinreichung der Anzeige). AKB. Köln 10. Juli 1924 (ungedruckt).

seinem Auftraggeber ab, aber auch — unter Zuziehung desselben oder ohne solche — mit einer von ihm gewählten oder ihm beigegebenen Auskunftsperson, nicht minder mit dem Gegner. Mit der zur Leitung des Verfahrens oder zur Entscheidung berufenen Stelle gibt es keine „Besprechung", insbesondere fallen darunter nicht die in der Praxis üblichen Rücksprachen eines Beteiligten oder seines Anwalts mit dem Bearbeiter einer Sache, die in den einschlägigen Gesetzen keinerlei Stütze haben. Es treten die amtliche Stelle zu den Beteiligten durch Termine und Entscheidungen, diese zu jener durch Anträge, Erklärungen und Beschwerden in Beziehung. Dem mündlichen Verkehr dient auch der Fernsprechverkehr von Person zu Person.

5 Die Besprechung stellt die Erörterung tatsächlicher oder rechtlicher Verhältnisse dar, sie ist niemals eine einseitige Tätigkeit. Mindestens zwei Personen müssen sich an ihr beteiligen, mag auch das Tun der einen sich auf das Beantworten von Fragen oder auf die Zustimmung zu den Auslassungen der andern beschränken. Da die Artikel 8 und 9 nur den schriftlichen Verkehr mit Behörden und Privatpersonen betreffen und hinsichtlich des mündlichen Verkehrs die Artikel 10 und 11 sich nur mit der Wahrnehmung von Terminen, der Ratserteilung und den Besprechungen beschäftigen, ist der sonstige mündliche und Fernsprechverkehr nicht als besondere gebührenpflichtige Tätigkeit, sondern lediglich als gebührenfreies Hilfsgeschäft zu betrachten.

6 3. Im Gegensatze zu § 47 RAGebO.[3]) ist nach Art. 11 die Besprechung eine Tätigkeit des RA., die als solche gebührenpflichtig sein kann. Sie ist es nicht, wenn auf Grund ihrer ein Rat erteilt wird[4]). Dann gilt sie als gebührenfreie Vorbereitung der gebührenpflichtigen Ratserteilung.

7 4. Rat und Besprechung sind ferner nur dann nach Art. 11 zu vergüten, wenn nicht eine der in den Artikeln 8—10 bestimmten Gebühren anzusetzen ist[5]). Art. 11 ist also nur anwendbar, wenn die Tätigkeit des RA. sich in der Besprechung oder dem Rate erschöpft hat, andernfalls gilt die Ratserteilung oder die Besprechung als gebührenfreie Vorbereitung der anderweitigen Tätigkeit nach Art. 8—10[6]). Art. 11 kommt ferner nur in Betracht, wenn Einzelgebühren in Frage stehen, also nicht, wenn die Pauschgebühren der Art. 4—7 eingreifen, die ja jede einschlägige Tätigkeit abgelten. Selbstverständlich entfällt auch die Anwendbarkeit des Art. 11, wenn die RAGebO. ohne weiteres oder gemäß Art. 2 maßgebend ist: denn solchenfalls gilt § 47 RAGebO. In den Fällen des Art. 13 ist Art. 11 zur Anwendung zu bringen, wenn vor Erteilung eines Auftrags zu solchen Geschäften eine Ratserteilung oder Besprechung erfolgt.

---

[3]) Vgl. Walter-Joachim-Friedlaender § 47 Anm. 5.

[4]) Willenbücher Art. 11 Anm. 2; Sydow-Busch Art. 11 Anm. 4.

[5]) Der Zwischensatz des Gesetzestextes bezieht sich auf Rat und Besprechung KBAbgH. 11.

[6]) OLG. 17, 223 (KG.); 39, 120 (KG.); SGH. 9, 147. Die Ansetzung der Gebühren aus Art. 8—10 muß gerade für den einzelnen gebührenpflichtigen Akt in Frage kommen, der die Vergütung für Erteilung eines Rates oder für eine Besprechung begründet; es genügt nicht, daß überhaupt in der gleichen Angelegenheit eine Gebühr aus Art. 8—10 erwachsen ist. Gutachten des AKV. Köln 10. Juli 1924 (ungedruckt).

IV. Die Gebühr.

1. Die Gebühr beträgt $^5/_{10}$ der vollen Gebühr. Sie kommt für jede nicht in einem Rate gipfelnde Besprechung und für jede Ratserteilung zum Ansatze. 8

2. Wegen mehrerer Gebühren in einer Angelegenheit siehe Art. 12. 9

3. Wenn an der Hand einer Besprechung in verschiedenen Angelegenheiten Rat erteilt wird, so ist für jeden Rat die Gebühr besonders anzusetzen. Ein Rat kann durch mehrere demselben Endzweck dienende Schreiben erfolgen [7]. 10

Artikel 12.

Der Gesamtbetrag der in einer Angelegenheit nach den Artikeln 8, 9, 11 anzusetzenden Gebühren darf in einer Instanz das Dreifache der vollen Gebühr nicht übersteigen.

I. Entstehungsgeschichte. Statt der Worte „das Dreifache der vollen Gebühr" standen bis zu dem Gesetze vom 28. Oktober 1922 die Worte „die volle Gebühr" im Gesetzestexte. 1

II. Mehrere Gebühren nach Art. 8, 9, 11. 2

Kommen in derselben Angelegenheit mehrere Gebühren aus einem der Artikel 8, 9, 11 oder Gebühren aus mehreren dieser Artikel in Ansatz oder treten beide Fälle kombiniert auf, so darf nach Art. 12 ihr Gesamtbetrag in einer Instanz [1]) das Dreifache der vollen Gebühr nicht übersteigen. Wird dieses Maß überschritten, so mindert sich die Summe auf den erwähnten Höchstbetrag. Dieser bemißt sich, wenn die einzelnen Gebühren sich nach verschiedenen Gegenstandswerten richten, nach dem größten dieser Werte [2]).

III. Verhältnis des Art. 12 zu Art. 10. 3

Die Gesamtbeträge nach Art. 10 Satz 3 und nach Art. 12 kommen ohne weitere Herabminderung nebeneinander zum Ansatz, insgesamt können also in derselben Angelegenheit die Gebühren nach Art. 8—11 in einer Instanz das Sechsfache der vollen Gebühr betragen.

Artikel 13.

(1) Auf die Anfertigung des Entwurfs eines Rechtsgeschäfts und die Vermittlung einer Auseinandersetzung sowie auf den Empfang, die Verwahrung und die Auszahlung von Geldern und Wertpapieren in Angelegenheiten, die nicht zur streitigen Rechtspflege gehören, finden die für die Gebühren der Notare geltenden Vorschriften entsprechende Anwendung. Die Herstellung des Schreibwerkes und die Auslagen an Postgebühren werden nach den für die Notare geltenden Vorschriften vergütet.

---

[7]) OLG. 17, 227 (KG.).
[1]) Über den Begriff der Instanz s. Art. 10 Anm. 7.
[2]) KGAbgH. 12.

(²) Der Betrag der Vergütung für die Anfertigung eines Entwurfs kann nur insoweit abweichend durch Vertrag bestimmt werden, als dies nach § 26 der Gebührenordnung für Notare zulässig ist.

(³) Die §§ 21 bis 25 der Gebührenordnung für Notare finden auf Rechtsanwälte keine Anwendung.

Vorbemerkung.

Art. 13 erklärt auf gewisse Tätigkeiten des RA. die für die Notare geltenden Vorschriften für anwendbar. Die Erläuterungen betreffen:

5. Vergütung für Schreibwerk und Postgebühren (164–166).

IV. **Abweichende Vereinbarungen** (167—175).

V. **Nichtanwendbare Vorschriften** (176).

I. **Entstehungsgeschichte.** Art. 13 hat zu seiner im Gesetze vom 27. September/6. Oktober 1899 enthaltenen Fassung nur den zweiten Satz des 1. Abs. erhalten und zwar durch das Gesetz vom 21. März 1910. Der Zusatz war bedingt durch die Änderung des Art. 15 der ursprünglichen Fassung, der wegen der Schreibgebühren auf § 76 der RAGebO. verwies. Dieser hatte durch das Gesetz vom 1. Juni 1909 eine grundlegende Änderung erfahren (Einführung der Pauschsätze). 1

II. **Umfang der Vorschrift.** Durch Art. 13 wird die PrGebO. für Notare und, da diese in wesentlichen Beziehungen wieder auf das preußische Gerichtskostengesetz verweist, dieses zunächst auf drei bestimmte Tätigkeiten des preußischen Rechtsanwalts für anwendbar erklärt. Die erste dieser Tätigkeiten — Anfertigung des Entwurfs eines Rechtsgeschäftes — umfaßt aber den größten Teil der beurkundenden Tätigkeit des Notars oder Gerichts im Stadium des Entwurfs. Innerhalb dieses Tätigkeitsgebiets gelten die Vorschriften der Gesetze, auf die Art. 13 verweist, auch insoweit, als sie allgemeine Bestimmungen, z. B. über den Wert des Gegenstandes (§§ 18—20, 22 PrGKG.), die Mindestgebühr (§ 3 PrNotGebO.) enthalten. Sie werden deshalb unter III 1 erläutert. Dagegen beziehen sich die Vorschriften über die Tätigkeit außerhalb der Geschäftsräume (§ 51 PrGKG., § 5 PrNotGebO.), am Krankenlager, an Sonntagen und zur Nachtzeit (§ 6 PrNotGebO.), über die Verhandlungen in fremder Sprache (§ 53 PrGKG., § 5 PrNotGebO.) und nicht zur Vollziehung gekommene Geschäfte (§ 12 PrNotGebO.) nur auf das erste Tätigkeitsgebiet. Ihre Erläuterung erfolgt deshalb unter III. 2. 2

III. **Im Einzelnen.**

1. Für die drei Tätigkeitsgebiete (Entwurf eines Rechtsgeschäfts, Vermittlung einer Auseinandersetzung, Empfang, Verwahrung und Auszahlung von Geldern und Wertpapieren) gemeinsame Vorschriften über den Wert des Gegenstandes und die Höhe der Gebühren. 3

Art. 13 erklärt für entsprechend anwendbar „die für die Gebühren der Notare geltenden Vorschriften". Es finden also im Rahmen des Art. 13 auch die allgemeinen Bestimmungen der PrNotGebO. entsprechende Anwendung.

PrNotGebO. § 2:

(1) Die Gebühren werden nach dem Werte des Gegenstandes erhoben.

(2) Auf die Berechnung des Wertes des Gegenstandes finden die Vorschriften des Preußischen Gerichtskostengesetzes entsprechende Anwendung.

Das PrGKG. regelt die Bemessung des dem Kostenansatze zugrunde zu legenden Wertes selbständig; andere Gesetzesvorschriften, z. B. die des PrStG. sind nur anzuwenden, wenn es das PrGKG. ausdrücklich vorschreibt[1]).

[1]) KGJ. 17, 136.

4 **A. Wert des Gegenstandes.** Die grundlegende Bestimmung über den Wert des Gegenstandes enthält **§ 18 PrGKG.**:

„(1) Für die Gebührenberechnung ist der Wert des Gegenstandes maßgebend, auf den sich das Geschäft bezieht. Betrifft das Geschäft ein Recht an einer Sache, so ist der Wert dieses Rechtes maßgebend.

(2) Der Wert des Gegenstandes des Geschäfts wird nach freiem Ermessen unter Berücksichtigung der nachfolgenden Vorschriften festgesetzt."

Zu ermitteln ist also der Wert des Gegenstandes, auf den sich das Geschäft bezieht. Das Wort „Gegenstand" wird im BGB. § 90 als Oberbegriff für Sachen gebraucht, insofern dort als Sachen nur körperliche Gegenstände bezeichnet werden. Es umfaßt also jedenfalls Sachen und Rechte. Man muß den Begriff im Sinne des PrGKG. aber weiter fassen, da an jener Stelle des BGB. nur von Vermögens-Gegenständen die Rede ist, das PrGKG. aber auch nichtvermögensrechtliche Angelegenheiten, die einen Gegenstand haben, betrifft[2]). Neben Sachen, Rechten und Leistungen können auch z. B. familienrechtliche Wirkungen „Gegenstand" eines Rechtsgeschäftes sein. Man kann deshalb als „Gegenstand" des Geschäfts den Inhalt der dadurch begründeten oder gelösten Rechtsverhältnisse bezeichnen. Unerheblich für die Bewertung des Gegenstandes ist die vermögensrechtliche Wirkung des Geschäfts für die Beteiligten[3]), insbesondere die Erfüllung der durch das Geschäft begründeten Verpflichtungen[3a]). Was Geschäft im Sinne der Vorschrift ist, kann hier dahingestellt bleiben, da sich Art. 13 nur auf Rechtsgeschäfte bezieht, deren Gegenstand nach den weiteren Vorschriften des PrGKG. zu bewerten ist[4]).

5 Der allgemeinen Regel fügt § 18 PrGKG. in Abs. 1 Satz 2 eine Sonderbestimmung für den Fall hinzu, daß das Geschäft ein Recht an einer Sache betrifft, indem es in diesem Falle den Wert des Rechts unabhängig von dem Wert der Sache maßgebend sein läßt. Zu beachten ist aber, daß die Bestimmung des § 18 Abs. 1 Satz 2 einer Reihe von Ausnahmen (§ 20 PrGKG.) unterworfen ist, also vermöge der Regel des § 18 Abs. 2 für diese Ausnahmefälle nicht gilt[5]). Anwendbar ist § 18 Abs. 1 Satz 2 PrGKG.

---

[2]) Das scheint Rausnitz Anm. 1 zu § 18 PrGKG. zu übersehen, wenn er als Gegenstand im Sinne des § 2 Abs. 1 PrNotGebO. und des § 18 Abs. 1 Satz 1 PrGKG. stets „ein reales Objekt" bezeichnet. Beachtlich aber seine Polemik gegen die Verwendung des Ausdrucks „Gegenstand" in den Kostengesetzen DNotV. 11, 140ff., 145. Vgl. ferner KGJ. 36 B 50.

[3]) KGJ. 25 B 14; 29 B 75; 39 B 34; 42, 328; 43, 319; 46, 285; 47, 293; 47, 301; OLG. 1, 460; 23, 288 und 297; 33, 183 (KG.); 35, 201 (Breslau) und 238; 37, 227 (KG.); auch KGJ. 47, 289; 51, 362; JurRundsch. 2 Nr. 424 (RG.).

[3a]) Bei alternativen Rechten ist für die Bestimmung des Gegenstandes das Recht auf die höhere Leistung maßgebend. Walter-Joachim-Friedlaender § 9 Anm. 12; Bartscher-Drinnenberg-Wenz § 18 Anm. 6. A. M. Mügel § 19 a. F. Anm. 15, der bei Wahlrecht des Schuldners die geringere Leistung entscheiden läßt.

[4]) A. M. Rausnitz DNotV. 11, 142, der als „Geschäft" hier nur die Tätigkeit des Gerichts oder Notars, nicht das von den Beteiligten vorgenommene Geschäft ansehen will.

[5]) Der Gegensatz zu § 20 Abs. 3 ist allerdings nur ein scheinbarer, da der Wert des Rechts an einer Sache durch deren Wert bedingt wird und nicht höher sein kann, als der Wert der Sache selbst.

für das Vorkaufsrecht[6]), das Wiederkaufsrecht[7]), das Erbbaurecht, das Nacherbenrecht[8]), die Fideikommißeigenschaft[9]).

Unter „Sache" im Sinne dieser Vorschrift sind nicht nur körperliche Gegenstände, sondern auch Rechte jeder Art zu verstehen[10]), weil insoweit eine Anpassung des PrGKG. an den Sprachgebrauch des BGB. nicht stattgefunden hat. 6

Das freie Ermessen bei der Festsetzung des Wertes des Gegenstandes wird durch die dem § 18 nachfolgenden Bestimmungen der §§ 19—22 des PrGKG. eingeschränkt[11]). Soweit diese Bestimmungen wieder Lücken lassen, muß es auch in den Fällen Platz greifen, für die sie Vorschriften enthalten. Ausnahmen von §§ 18—22 enthält auch § 38 PrGKG., s. Anm. 93 ff. Die Bedeutung der §§ 19—22 wird in Anm. 17 ff. erläutert. Aber auch abgesehen von den gesetzlichen Beschränkungen des freien Ermessens ist bei der Bemessung des Wertes nicht willkürlich zu verfahren, sondern es sind die „allgemeinen Regeln der Logik und Erfahrung"[12]) zu beachten. Von den Angaben des Auftraggebers über den Wert wird nicht ohne Grund abgegangen werden dürfen, andererseits hat der RA. die ihm bekannten Tatsachen für die Bewertung zugrunde zu legen, auch wenn sie von der Angabe des Auftraggebers abweichen. 7

Außer den Bestimmungen des PrGKG. beschränkt die VO. vom 18. Dezember 1923 das freie Ermessen in dem Falle, daß für die Bewertung ein in (alter) Reichsmarkwährung ausgedrückter Betrag maßgebend ist. Dann gilt für die Umrechnung in Goldmark bis auf weiteres der vom Reichsminister der Finanzen bekanntgegebene Umrechnungssatz mit dem Vorbehalt für den Justizminister, einen anderen Umrechnungssatz zu bestimmen. Das hat der Justizminister bisher nicht getan. Maßgebend ist der Zeitpunkt der Berechnung der Gebühren. In allen nach dem 1. Januar 1924 zur Abrechnung kommenden Fällen ist also der Umrechnungssatz 1 Billion (alter) Mark = 1 Goldmark = 1 (neue) Reichsmark anzuwenden[13]). 8

Eine Festsetzung des Wertes durch eine amtliche Stelle, wie sie in § 25 NotGebO. vorgesehen ist, kommt für die hier in Rede stehenden drei Tätigkeitsgebiete des Rechtsanwalts grundsätzlich nicht in Frage. Bezieht sich aber seine Tätigkeit auf einen Gegenstand, für den eine gerichtliche Festsetzung erfolgt ist, so ist nach Art. 16 PrLGebO. in Verbindung mit § 11 RAGebO. diese gerichtliche Festsetzung auch für die Gebühren des Rechtsanwalts maßgebend. Das gilt aber nur, insoweit dieselben Bestimmungen über Festsetzung des Wertes wie für die Gerichtskosten auch für die Kosten des RA. gelten, nicht z. B. für die Beschwerdeinstanz. Der Wert des Gegenstandes für die Berechnung der Anwaltsgebühren richtet sich hier nicht nach den für die Gerichts- 9

---

6) KGJ. 51, 388; DNotV. 12, 356 = Bbl. 1911, 179 (KG.); Bbl. 1923, 29 (KG.).
7) KGJ. 17, 137; Bbl. 15, 100 (KG.).
8) KGJ. 41 B 299; 51, 388.
9) KGJ. 46, 279.
10) Gleicher Ansicht Rausnitz Anm. 7 zu § 18 PrGKG.
11) KGJ. 39 B 34.
12) Rausnitz Anm. 7 zu § 18 PrGKG.
13) Vgl. Einleitung § 3 Anm. 4.

kosten maßgebenden Werte, sondern nach § 3 ff. ZPO.[14]). Fehlt es an einer für die Anwaltskosten maßgebenden Festsetzung des Wertes durch das Gericht, so hat der Rechtsanwalt selbst den Wert festzusetzen. Dabei ist er an die Angaben des Auftraggebers nicht gebunden, sondern kann nach den Regeln des PrGKG. die Festsetzung selbständig treffen. Will der Auftraggeber die Festsetzung nicht gelten lassen, so ist darüber im ordentlichen Rechtswege zu entscheiden.

10 a) **Berechnung des Wertes nach dem Zeitpunkte der Fälligkeit der Gebühren. PrGKG. § 19 Abs. 1:**

Für die Wertberechnung ist der Zeitpunkt der Fälligkeit der Gebühren maßgebend.

Wann die Gebühren fällig werden, würde sich nach bürgerlichem Recht bestimmen, wenn die PrLGebO. nicht in Art. 16 auf § 85 RAGebO. verwiese. Da dieser sich mit der Fälligkeit beschäftigt, ist auch der nach § 19 Abs. 1 PrGKG. für die Wertberechnung maßgebende Zeitpunkt der Fälligkeit der Gebühren nach § 85 RAGebO. zu bestimmen. Das gilt auch, wenn etwa die gleichen Gebühren eines Notars auf Grund der NotGebO. oder des PrGKG. zu einem anderen Zeitpunkte fällig werden sollten, da § 85 RAGebO. nach Art. 16 LGebO. auch für die nach Art. 13 zu berechnenden Gebühren Anwendung findet.

RAGebO. § 85 lautet:

Dem Auftraggeber gegenüber werden die Gebühren des Rechtsanwalts fällig, sobald über die Verpflichtung, dieselben zu tragen, eine Entscheidung ergangen ist, sowie bei Beendigung der Instanz oder bei Erledigung des Auftrages.

Die drei Voraussetzungen des § 85 für die Fälligkeit sind alternativ gestellt, es genügt das Vorliegen einer der drei Voraussetzungen, um die Fälligkeit zu begründen. Im Rahmen des Art. 13 wird die erste Voraussetzung: Entscheidung über die Verpflichtung zur Tragung der Kosten nur im dritten Falle des Art. 13: Empfang, Verwahrung und Auszahlung von Geldern und Wertpapieren eintreten können. Hierüber vgl. unten Anm. 155 ff. Auch die zweite Voraussetzung: Beendigung der Instanz kann im allgemeinen nur für die Hebegebühr in Frage kommen, da insoweit die anderen in Art. 13 gebührenrechtlich geregelten Tätigkeiten des Rechtsanwalts in der Regel sich außerhalb eines Instanzenzuges abspielen. Soweit sie ausnahmsweise im Rahmen eines Instanzverfahrens bewirkt werden, etwa wenn der RA. nur mit dem Entwurf eines Rechtsgeschäfts oder der Vermittlung einer Auseinandersetzung beauftragt wird, die ein Instanzverfahren ganz oder teilweise erledigt, für das der Rechtsanwalt von der Partei nicht beauftragt worden ist, wird die Beendigung der Instanz mit der Erledigung des Auftrags zusammenfallen oder diese der Beendigung der Instanz vorangehen und damit die dritte Voraussetzung für die Fälligkeit der Gebühren erfüllt sein.

11 Die Erledigung des Auftrages tritt ein:

a) durch Erfüllung,

b) durch Kündigung seitens des Auftraggebers oder seitens des Anwalts.

Der Auftrag zur Anfertigung des Entwurfs eines Rechtsgeschäfts ist erfüllt mit der Ablieferung des Entwurfs an den Auftraggeber (§ 641 BGB.).

---

[14]) KGJ. 28 B 43; 42, 292; OLG. 19, 264 (KG.).

Der Vertrag, durch den der Rechtsanwalt die Anfertigung des Entwurfs eines Rechtsgeschäfts übernimmt, ist Werkvertrag[15]). Daß der Anwalt, der einen Entwurf zu fertigen hat, nach § 242 BGB. verpflichtet ist, auch nach der Ablieferung noch Änderungen zu bewirken, die der Auftraggeber wünscht, ändert nichts daran, daß mit der Ablieferung der Vertrag erfüllt ist. Dieser Zeitpunkt ist also für die Fälligkeit der Gebühr und damit für die Bestimmung des Wertes des Gegenstandes maßgebend.

Etwas anders liegt die Sache bei der Vermittelung einer Auseinandersetzung. Auch hier ist der Vertrag Werkvertrag. Erfüllung liegt aber erst vor, wenn die Beteiligten, nicht nur der Auftraggeber, sich mit der von dem beauftragten Anwalt vorgeschlagenen Auseinandersetzung einverstanden erklärt haben, nicht schon, wenn der Anwalt seinen Vorschlag aufgestellt und abgegeben hat. Die Fälligkeit der Gebühren infolge Erledigung des Auftrages durch Erfüllung tritt also in diesem Falle erst mit dem Abschlusse des Auseinandersetzungsvertrages ein. Kommt es nicht dazu, so wird die Partei oder der Anwalt den Vertrag kündigen. Die Fälligkeit der Gebühren tritt dann durch Erledigung des Auftrages infolge Kündigung ein. 12

In allen Fällen der Erledigung des Auftrages durch Kündigung ist für die Fälligkeit der Gebühren die Frage unerheblich, ob die Kündigung zu Recht oder zu Unrecht erfolgte, sie kann nur Bedeutung gewinnen für die Frage, ob dem Anwalt ein Anspruch auf Gebühren überhaupt zusteht und ob dem Auftraggeber ein Gegenanspruch auf Schadensersatz wegen ungerechtfertigter Kündigung erwächst. 13

Übernimmt der Anwalt den Empfang, die Verwahrung und die Auszahlung von Geldern und Wertpapieren für den Auftraggeber, so wird dies in der Regel in Verbindung mit einem anderen Auftrage geschehen. Die Frage der Rechtsnatur des Anwaltsvertrages beantwortet sich dann nach dem Inhalt des Hauptvertrages. Danach richtet sich dann auch die Fälligkeit der Hebegebühr. Ist der Vertrag ausnahmsweise selbständig abgeschlossen worden, so ist er als Werkvertrag anzusehen. Es gilt dann für die Fälligkeit der Gebühren das in Anm. 11 Gesagte. 14

Die Bestimmung des § 83 Abs. 3 der RAGebO., wonach der Rechtsanwalt die Hebegebühr aus den abzuliefernden Geldern bei der Ablieferung entnehmen kann, gilt für das Anwendungsgebiet der Landesgebührenordnung nicht, da § 87 RAGebO. in Art. 16 LGebO. nicht zitiert ist und die in Art. 13 angeführte Vorschrift für die Gebühren der Notare (§ 14 NotGebO.) eine dem § 87 Abs. 3 RAGebO. entsprechende Bestimmung nicht enthält. 15

Keine Voraussetzung für die Fälligkeit der Gebühren ist die nach Art. 16 LGebO. mit § 86 RAGebO. vorgeschriebene Mitteilung einer von dem Rechtsanwalt unterschriebenen Berechnung der Gebühren mit Angabe des Wertes des Gegenstandes, sofern er maßgebend ist, und Bezeichnung der zur Anwendung kommenden gesetzlichen Be- 16

---

[15]) Vgl. Friedlaender RAO.[2] Exkurs vor § 30 Anm. 5.

stimmungen. Hierbei handelt es sich nur um eine Voraussetzung der Einforderung der Gebühren[16]).

17 b) **Wertberechnung nach dem Hauptgegenstand des Geschäfts.**

PrGKG. § 19 Abs. 2:

Maßgebend für den in Ansatz zu bringenden Wert ist nur der Hauptgegenstand des Geschäfts. Früchte, Nutzungen, Zinsen, Schäden, Vertragsstrafen und Kosten werden nur berücksichtigt, wenn sie für sich den Gegenstand eines besonderen Geschäfts bilden.

Die Vorschrift schließt sich in ihrem Wortlaute eng an § 4 ZPO. an. Sie unterscheidet sich von diesem in seiner geltenden Fassung dadurch, daß in § 4 ZPO. durch Gesetz vom 18. August 1923 (RGBl. I 813) das Wort „Schäden" gestrichen worden ist und in § 19 Abs. 2 PrGKG. unter den anderen in § 4 ZPO. aufgezählten Forderungen auch Vertragsstrafen als Nebengegenstand bezeichnet worden sind. Sachlich bedeutet das keinen Unterschied zur ursprünglichen Fassung des § 4 ZPO., weil die Vertragsstrafe nur ein im Voraus vertragsmäßig festgesetzter Schaden ist[17]).

Satz 2 zählt nur Beispiele von Nebengegenständen auf[18]); den Grundsatz für die Wertberechnung enthält Satz 1.

18 Es kommen also für die Wertberechnung unselbständige Nebenabreden nicht in Frage, z. B. die Belegung des Kaufpreises durch Hingabe einer Hypothek[19]), der Antrag auf Eintragung der vertraglich vereinbarten Änderung des Güterstandes in das Güterrechtsregister[20]), die Unterwerfung unter die sofortige Zwangsvollstreckung nach § 794 [5] ZPO.[21]). Dagegen ist die Einräumung eines Vorkaufsrechtes an der vermieteten Sache[22]) und die Übernahme besonderer Verpflichtungen neben der Leistung der Stammeinlage einer GmbH.[23]) als Hauptgegenstand des Geschäftes anzusehen.

19 Was unter Früchten, Nutzungen, Zinsen, Schäden und Vertragsstrafen zu verstehen ist, richtet sich nach bürgerlichem Rechte (§§ 99, 100, 249, 251, 252, 339—342 BGB.). Die für § 4 ZPO. entstandene Streitfrage, ob die über den gesetzlichen Zinsfuß hinausgehenden Zinsen den Streitgegenstand erhöhen oder bei seiner Bemessung unberücksichtigt bleiben[24]), ist für § 19 PrGKG. bedeutungslos, weil hier auch Schäden Nebengegenstände sind und die über den gesetzlichen Zinsfuß hinausgehenden Zinsen jedenfalls als Schäden angesehen werden müssen.

---

16) RGZ. 110, 145; JW. 1916, 63 (OLG. Braunschweig); Walter-Joachim-Friedlaender § 86 Anm. 6; Willenbücher § 86 Anm. 1.

17) RGZ. 66, 310; DJZ. 1907, 1257 (RG.); Recht 1907 Nr. 3336 und 3539 (RG.).

18) Rausnitz Anm. 2 zu § 19 PrGKG.

19) OLG. 21, 150 (KG.).

20) KGJ. 51, 358.

21) KGJ. 35 B 5; Bbl. 1927, 6 (KG.).

22) OLG. 11, 351 (KG.).

23) KGJ. 52, 249.

24) Vgl. Walter-Joachim-Friedlaender Anm. 67 zu § 10 mit Nachweisungen und andererseits Kraemer ZZPr. 50, 243.

Unter Kosten sind nicht nur die durch das Geschäft entstehenden Kosten zu verstehen, sondern alle mit der Vornahme des Geschäfts und mit seiner Ausführung verbundenen Auslagen aller Art, insbesondere Kosten der Übergabe, der Versendung, der Auflassung, mit dem Geschäfte oder mit seiner Ausführung verbundene Reichs-, Landes- und Gemeindesteuern u. a. m. 20

Die in Satz 2 beispielsweise aufgeführten Nebengegenstände kommen für die Bemessung des Wertes des Gegenstandes des Geschäfts nur in Frage, wenn sie für sich den Gegenstand eines besonderen Geschäftes bilden. Es braucht dies nicht darauf zu beruhen, daß das Geschäft in mehreren Urkunden verlautbart wird, sondern auch in einer einheitlichen Urkunde können verschiedene Hauptgegenstände behandelt werden, von denen einer oder mehrere unter die Beispiele des Satz 2 fallen, z. B. wenn die Urkunde die Entrichtung der Hauptsumme eines Kapitals und der Zinsen eines anderen behandelt[25]). 21

§ 19 Abs. 2 PrGKG. ist nicht nur anzuwenden, wenn es sich um die Beschränkung des Wertes des Hauptgegenstandes handelt. Vielmehr werden z. B. Zinsen auch dann nicht berücksichtigt, wenn die Zahlung des Kapitals befristet ist, so daß der Wert der Kapitalforderung an sich um die Zwischenzinsen zu kürzen wäre[26]). 22

c. **Einzelvorschriften über die Berechnung des Wertes des Gegenstandes.** 23

Das PrGKG. enthält in § 20 eine Reihe von positiven Vorschriften über die Bewertung des Gegenstandes, schränkt also das nach § 18 Abs. 2 für die Festsetzung grundsätzlich gegebene freie Ermessen weiter ein. Die Aufzählung des § 20 ist aber nicht erschöpfend, einmal insofern sie für eine Anzahl von Fällen keine Bestimmungen enthält, weiter aber auch, weil die hier gegebenen Grundsätze durch spätere Bestimmungen des Gesetzes (§§ 38, 39, 42 Abs. 4, 46 Abs. 2 bis 4, 48 Abs. 1, 88 und andere für Art. 13 nicht in Frage kommende Vorschriften) ergänzt und abgeändert werden.

α) Berechnung des Wertes einer Sache nach dem gemeinen Werte (§ 20 Abs. 1 PrGKG.). 24

PrGKG. § 20 Abs. 1:

Bei der Berechnung des Wertes einer Sache ist nur der gemeine Wert derselben in Betracht zu ziehen; handelt es sich um einen Verkauf derselben, so ist als Wert der Betrag des vereinbarten Kaufpreises mit Hinzufügung des Wertes der vorbehaltenen Nutzungen und ausbedungenen Leistungen in Ansatz zu bringen, sofern er höher ist, als der gemeine Wert.

Die Fassung des Gesetzes ist aus § 21 des PrGKG. vom 25. Juni 1895 übernommen worden, stammt also aus der Zeit der Geltung des ALR. Für die Auslegung des Begriffes „gemeiner Wert" ist deshalb in erster Linie die Begriffsbestimmung des Landrechts heranzuziehen. Dies bestimmte in § 212 I 2 als gemeinen Wert den Nutzen, welchen die Sache einem jeden Besitzer gewähren kann, und rechnet ihm in § 113 a. a. O. die Annehm-

---

[25]) Reichhaltige Kasuistik bei Rausnitz Anm. 4 und 5 zu § 19 PrGKG.

[26]) A. M. Brathuhn Anm. 2 zu § 20 PrGKG. a. F., Mügel Anm. 13 zu § 19 PrGKG. a. F., vgl. auch unten Anm. 35 und DNotV. 27, 276 (LGPräs. Berlin I).

lichkeiten oder Bequemlichkeiten hinzu, welche einem jeden Besitzer schätzbar sind und deswegen gewöhnlich in Anschlag kommen. Es stellt in Gegensatz zum gemeinen Wert den außerordentlichen Wert (§ 114) und den Wert der besonderen Vorliebe (§ 115). Eine reichsrechtliche Begriffsbestimmung des gemeinen Werts brachte zuerst § 22 der AusfBest. zum Wehrbeitragsgesetz, dann § 138 RAbgO., der diese Begriffsbestimmung in der Sache übernahm. Eine wesentliche Abweichung von dem sachlichen Inhalt der landrechtlichen Begriffsbestimmung enthält sie nicht[27]. Einen anderen Gegensatz zum gemeinen Wert bildet der Ertragswert[28].

25 Wird auf dem den Gegenstand bildenden Grundstücke ein Geschäft betrieben, so ist dessen Wert dem gemeinen Wert des Grundstückes hinzuzurechnen, wenn die wirtschaftliche Verbindung des Geschäfts mit dem Grundstücke eine derart enge ist, daß durch die Ausnützung des einen der Wert des anderen erhöht wird[29][30].

Sache ist auch hier in dem oben Anm. 6 erörterten Sinne zu verstehen[31].

26 Von dem Grundsatze der Berechnung des Wertes einer Sache macht das Gesetz eine Ausnahme für den Fall des Verkaufes. Hier ist der Betrag des vereinbarten Kaufpreises mit Hinzufügung des Wertes der vorbehaltenen Nutzungen und ausbedungenen Leistungen als Wert in Ansatz zu bringen, sofern er höher ist als der gemeine Wert. Die Ausnahme ist auf Kaufverträge beschränkt[32]. Für Tauschverträge würde sie in entsprechender Anwendung des § 515 BGB. anwendbar sein, wenn nicht ihr Inhalt entgegenstünde, da es beim Tauschvertrage an einem Preise fehlt. Entscheidend ist beim Tauschvertrage der gemeine Wert des wertvolleren Tauschgegenstandes. Wird eine Zuzahlung vereinbart, so liegt ein aus Kauf und Tausch gemischter Vertrag vor. Es ist alsdann der gemeine Wert der Tauschgegenstände zu ermitteln und der höhere zugrunde zu legen, wenn er den gemeinen Wert des anderen zuzüglich der Zuzahlung übersteigt.

27 Auch für Gutsüberlassungsverträge findet die für den Verkauf einer Sache gegebene Ausnahmebestimmung keine Anwendung, vielmehr ist der gemeine Wert schlechthin maßgebend, nicht der Erwerbspreis[33]. Bei Erwerb eines Anteils an einem Nachlasse, zu dem ein Grundstück

---

[27]) Kasuistik über den Begriff des gemeinen Werts bei Rausnitz Anm. 2 zu § 20 PrGKG., Beushausen S. 105 ff. über die Feststellung des gemeinen Werts städtischer Mietwohngrundstücke s. ZPrJustAmtm. 1926, 196 (KG.).

[28]) Vgl. KGJ. 25 B 16; 52, 276. über den Unterschied von „gemeinem Wert" und „Ertragswert" s. Becker RAbgO. § 152 Anm. 5.

[29]) OLG. 35, 240 (KG.).

[30]) KGJ. 53, 288 hat für ausländische Wertpapiere, die an deutschen Börsen nicht notiert werden, die festgesetzten Mittelwerte für den Kurs der ausländischen Währung als nicht anwendbar erklärt.

[31]) Ebenso Rausnitz Anm. 2 § 20 PrGKG., Baushausen S. 109.

[32]) A. M. Rausnitz Anm. 2 zu § 20 PrGKG., der sie auf alle Verträge, bei denen ein Preis zu zahlen ist, ausdehnen will.

[33]) KGJ. 19, 138; 39 B 40.

gehört, entscheidet der Erwerbspreis, nicht der gemeine Wert des Grundstücks[34]).

Bei Abtretung einer Geldforderung entscheidet grundsätzlich der Nennwert, es sei denn, daß der wirtschaftliche Wert der Forderung erkennbar geringer[35]), sie insbesondere schwer beitreibbar oder sonst unsicher ist[36]). Bei Abtretung der Rechte aus dem Meistgebote entscheidet der gemeine Wert des Grundstückes[37]). 28

Vorbehaltene Nutzungen sind nur solche, die auf Grund des Kaufvertrages dem Verkäufer verbleiben, nicht auch die nach der gesetzlichen Regel des § 446 Abs. 1 Satz 2, Abs. 2 BGB. ihm zustehenden. Dahin gehört nicht der Ausschluß von Erzeugnissen einer verkauften Ziegelei[38]); das Recht auf die Gewinnung von Fossilien und Mineralien zählt zu vorbehaltenen Nutzungen nur, wenn das verkaufte Grundstück nach seiner wirtschaftlichen Bestimmung zur fraglichen Gewinnung dient[39]), dagegen ist der Vorbehalt des Rechts an einem Tilgungsfonds, der satzungs- und vertragsgemäß mit dem Eigentum am Grundstück verbunden ist oder dem jeweiligen Grundstückseigentümer zusteht, als vorbehaltene Nutzung besonders zu bewerten[40]). 29

Ausbedungene Leistungen sind solche, die dem Käufer nach dem Gesetze nicht obliegen, sondern durch den Vertrag besonders begründet werden, sei es für den Verkäufer, sei es für einen Dritten. Hierher gehören: die Vereinbarung einer Erhöhung des Kaufpreises für den Fall der Weiterveräußerung durch den Käufer[41]); die Begründung (nicht die Übernahme) einer Dienstbarkeit am Kaufgrundstücke[42]); die Übernahme der Provision des vom Verkäufer beauftragten Vermittlers durch den Käufer[43]); die Übernahme der Kosten, die durch die vom Verkäufer zu bewirkende Löschung einer Hypothek entstehen, seitens des Käufers[44]) oder die Übernahme der durch die Befreiung des Grundstückes von der Lehenseigenschaft entstehenden Kosten[45]); die Verpflichtung zur Räumung des verkauften Hauses[46]); die Übernahme einer Verpflichtung zum Bierbezug durch den Käufer[47]); die Übernahme der gesamten Grunderwerbsteuer durch den Käufer, (der nach dem Gesetze nur die Hälfte zu tragen hat)[48]); wird vom Verkäufer die gesamte Grunderwerbsteuer übernommen, so vermindert sich der Kaufpreis um die Hälfte des 30

34) KGJ. 52, 272.
35) KGJ. 50, 255.
36) KGJ. 18, 169; 27 B 14; 39 B 50; 50, 257.
37) KGJ. 30 B 20.
38) OLG. 21, 150 (KG.).
39) KGJ. 25 B 34.
40) DNotV. 13, 472 (KG.).
41) Vgl. Mügel Anm. 6 zu § 21 PrGKG. a. F.
42) PrJMBl. 1923, 369 (KG.).
43) KGJ. 19, 186.
44) KGJ. 30 B 8.
45) Bbl. 1913, 157 (RG.).
46) RFH. 9, 268.
47) RFH. 7, 184.
48) RFH. 6, 171; 10, 160; Liebling DNotV. 22, 193; JW. 1922, 237 (LG. Frankfurt a. M.). A. M. Lots DNotV. 22, 197.

Steuerbetrages [49]); die Übernahme der Zuwachssteuer durch den Käufer [50]); die Übernahme einer Hypothek ohne Anrechnung auf den Kaufpreis [51]); die Bestellung einer Sicherungshypothek für die auf den Käufer kraft Gesetzes übergehenden öffentlichen Lasten [52]) oder für eine auf die Verletzung der sogen. Polenklausel ausbedungene Vertragsstrafe [53]).

31 Keine ausbedungene Leistung ist die Übernahme eines Altenteils [54]), eines ablösbaren Erbpachtkanons [55]) oder einer Rentengutsrente nach dem Gesetze vom 26. April 1886 [56]). Ist dagegen der übernommene Altenteil größer vereinbart, als er im Grundbuche eingetragen ist, so bildet die Übernahme der Mehrleistungen eine ausbedungene Leistung [57]). Keine ausbedungene Leistung ist der Bergschadenersatz beim Verkaufe des geschädigten Grundstückes an den Bergwerkseigentümer [58]).

32 Die Berechnung des Werts der vorbehaltenen Nutzungen und ausbedungenen Leistungen erfolgt nach den allgemeinen Vorschriften, insbes. den Bestimmungen in § 20 Abs. 1 Halbs. 1, Abs. 2—6, 8—9.

β) Besitz einer Sache.

33 **PrGKG. § 20 Abs. 2:**

Der Wert des Besitzes einer Sache ist in der Regel dem Werte der Sache gleichzuachten.

Die Bestimmung läßt im Gegensatz zu § 6 ZPO. die Bewertung des Besitzes einer Sache abweichend vom Werte der Sache zu. Sie bezieht sich auf jede Art von Besitz [59]).

Da das BGB. nur Besitz an Sachen im Sinne des § 90 BGB. kennt, ist hier unter „Sache" nur ein körperlicher Gegenstand zu verstehen. Ein Rechtsgeschäft, das Verpflichtungen zur Übertragung des Besitzes regelt, kommt hier nicht in Frage. Auch wenn es sich um den Besitz von Urkunden handelt, ist der Wert der Urkunde, nicht der Wert der auf der Urkunde beruhenden Forderungen entscheidend [60]).

Ob die Regel des Abs. 2 anzuwenden oder eine Ausnahme zu machen ist, unterliegt dem freien Ermessen der den Wert des Gegenstandes festsetzenden Stelle. (§ 18 Abs. 2 PrGKG.), vgl. oben Anm. 9.

---

49) RFH. 13,3.
50) Bbl. 1924, 141 (KG.); Mügel Anm. 9 zu § 21 PrGKG. a. F.
51) KGJ. 28 B 81; ZPrJustAmtm. 1924, 19 (KG.).
52) KGJ. 41, 343.
53) RGZ. 84, 391. Die Bedenken von Beushausen S. 112 gegen die Anwendbarkeit dieser für die Tarifstelle 32 Spalte 4 des PrStStG. vom 31. Juli 1895 ergangenen Entscheidung auf § 20 PrGKG. erscheinen nicht begründet. § 19 PrGKG. steht nicht entgegen, weil mit der Polenklausel eine — gegenwärtige — Leistung übernommen wird, wie RG. a. a. O. darlegt.
54) KGJ. 25 C 15; 28 B 26.
55) KGJ. 28 B 80; OLG. 9, 196 (KG.).
56) OLG. 17, 258 (KG.).
57) JFGErg. 1, 67.
58) JFGErg. 1, 70.
59) RGZ. 61, 92 (für § 6 ZPO.).
60) OLG. 1, 468 (KG.).

γ) Pfandrecht, Sicherstellung, Vorrangseinräumungen. 34

PrGKG. § 20 Abs. 3:

Der Wert eines Pfandrechts oder der Sicherstellung einer Forderung richtet sich nach dem Betrage der Forderung; hat der Gegenstand des Pfandrechts einen geringeren Wert, so ist dieser maßgebend, soweit nicht die besonderen Vorschriften für Eintragungen im Grundbuch (§ 63) entgegenstehen. Bei Vorrangseinräumungen, einschließlich der Einräumung gleichen Ranges, richtet sich der Wert nach dem Betrage der vortretenden Post und, wenn der Betrag der zurücktretenden Post der geringere ist, nach diesem. Als Vorrangseinräumung gilt im Sinne dieses Gesetzes auch die im § 1179 des Bürgerlichen Gesetzbuchs bezeichnete Vormerkung zugunsten eines nachstehenden Gläubigers. Der Wert bestimmt sich nach dem höheren der beiden nach den Vorschriften dieses Absatzes in Betracht kommenden Beträge, sofern dies für den Kostenschuldner nach den Vorschriften des § 39 günstiger ist.

Das Pfandrecht umfaßt das in §§ 1204—1296 BGB. geregelte Pfandrecht an beweglichen Sachen und an Rechten, aber auch Hypotheken, Grundschulden und Rentenschulden, die vom BGB. nicht als Pfandrecht bezeichnet werden.

Die Sicherstellung einer Forderung kann außer durch Bestellung eines Pfandrechts durch Bürgschaft[61]), kumulative Schuldübernahme[62]), Eintragung einer Vormerkung[63]), Ausbietungsgarantie[64]) erfolgen. Dagegen findet die in Rede stehende Bestimmung keine Anwendung auf die Sicherungsübereignung[65]), die Bestellung eines Nießbrauchs sicherheitshalber[66]) oder die Abtretung von Forderungen und anderen Rechten zur Sicherheit[67]).

Für die Berechnung des Betrages der Forderung ist nach § 19 Abs. 2 Satz 2 PrGKG. nur die Hauptforderung maßgebend und zwar nach § 19 Abs. 1 in dem z. Zt. der Fälligkeit der Gebühren bestehenden Umfange. Ist die Forderung bedingt oder betagt, so ist ihr Wert durch Schätzung zu ermitteln; äußersten Falles ist § 22 Abs. 2 PrGKG. anzuwenden[68]). Handelt es sich um eine dem Aufwertungsgesetz unterliegende Forderung, so ist der Aufwertungsbetrag, aber ohne Berücksichtigung des durch die Durchführungsverordnung vom 29. November 1925 (RGBl. I 392) Art. 21 und die VO. vom 26. März 1926 (RGBl. I 182) geregelten Zwischenzinses maßgebend[69]), vgl. oben Anm. 22. 35

Die Vorschrift, daß der Wert des Gegenstandes des Pfandrechts maßgebend ist, wenn er hinter dem Betrage der Forderung zurückbleibt, ist auch für die anderweite Sicherstellung der Forderung maßgebend. Der Wert des Gegenstandes des Pfandrechts ist nach § 20 Abs. 2 PrGKG. zu berechnen.

---

[61]) KGJ. 47, 288.
[62]) KGJ. 47, 289.
[63]) KGJ. 28 B 54.
[64]) KGJ. 47, 283.
[65]) KGJ. 47, 287; DNotV. 25, 85.
[66]) KGJ. 34 B 18.
[67]) KGJ. 47, 289.
[68]) Ebenso Rausnitz Anm. 5 Nr. 19 PrGKG.
[69]) A. M. JW. 1924, 1253¹ und 1254² (KG.); DNotV. 25, 220.

Vorgehende Belastungen der Pfandsache bleiben dabei unberücksichtigt[70].

36 Bei der Vormerkung des Rechts auf Auflassung eines Grundstücks ist dessen Wert[71]) maßgebend, ebenso bei der Löschung einer solchen Vormerkung[72]).

Die Aufhebung einer Sicherstellung ist auch die Zustimmung des Hypothekengläubigers zur Aufhebung der Feuerversicherung des auf dem belasteten Grundstücke stehenden Gebäudes, die Entlassung eines Trennstückes aus der Mithaft für eine Hypothek[73]), die Löschung eines Widerspruches gegen die Richtigkeit der Eigentumseintragung[74]).

37 Wird außer dem Pfandrechte oder der anderweiten Sicherstellung die Forderung selbst beurkundet, so kommt nicht § 20 Abs. 3, sondern § 18 Abs. 1 Satz 2 zur Anwendung, die Sicherstellung ist dann nicht Hauptgegenstand des Geschäfts im Sinne des § 19 Abs. 2 Satz 1.

38 Ist bei einer Vorrangseinräumung der Wert des belasteten Grundstücks geringer als der Betrag der kleineren von den beteiligten Forderungen, so ist der Wert des Grundstückes maßgebend[75]).

Satz 3 bezieht sich nur auf die Vormerkung zugunsten eines nachstehenden Gläubigers, nicht auch auf andere Löschungsvormerkungen[76]).

Satz 4 bezieht sich auf alle Fälle des Abs. 3. Seine Bedeutung wird unten Anm. 113 erläutert werden.

39 δ) Grunddienstbarkeiten.

PrGKG. § 20 Abs. 4:

Der Wert einer Grunddienstbarkeit wird durch den Wert, welchen dieselbe für das herrschende Grundstück hat, und wenn der Betrag, um welchen sich der Wert des dienenden Grundstücks durch die Dienstbarkeit mindert, größer ist, durch diesen Betrag bestimmt.

Die Vorschrift bezieht sich ihrem Wortlaute nach nur auf Grunddienstbarkeiten im Sinne des § 1018 BGB., ist aber von der Praxis auf auch gesetzliche Eigentumsbeschränkungen, Reallasten[77]) (vgl. aber hierzu unten Anm. 40), persönliche Belastungen des Grundstücks, die inhaltlich einer Grunddienstbarkeit ähnlich sind[78]), angewendet worden. Lassen sich die in Frage kommenden Werte unter Heranziehung der sonstigen Bestimmungen des PrGKG., gegebenen Falles auch der in Abs. 5 angeführten des PrStStG. nicht ermitteln oder auch nur schätzen, so muß § 22 Abs. 2 Anwendung finden.

Keine Anwendung findet Abs. 4 auf Erbbaurechte; für ihre Bewertung zum Zwecke der mündelsicheren Beleihung gibt § 19 der VO. über das Erbbaurecht vom 15. Januar 1919 (RGBl. S. 72) Bestimmungen.

---

[70]) RGZ. 22, 388.
[71]) KGJ. 28 B 54;
[72]) KGJ. 32 B 16; Bbl. 1918, 113 (KG.).
[73]) KGJ. 28 B 20.
[74]) Bbl. 1903, 251 (KG.).
[75]) KGJ. 17, 158.
[76]) KGJ. 43, 350; 52, 279.
[77]) KGJ. 36 B 23.
[78]) RGZ. 29, 406 (für den wörtlich gleichlautenden § 7 ZPO.); Bbl. 1911, 113; 1926, 189 (KG.).

ε) Wiederkehrende Nutzungen oder Leistungen. 40

PrGKG. § 20 Abs. 5:

Der Wert des Rechtes auf wiederkehrende Nutzungen oder Leistungen wird nach den Vorschriften des § 6 Abs. 8 bis 12 des Stempelsteuergesetzes berechnet, jedoch ist der Wert des Rechtes auf Nutzungen oder Leistungen auf Lebenszeit oder bis zum Eintritt eines bestimmten Alters oder Umstandes auf höchstens das Fünffache des einjährigen Bezugs anzunehmen, wenn das Recht dem jetzigen oder früheren Ehegatten des Verpflichteten oder Personen zusteht, die mit dem Verpflichteten in gerader Linie verwandt, verschwägert oder durch Annahme an Kindes Statt verbunden oder in der Seitenlinie bis zum dritten Grade verwandt oder bis zum zweiten Grade verschwägert sind, auch wenn die Ehe, durch welche die Schwägerschaft begründet ist, nicht mehr besteht. Steht der Zeitpunkt des Anfalls nicht fest, so tritt an dessen Stelle der Zeitpunkt der Begründung des Bezugsrechts. Der Wert des dem unehelichen Kinde gegen seinen Vater zustehenden Rechtes auf Unterhalt wird nach dem Betrage des einjährigen Bezugs berechnet; ist der Betrag der Bezüge der einzelnen Jahre verschieden, so kommt der höchste Betrag zum Ansatze.

PrStStG. § 6 Abs. 8—12[79]):

(8) Der einjährige Wert von Nutzungen wird, wenn nicht aus der Urkunde ein höherer oder niederer Prozentsatz hervorgeht oder sonst festgestellt werden kann, zu vier vom Hundert des Wertes des Gegenstandes, welcher die Nutzung gewährt, angenommen.

(9) Bei immerwährenden Nutzungen und Leistungen ist das Fünfundzwanzigfache ihres einjährigen Betrags, bei Nutzungen und Leistungen von unbestimmter Dauer, sofern nicht die Vorschriften in den beiden nächstfolgenden Absätzen Anwendung finden oder anderweite die längste Dauer begrenzende Umstände in der Urkunde angegeben sind, das Zwölfeinhalbfache des einjährigen Betrags als Wert anzusehen.

(10) Der Wert von Nutzungen oder Leistungen auf Lebenszeit bestimmt sich nach dem zur Zeit ihres Anfanges erreichten Lebensalter der Person, bei deren Tode die Nutzung oder Leistung erlischt, und wird bei einem Lebensalter derselben

von 15 Jahren oder weniger auf das . .			18fache
über 15 Jahre	bis zu 25 Jahren	auf das	17 „
„ 25 „	„ „ 35 „	„ „	16 „
„ 35 „	„ „ 45 „	„ „	14 „
„ 45 „	„ „ 55 „	„ „	12 „
„ 55 „	„ „ 65 „	„ „	8½ „
„ 65 „	„ „ 75 „	„ „	5 „
„ 75 „	„ „ 80 „	„ „	3 „
„ 80 „	auf das		2 „

des Wertes der einjährigen Nutzung oder Leistung angenommen; jedoch ist der Wert des Rechtes auf Nutzungen oder Leistungen auf Lebenszeit auf höchstens das Fünffache des einjährigen Betrags anzunehmen, wenn das Recht dem jetzigen

79) Vgl. auch Fußnote 91 a.

oder früheren Ehegatten des Verpflichteten oder Personen zusteht, die mit dem Verpflichteten in gerader Linie verwandt, verschwägert oder durch Annahme an Kindes Statt verbunden oder in der Seitenlinie bis zum dritten Grade verwandt oder bis zum zweiten Grade verschwägert sind, auch wenn die Ehe, durch welche die Schwägerschaft begründet ist, nicht mehr besteht.

(11) Ist die Dauer der Nutzungen oder Leistungen von der Lebenszeit mehrerer Personen dergestalt abhängig, daß beim Tode der zuerst versterbenden die Nutzung oder Leistung erlischt, so ist für die nach den Bestimmungen im vorigen Absatze vorzunehmende Wertermittelung das Lebensalter der ältesten Person maßgebend. Wenn die Nutzung oder Leistung bis zum Tode der letztversterbenden Person fortdauert, erfolgt die Berechnung nach dem Lebensalter der jüngsten Person.

(12) Der Gesamtwert der auf bestimmte Zeit eingeschränkten Nutzungen oder Leistungen ist unter Zugrundelegung eines vierprozentigen Zinsfußes nach der beigefügten Hilfstabelle zu ermitteln. Ist jedoch die Dauer der Nutzung oder Leistung noch außerdem durch die Lebensdauer einer oder mehrerer Personen bedingt, so darf der nach den Bestimmungen der beiden vorhergehenden Absätze zu berechnende Wert nicht überschritten werden.

Tabelle

über den gegenwärtigen Kapitalwert einer Rente oder Nutzung im Werte von 1 ℳ auf eine bestimmte Anzahl von Jahren behufs Berechnung der davon zu entrichtenden Stempelsteuer.

Zu § 6 des Gesetzes.

Anzahl der Jahre	Kapitalwert ℳ	Kapitalwert ₰	Anzahl der Jahre	Kapitalwert ℳ	Kapitalwert ₰	Anzahl der Jahre	Kapitalwert ℳ	Kapitalwert ₰	Anzahl der Jahre	Kapitalwert ℳ	Kapitalwert ₰
1	1	0,0	22	15	02,9	43	21	18,6	64	23	88,7
2	1	96,2	23	15	45,1	44	21	37,1	65	23	96,9
3	2	88,6	24	15	85,7	45	21	54,9	66	24	04,7
4	3	77,5	25	16	24,7	46	21	72,0	67	24	12,2
5	4	63,0	26	16	62,2	47	21	88,5	68	24	19,4
6	5	45,1	27	16	98,3	48	22	04,3	69	24	26,4
7	6	24,2	28	17	33,0	49	22	19,5	70	24	33,0
8	7	00,2	29	17	66,3	50	22	34,2	71	24	39,5
9	7	73,3	30	17	98,4	51	22	48,2	72	24	45,6
10	8	43,5	31	18	29,0	52	22	61,8	73	24	51,6
11	9	11,1	32	18	58,9	53	22	74,8	74	24	57,3
12	9	76,0	33	18	87,4	54	22	87,3	75	24	62,8
13	10	38,5	34	19	14,8	55	22	99,3	76	24	68,0
14	10	98,6	35	19	41,1	56	23	10,9	77	24	73,1
15	11	56,3	36	19	66,5	57	23	22,0	78	24	78,0
16	12	11,8	37	19	90,8	58	23	32,7	79	24	82,7
17	12	65,2	38	20	14,3	59	23	43,0	80	24	87,2
18	13	16,6	39	20	36,8	60	23	52,8	81	24	91,5
19	13	65,9	40	20	58,5	61	23	62,4	82	24	95,7
20	14	13,4	41	20	79,3	62	23	71,5	83	24	99,7
21	14	59,0	42	20	99,3	63	23	80,3	84 und mehr	25	00,0

Der Begriff „wiederkehrende Nutzungen oder Leistungen" wird für das PrGKG. und das PrStStG. anders als für § 9 ZPO. ausgelegt. Während hier Rechte auf Nutzungen von ununterbrochener Dauer, wie das Nießbrauchsrecht[80]), Wohnrechte[81]), Jagdrechte[82]) nicht als Rechte auf wiederkehrende Nutzungen angesehen werden, werden für das preußische Recht der Nießbrauch[83]), Altenteil- und Wohnungsrechte[84]) der Bestimmung des § 20 Abs. 5 unterworfen. Ein sachlicher Grund für die verschiedene Auslegung ist bei dem übereinstimmenden Wortlaute der Gesetzesbestimmungen nicht zu erkennen.

Ebenso unsicher sind Rechtsprechung und Auslegung in der Behandlung der Reallasten (vgl. oben Anm. 39), die bald unter Abs. 4[85]), bald unter Abs. 5[86]), bald unter beide gebracht werden[87]). Da zum Begriffe der Reallast im Sinne des BGB. gehört, daß an den Berechtigten wiederkehrende Leistungen zu entrichten sind (§ 1105 BGB.), ist jedenfalls für die nach Inkrafttreten des BGB. bestellten Reallasten ausschließlich Abs. 5 anzuwenden.

Die Erhöhung oder Herabsetzung des Zinsfußes einer Hypothek oder Grundschuld ist nach Abs. 5 zu bewerten[88]), [89]). 41

Ob das Recht auf die wiederkehrenden Nutzungen oder Leistungen ablösbar ist oder nicht, hat auf die Anwendbarkeit des Abs. 5 keinen Einfluß[90]). Nicht erforderlich ist, daß die wiederkehrenden Nutzungen oder Leistungen sich während der ganzen Dauer des Bezugsrechts gleich bleiben, wie Satz 3 letzter Halbs. ergibt[91]).

Der durch das Gesetz vom 12. April 1923 (GS. S. 107) eingestellte Zusatz zu Satz 1 ist durch die neue Fassung des Stempelsteuergesetzes vom 25. Juli 1923 (GS. S. 341) insofern bedeutungslos geworden, als der im alten § 20 Abs. 5 angeführte § 6 Abs. 10[91a]) des Stempelsteuergesetzes jetzt denselben Zusatz erhalten hat. Die Wertberechnung für Renten, die 42

---

[80]) OLG. 13, 72 (Celle); 33, 147 (München).

[81]) SeuffArch. 54, 210 (RG.).

[82]) JW. 1902, 418² (RG.); OLG. 40, 345 (Hamm).

[83]) KGJ. 17, 136; 34 B 18; 39 B 20; 41, 292.

[84]) KGJ. 19, 153; Bbl. 1927, 53 (KG.); Rausnitz Anm. 6 zu § 20 PrGKG.; Sydow-Busch Anm. ff. zu Note 1 bei Art. 13 PrLGebO.; Beushausen 118, Bartscher-Drinnenberg-Wenz Anm. 5 zu § 20 PrGKG.

[85]) KGJ. 36 B 23.

[86]) Sydow-Busch a. a. O.

[87]) Rausnitz Anm. 5 u. 6 zu § 20 PrGKG.; Beushausen S. 118.

[88]) KGJ. 16, 250; 19, 148 und 159. S. auch Fußnote 90.

[89]) Der Dienstvertrag fällt niemals unter Abs. 5. Rausnitz Anm. 6 zu § 20 PrGKG.; DNotV. 26, 80 (KG.). A. M. Berenbrok und Beushausen DNotV. 26, 120 und 122.

[90]) KGJ. 28 B 80. A. M. für Roggenrenten PrJMBl. 1924, 266 (KG.); ZPrJustAmtm. 1926, 97 (KG.).

[91]) So auch für § 9 ZPO., § 10 GKG.: JW. 1896, 583² (RG.). A. M. RGZ. 36, 416; JW. 1900, 484; 1904, 473¹⁵ (RG.); 1903, 92⁷ (LG. Köslin); Recht 1903, 20 (OLG. Darmstadt).

[91a]) Willenbücher 423 Fußnote, der ebenso wie Rausnitz 26 den Abs. 10 in der Fassung von 1909 abdruckt, begründet dies damit, daß

Ehegatten, Verwandte, Verschwägerte und Adoptivverwandte des Verpflichteten in dem durch die beiden Gesetze bezeichneten Grade zu fordern haben, ist jetzt für die Kosten- und Stempelsteuerberechnung gleichmäßig auf höchstens das Fünffache des einjährigen Bezugs bestimmt worden. Ein Unterschied zwischen beiden Gesetzen besteht noch hinsichtlich der Wertberechnung der Unterhaltsrenten unehelicher Kinder, die für die Kosten nach dem Betrage des einjährigen Bezuges erfolgt, während das Stempelsteuergesetz eine besondere Wertberechnung dieser Renten nicht kennt, in § 4h aber Urkunden, welche die Erfüllung einer gesetzlichen Unterhaltspflicht zum Gegenstande haben, von der Stempelsteuer befreit.

43 Der nach § 6 Abs. 8 des PrStStG. der Wertberechnung von Nutzungen regelmäßig zugrunde zu legende Wert des die Nutzung gewährenden Gegenstandes ist nach den auch insofern übereinstimmenden Vorschriften des § 20 Abs. 1 PrGKG. und § 6 Abs. 1 PrStStG. der gemeine Wert, und zwar nach § 19 Abs. 1 PrGKG. zur Zeit der Fälligkeit der Gebühr[91b]), die nicht mit dem nach § 6 Abs. 1 PrStStG. maßgebenden Zeitpunkt der Beurkundung zusammenfallen muß, schon weil für die Kosten, die auf Grund des Art. 13 PrLGebO. entstehen, die Beurkundung nicht Voraussetzung ist. Wegen des Zeitpunktes der Fälligkeit vgl. oben Anm. 10.

44 Immerwährende Nutzungen sind solche, die nach dem Inhalt des Geschäfts zeitlich nicht beschränkt sind. Sie verlieren diese Eigenschaft auch nicht dadurch, daß die Jahresbezüge Schwankungen unterworfen sind; der zugrunde zu legende Jahresbetrag ist alsdann nach dem Durchschnitte der bekannten Jahresbeträge, gegebenen Falles nach freiem Ermessen, vgl. oben Anm. 7, zu schätzen.

45 Nutzungen von unbestimmter Dauer sind solche, bei denen der künftige Wegfall gewiß, die Zeit des Wegfalls aber ungewiß ist (§ 9 ZPO.). Diese werden auch dann mit dem Zwölfeinhalbfachen des Jahresbetrages bewertet, wenn die Zeit des Wegfalls zwar ungewiß ist, aber doch insoweit feststeht, daß sie später als nach 12½ Jahren eintritt[92]). Sind dagegen aus dem Inhalt des Geschäfts Umstände zu entnehmen, die die an sich unbestimmte Dauer der Nutzung auf einen geringeren Höchstzeitraum als 12½ Jahre begrenzen, so ist dieser maßgebend.

46 Eingeschränkt wird die Regel des § 6 Abs. 9 PrStStG. durch Abs. 10 und 11 für Nutzungen und Leistungen, die auf die Lebenszeit

---

„§ 35 Abs. 2 des PrStStG. vom 27. Oktober 1924 (GS. 627) die Verweisung auf die alte Fassung aufrecht erhält". Der gedachte § 35 Abs. 2 besagt: „Die in dem Preußischen Gerichtskostengesetz über das Stempelwesen getroffenen Bestimmungen bleiben unberührt". Allein durch die Verweisung in § 20 Abs. 5 PrGKG. sind die in Bezug genommenen Vorschriften des PrStStG. hier zu Bestandteilen des PrGKG. geworden (vgl. KGJ. 30 B 20) und stellen in § 20 Abs. 5 PrGKG. nicht mehr Bestimmungen „über das Stempelwesen" vor, sondern Vorschriften über die Berechnung des Wertes des Gegenstandes gerichtlicher Tätigkeit.

[91b]) Dieser Zeitpunkt ist bei bereits bestehenden Bezugsrechten maßgebend für die Zugrundelegung des Lebensalters des Bezugsberechtigten, um dessen wahrscheinliche Lebensdauer nach Maßgabe des § 6 Abs. 10 PrStStG. festzustellen. Bbl. 1927, 53 (KG.).

[92]) Für die Vermögenssteuer a. M. RFH. 2, 151.

einer oder mehrerer Personen beschränkt sind[93]). S. auch Fußnote 91 b.

Wenn das Geschäft sich auf Nutzungen bezieht, die schon früher begonnen haben, so sind die bereits fällig gewesenen Nutzungen dem nach § 6 Abs. 8—12 zu berechnenden Werte hinzuzurechnen[94]). Satz 2 des § 20 Abs. 5 PrGKG. betrifft nur den Fall, daß der Zeitpunkt des Anfalls nicht feststeht.

Abs. 12 des § 6 PrStSt. ergänzt die vorangehenden Bestimmungen 47
für zeitlich bestimmt beschränkte Leistungen dahin, daß ihr Gesamtwert unter Zugrundelegung eines 4 prozentigen Zinsfußes nach der beigegebenen Hilfstabelle zu ermitteln ist, unbeschadet der Berechnung auf einen geringeren Betrag, wenn die Dauer der Nutzung oder Leistung noch außerdem durch die Lebenszeit einer oder mehrerer Personen bedingt ist (Abs. 10 und 11). Diese Bestimmung hat das RG.[95]) auch auf den Fall angewandt, daß aus dem bekannten Gesamtwerte der Nutzungen oder Leistungen der unbekannte Jahreswert herzuleiten ist. Sie schränkt also das freie Ermessen auch bei Ermittelung des nach Abs. 8—11 zugrunde zu legenden einjährigen Bezuges ein.

ζ) Miet- und Pachtrecht. 48

PrGKG. § 20 Abs. 6:

Der Wert eines Miet- oder Pachtrechts bestimmt sich nach dem zusammenzurechnenden Werte aller Leistungen des Mieters oder Pächters während der ganzen Vertragszeit. Bei länger als 25 Jahre dauernden Miet- oder Pachtverhältnissen ist der fünfundzwanzigfache Betrag der einjährigen Leistung maßgebend. Bei unbestimmter Dauer des Vertrags erfolgt die Berechnung bei ländlichen Grundstücken unter Zugrundelegung dreier Jahre, in allen anderen Fällen unter Zugrundelegung eines Jahres; kann jedoch bei Verträgen, deren Dauer von einer Kündigung abhängt, die Auflösung des Vertragsverhältnisses erst zu einem späteren Zeitpunkte geschehen, so ist dieser Zeitpunkt maßgebend.

Die Bestimmung gilt für Miet- oder Pachtrechte jeder Art, aber nur für solche, nicht z. B. für Dienstverträge[96]). Als Begründung eines Pachtrechtes ist auch anzusehen: die Überlassung eines Grundstücks zur Einrichtung einer Tongrube und zur Entnahme von Ton daraus, zur Ausbeutung von Quarzitsteinen, zur Kiesausbeutung[96a]), zur Gewinnung von Kalisalzen[97]). Keine Anwendung findet die Bestimmung auf die Abtretung von Mietzinsansprüchen, vielmehr gilt hier Abs. 5 mit § 6 Abs. 9 PrStSt.[97a]), ebensowenig auf eine Verhandlung über die Rückgewähr der Pachtgegenstände, hier ist § 20 Abs. 2 PrGKG. maßgebend.

Ländliche Grundstücke sind nicht alle außerhalb eines Stadtbezirkes 49
belegenen Grundstücke, sondern alle einen landwirtschaftlichen, gärtnerischen oder forstwirtschaftlichen Ertrag abwerfenden Grundstücke ohne Rücksicht auf

---

[93]) Vgl. auch RGZ. 24, 373.
[94]) RGZ. 19, 416.
[95]) RGZ. 79, 426.
[96]) A. M. Rausnitz Anm. 7 zu § 20 PrGKG.
[96a]) ZDJSekr. 1912, 181 (OLG. München).
[97]) KGJ. 27 B 6.
[97a]) RheinNotZ. 1911, 187 (KG.); DNotV. 12, 354 (KG.).

ihre Lage. Sie pflegen für einen längeren Zeitraum verpachtet zu werden als andere Gegenstände.

50 Ist der Jahresbetrag der Leistungen verschieden, so ist der der Berechnung zugrunde zu legende Betrag nach § 18 Abs. 2 PrGKG. nach freiem Ermessen zu bestimmen und mit der nach § 20 Abs. 6 PrGKG. in Betracht kommenden Zahl zu vervielfältigen.

51 Von unbestimmter Dauer sind alle Verträge, deren Dauer von einer Kündigung abhängig ist, auch wenn die Kündigung erst nach Ablauf einer bestimmten Zeit zulässig ist. Zweifelhaft kann danach die Bewertung eines Miet- und Pachtrechtes sein, das auf weniger als drei Jahre oder ein Jahr fest abgeschlossen und nach Ablauf dieser Zeit mit einer Frist kündbar ist, die den Ablauf noch vor Beendigung von drei Jahren oder einem Jahre ermöglicht. Der Wortlaut („zu einem späteren Zeitpunkte") spricht dafür, daß dann die Jahresleistung mit 3 oder 1 zu vervielfältigen ist. Dem Sinne des ganzen Absatzes wird es entsprechen, in solchen Fällen nur die Summe der Leistungen als Wert anzunehmen, die bei Kündigung des Vertrages auf dem frühesten zulässigen Zeitpunkt zu bewirken sind. Dafür spricht die Vorschrift des ersten Satzes.

52 Die Ermächtigung des Justizministers nach § 21 PrGKG., bei vorzeitiger Auflösung eines auf länger als drei Jahre abgeschlossenen Pachtvertrages die Rückzahlung der Gebühren insoweit anzuordnen, als sie über die der wirklichen Vertragsdauer entsprechenden Gebühren hinaus gezahlt worden sind, kommt auf die Gebühren der Rechtsanwälte nicht zur Anwendung.

53 η) Fideikommiß- oder Lehnsfolgerecht.

PrGKG. § 20 Abs. 7:

Der Wert der einem Fideikommiß- oder Lehnsfolger anfallenden Rechte ist nach den Bestimmungen im Abs. 5 Satz 1 und 2 zu berechnen.

Danach ist zunächst der Wert des Fideikommiß- oder Lehngutes festzustellen, und 4% dieses Wertes sind mit der dem Lebensalter des Berechtigten entsprechenden, aus § 6 Abs. 10 PrStStG. zu entnehmenden Zahl zu vervielfältigen. Steht ein anderweiter Jahresertrag des Gutes fest, so ist dieser der Berechnung zugrunde zu legen. Die für die Wertberechnung der Fideikommißeigenschaft bei deren Eintragung in das Grundbuch[98]) und bei der Eintragung des Fideikommißnachfolgers als Eigentümer im Grundbuch[99]) maßgebenden Bestimmungen kommen hier nicht in Betracht, auf diese Fälle bezieht sich § 20 Abs. 7 nicht[100]).

54 ϑ) Kurs habende Wertpapiere.

PrGKG. § 20 Abs. 8:

Bei Kurs habenden Wertpapieren ist der Tageskurs als Wert anzusehen. Die Umrechnung der in anderer als Reichswährung angegebenen Summen erfolgt nach den für die Erhebung des Wechselstempels festgesetzten Mittelwerten und, insoweit solche nicht bestimmt worden sind, nach dem laufenden Kurse.

---

[98]) Vgl. KGJ. 46, 279.

[99]) Vgl. PrJMBl. 1916, 303 (KG.); KGJ. 49, 289.

[100]) A. M. Beushausen 127.

Kurs habende Wertpapiere sind alle, die an irgend einer Börse des In- oder Auslandes unter amtlicher Feststellung des amtlichen Börsenkurses gehandelt werden. Anders § 141 RAbgO., wo nur Wertpapiere, die in Deutschland einen Kurs haben, herausgehoben sind. Tageskurs ist der für den Stichtag festgesetzte Kurs für Kassageschäfte; ob es sich um Brief-, Geld- oder Bezahlt-Kurs handelt, ist einerlei. Ist am Stichtage kein Kurs festgesetzt worden, so ist der letzte vor dem Stichtage festgesetzte Kurs maßgebend, es sei denn, daß dieser solange zurückliegt, daß man von „Kurs haben" des Papieres nicht sprechen kann.

Wird das Wertpapier an verschiedenen Börsen gehandelt und sind die maßgebenden Kurse verschieden, so wird der Kurs der Börse entscheidend sein, der dem Wohnorte des Auftraggebers am nächsten gelegen ist, da für die Ermittelung des Gegenstandswertes des Geschäftes die Verhältnisse des Auftraggebers in erster Linie von Bedeutung sind.

Ist ein Kurs nicht zu ermitteln, so ist der Wert nach § 18 Abs. 2 PrGKG. festzusetzen, äußersten Falles kommt § 22 Abs. 2 PrGKG. zur Anwendung[101]).

Kommt der Kurs an einer ausländischen Börse in Frage, so ist dieser nach dem deutschen Kurse der betreffenden ausländischen Währung umzurechnen[102]).

Satz 2 bezieht sich nicht nur auf Kurs habende Wertpapiere, sondern 55
auf alle in ausländischer Währung ausgedrückten, den Wert des Gegenstandes betreffenden Summen, insbesondere also auf den Fall, daß ein Preis in ausländischer Währung vereinbart wird, oder fremde Geldwerte, auf ausländische Währung lautende Papiere oder Forderungen Gegenstand des Geschäftes sind.

Die Festsetzung von Mittelwerten[102a]) für die Erhebung des Wechselstempels hat seit der VO. des RFM. vom 30. September 1923 (PrJMBl. 1923, 660) nicht mehr stattgefunden. Diese VO. regelt vielmehr die Berechnung des Wechselstempels dahin, daß der Mittelkurs zwischen dem an der Berliner Börse amtlich festgestellten Brief- und Geldkurs des dem Tage der Fälligkeit der Steuer vorangehenden Börsentages maßgebend ist, falls aber an diesem Tage keine Notierung stattgefunden hat, die unmittelbar vorangehende Notierung.

ι) Berechnung nach dem Betrage einer Vermögens- oder Nachlaßmasse. 56

PrGKG. § 20 Abs. 9:

Soweit für die Berechnung einer Gebühr der Betrag der Vermögens- oder Nachlaßmasse maßgebend ist, bleiben Hausrat und andere bewegliche körperliche Gegenstände außer Betracht, soweit sie nicht nach den Vorschriften des Vermögensteuergesetzes vom 8. April 1922 (Reichsgesetzbl. I S. 335) der Vermögenssteuer unterliegen.

---

101) KGJ. 53, 287.
102) KGJ. 53, 286.
102a) S. auch Fußnote 30.

Die Voraussetzung für die Anwendbarkeit der Bestimmung liegt vor bei dem Entwurfe von Eheverträgen, Verfügungen von Todes wegen und eidesstattlichen Versicherungen zur Erwirkung eines Erbscheins (nicht eines Testamentsvollstreckerzeugnisses) und bei der Vermittelung einer Auseinandersetzung.

Der Wortlaut des Gesetzes ist veraltet: das Vermögensteuergesetz vom 8. April 1922 gilt nicht mehr. An seine Stelle ist das Gesetz über Vermögen- und Erbschaftsteuer vom 10. August 1925 (RGBl. I 233) getreten, das für den Begriff des Vermögens auf das Reichsbewertungsgesetz vom 10. August 1925 (RGBl. I 214) verweist. Trotzdem es an einer gesetzlichen Bestimmung fehlt, nach der die erwähnten Gesetze an die Stelle des Vermögensteuergesetzes vom 8. April 1922 treten, soweit dieses in anderen Gesetzen in bezug genommen worden ist, wird man jetzt die geltenden Reichsgesetze im Rahmen des § 20 Abs. 9 PrGKG. anzuwenden haben[103]).

57 Nach § 10 Ziff. 5 des Vermögenssteuergesetzes vom 8. April 1922 gehörten nicht zum steuerbaren Vermögen Hausrat und andere bewegliche körperliche Gegenstände, sofern sie nicht zum Betriebsvermögen gehören oder Zubehör eines Grundstücks oder im § 9 besonders aufgezählt waren. Nach § 39 Ziff. 5 des Reichsbewertungsgesetzes gehören zum sonstigen Vermögen nicht Hausrat und andere bewegliche körperliche Gegenstände, sofern sie nicht im § 38 besonders aufgezählt sind. Dies gilt insbesondere auch für die nach § 26 Abs. 1 nicht zum Betriebsvermögen gehörigen Gegenstände. Da Zubehör eines Grundstücks nach dem Reichsbewertungsgesetze stets zum Grundvermögen gehört und zum Betriebsvermögen gehörige bewegliche körperliche Gegenstände als Betriebsvermögen steuerpflichtig sind, besteht der sachliche Unterschied des geltenden Rechtszustandes und desjenigen nach dem Vermögensteuergesetz vom 8. April 1922 in der Verschiedenheit der Aufzählung in § 9 dieses Gesetzes und § 39 des Reichsbewertungsgesetzes, vgl. insbesondere einerseits § 9 Ziff. 1, 3, § 8 und andererseits § 39 Ziff. 1, 3, 7, 8, 9 und 10.

58 Zweifelhaft kann sein, ob für die Gebührenberechnung die rechtskräftige Veranlagung zur Vermögen- oder Erbschaftsteuer maßgebend ist, oder ob im Streitfalle eine Nachprüfung dieser Veranlagung stattzufinden hat. Unmittelbare Anwendung findet das Reichsbewertungsgesetz nur auf die Vermögensteuer des Reiches und die nach dem Merkmal des Wertes einzelner Vermögensarten zu erhebenden Steuern der Länder, Gemeinden, Gemeindeverbände und selbständigen Gutsbezirke, nicht also auf die Gerichtskosten oder gar die Gebühren der Rechtsanwälte. Dem von Rausnitz[104]) hervorgehobenen Zwecke der Bestimmung des § 20 Abs. 9 PrGKG., die Kosten- und Gebührenberechnungen zu vereinfachen und zu erleichtern, würde es allerdings entgegenstehen, für Gebührenzwecke eine besondere Ermittelung der Vermögenswerte vorzunehmen.

---

[103]) So auch Beushausen 130 für die 2. SteuerNotVO.

[104]) Anm. 10 zu § 20 PrGKG.

κ) Nichtvermögensrechtliche Angelegenheiten. 59

PrGKG. § 22:

(1) Bei nichtvermögensrechtlichen Angelegenheiten wird der Wert des Gegenstandes zu 3000 Reichsmark*), ausnahmsweise höher oder niedriger, jedoch nicht über 100000 Reichsmark*) und nicht unter 200 Reichsmark*), angenommen.

(2) In Ermangelung genügender Anhaltspunkte für eine anderweite Wertschätzung sind die Vorschriften des Abs. 1 auch in anderen Fällen entsprechend anzuwenden.

(3) Ist mit einer nichtvermögensrechtlichen Angelegenheit eine mit ihr zusammenhängende vermögensrechtliche verbunden, so ist nur ein Wert, und zwar der höhere, maßgebend.

Nichtvermögensrechtliche Angelegenheiten sind im wesent- 60
lichen Angelegenheiten des Personen-, des Familien- und des öffentlichen Rechtes.

Als nichtvermögensrechtliche Angelegenheiten sind solche Angelegenheiten anzusehen, bei denen es sich nicht um Rechte oder Rechtsverhältnisse handelt, die auf Zahlung von Geld oder Geldeswert gerichtet oder in solche umzusetzen sind[105]). Die Unterscheidung der vermögensrechtlichen und der nichtvermögensrechtlichen Angelegenheiten hat im PrGKG. deshalb geringere Bedeutung, weil das PrGKG. im § 38 Abs. 2, 4, 5 die Bestimmung des § 20 Abs. 1 auch auf Angelegenheiten anwenden läßt, die zweifellos begrifflich zu den vermögensrechtlichen gehören, und überdies in § 20 Abs. 2 in Ermangelung genügender tatsächlicher Anhaltspunkte für die Wertschätzung in anderen Fällen, also wiederum auch bei vermögensrechtlichen Angelegenheiten, zur Anwendung bringt.

Als nichtvermögensrechtliche Angelegenheiten kommen 61
in Betracht:

Das Namensrecht[106]), einschließlich der Namensänderung, das Recht auf Zugehörigkeit zu einem nicht auf einen wirtschaftlichen Geschäftsbetrieb gerichteten Verein[107]), die Bestellung oder Abberufung als gesetzlicher Vertreter eines Vereins oder einer anderen Körperschaft[108]), der Verlöbnisvertrag, Verträge unter Eheleuten über das Getrenntleben oder die Kindererziehung, der Vertrag über Annahme an Kindes Statt, die Anerkennung der Vaterschaft eines unehelichen Kindes[109]) (nicht der Verpflichtung zur Unterhaltszahlung), die Benennung eines Vormundes durch den dazu Berechtigten, die Benennung eines Testamentsvollstreckers durch den Berechtigten[110]), die Annahme des Amtes als Testamentsvollstrecker[111]), die Abgabe der eides-

---

*) s. Einleitung § 1 Anm. 7a.

105) Vgl. für das Prozeßrecht Walter-Joachim-Friedlaender § 10 Anm. 5, 6.

106) JW. 1899, 574[8] (RG.).

107) RGZ. 88, 332. Vgl. Bbl. 1927, 54 (LG. Neuwied).

108) KGJ. 42, 292; ZPrJustAmtm. 1921, 68 (KG.).

109) DNotV. 14, 636 (KG.).

110) DNotV. 14, 640 (KG.).

111) KGJ. 33 B 12.

stattlichen Versicherung zur Erlangung des Testamentvollstreckerzeugnisses[112]) (nicht des Erbscheines).

62 Der Wert von 3000 Reichsmark bildet die Regel, die abweichende Bewertung sowohl nach oben als auch nach unten findet nur ausnahmsweise statt, bedarf also besonderer Begründung[113]). Das Gesetz bietet dafür, daß bei der Bewertung nach § 20 Abs. 1 im Gegensatz zu der zu § 18 mitgeteilten Rechtsprechung (s. oben Anm. 4) das Interesse der Beteiligten, nicht nur der Inhalt des Geschäfts zu berücksichtigen ist, keinen Anhalt[114]).

63 Abs. 2 greift nicht nur dann ein, wenn es für die Wertschätzung des ganzen Geschäftes an genügenden tatsächlichen Anhaltspunkten mangelt, sondern auch, wenn solche zur Ermittelung einzelner Berechnungsfaktoren (z. B. in den Fällen des § 20 Abs. 1, 4, 5, 6, 7, 9) fehlen. Andere hierher gehörige Fälle sind Spezialvollmachten, wenn es an tatsächlichen Anhaltspunkten für die Bewertung des von dem Bevollmächtigten abzuschließenden Rechtsgeschäftes fehlt (im übrigen vgl. hierzu unten Anm. 104), Verträge über sogen. Immaterialgüterrechte, Anmeldungen über Eintragung oder Löschung von Einzelfirmen und offenen Handelsgesellschaften, über Prokuren, Bestellung eines Liquidators[115]), Abänderung bestehender Verträge, ohne daß ein bestimmter Geldwert erhellt[116]), Antrag auf Zuschreibung eines Grundstücks zu einem anderen oder Abschreibung eines Teils von einem Grundbuchblatte[117]), Verzicht auf das Eigentum an einem Grundstück[118]), Einsicht des Grundbuchs[118a]), Antrag auf Erteilung eines Grundbuchauszuges, Antrag auf Eintragung der Verlegung des Heimatsortes eines Schiffes[119]), Unterwerfung unter die sofortige Zwangsvollstreckung ohne Beurkundung der persönlichen Schuld[120]), Antrag auf Berichtigung eines offenbaren Schreibfehlers[121]), Antrag auf Ersetzung der Zustimmung des Ehemannes durch das Vormundschaftsgericht[121a]), Verlängerung der Frist zur Annahme eines Vertragsangebotes[122]), Antrag auf Eröffnung eines Testaments[122a]).

64 Verbindung einer nichtvermögensrechtlichen Angelegenheit mit einer vermögensrechtlichen liegt vor bei Anerkennung der Vaterschaft eines unehelichen Kindes unter gleichzeitiger Vereinbarung über die Höhe der Unterhaltsgelder[123]), bei Annahme an Kin-

---

[112]) KGJ. 45, 369; PrJMBl. 1914, 532 (KG.); DNotV. 1914, 641 (KG.); JW. 1916, 920[2] (KG.).

[113]) Vgl. KGJ. 52, 282; ZPrJustAmtm. 1921, 85 (KG.).

[114]) A. M. KG. Bbl. 1922, 185 und 1925, 8.

[115]) KGJ. 42, 295.

[116]) KGJ. 38 B 15.

[117]) KGJ. 39 B 24.

[118]) KGJ. 53, 303.

[118a]) ZDJSekr. PrBeil. 1916, 5 (KG.).

[119]) KGJ. 51, 373.

[120]) KGJ. 41, 285.

[121]) OLG. 19, 274 F. 1 (KG.)

[121a]) ZPrJustAmtm. 1921, 132 (KG.).

[122]) KGJ. 38 B 15.

[122a]) ZPrJustAmtm. 1926, 141 (KG.).

[123]) OLG. 4, 395 (KG.); D NotV. 1914, 636 (KG.).

desstatt unter gleichzeitiger Vereinbarung vom Gesetze abweichender vermögensrechtlicher Folgen, bei Vereinbarung des Getrenntlebens der Eheleute mit Feststellung der Unterhaltsansprüche der Frau. Die Beurkundung eines Eheversprechens, verbunden mit einem Mitgiftversprechen der Brauteltern, wird als rein vermögensrechtliche Angelegenheit anzusehen sein, da das Eheversprechen nur die vermögensrechtlichen Wirkungen der §§ 1298—1302 BGB. zur Folge hat[124]).

Keine Anwendung findet Abs. 3, wenn bei einem Geschäfte verschiedene vermögensrechtliche Angelegenheiten in Betracht kommen, die teils nach §§ 18—20, teils nach § 22 Abs. 2 zu bewerten sind. In diesem Falle findet Zusammenrechnung der für jeden Teil des Geschäfts besonders zu ermittelnden Werte statt (§ 39 Abs. 2 PrGKG[125]). 65

λ) Bewertungsvorschriften für besondere Fälle. 66

Neben den vorstehend erläuterten, im ersten Abschnitte des PrGKG. „Allgemeine Bestimmungen" enthaltenen Bewertungsvorschriften sind für die Gebühren der Rechtsanwälte im Rahmen des Art. 13 auch die im 2. Abschnitte „Gerichtliche Urkunden" und im 5. Abschnitte, „Nachlaß- und Auseinandersetzungssachen" enthaltenen besonderen Bewertungsvorschriften für diese besonderen Fälle maßgebend. Sie werden im Zusammenhange dieser Fälle erläutert werden.

B. Höhe der Gebühren.

NotGebO. § 3:

(1) Der Mindestbetrag einer Gebühr beträgt zwei Reichsmark*), soweit nicht in dieser Gebührenordnung ein anderes bestimmt ist. 67

(2) Pfennigbeträge, welche ohne Bruch nicht durch zehn teilbar sind, sind auf volle zehn Reichspfennige*) aufzurunden.

NotGebO. § 4:

Volle Gebühr im Sinne dieser Gebührenordnung ist die im § 32 des Preußischen Gerichtskostengesetzes bestimmte Gebühr.

Diese Vorschriften gelten, abgesehen von den Hebegebühren, für den Umfang des Art. 13. Sie stimmen inhaltlich überein mit Art. 3, der an sich für Art. 13 nicht gilt, auf dessen Erläuterungen aber verwiesen werden kann. Für die Hebegebühren bestimmt § 14 NotGebO. in Abs. 1 den Tarif, während Abs. 5 die Mindestgebühr des § 3 außer Kraft setzt.

2. Entwurf eines Rechtsgeschäftes.

Die Ausdrucksweise des Gesetzes ist ungenau. Nicht das Rechtsgeschäft wird entworfen, sondern die den Inhalt des Rechtsgeschäfts wiedergebende Urkunde, vgl. § 9 NotGebO. Die Vorschrift bezieht sich also auf den Entwurf zu allen Urkunden, deren Inhalt ein Rechtsgeschäft betrifft, gleichgültig, ob es sich um ein formbedürftiges oder formfreies Rechtsgeschäft handelt. Wird dagegen kein Entwurf zu einer Urkunde gefertigt, sondern der Inhalt mündlich erörtert, wenn auch mit allen Einzelheiten, 68

---

[124]) A. M. einerseits Beushausen 134 (für Anwendbarkeit des Abs. 3), andererseits Rausnitz Anm. 3 zu § 22 PrGKG. (für Anwendbarkeit des § 39 PrGKG.).

[125]) KGJ. 17, 215 und 219; 19, 156; OLG. 9, 213 (KG.).

*) s. Einleitung § 1 Anm. 7a.

so findet nicht Art. 13, sondern Art. 11 Anwendung[126]). Allerdings kann die Grenze flüssig sein. Diktiert der RA. dem Ratsuchenden den Entwurf in die Feder, so findet Art. 13 Anwendung, da es keinen Unterschied machen kann, ob der RA. sich bei der Niederschrift eines Angestellten oder des Ratsuchenden selbst als Hilfsperson bedient. Macht sich dagegen der Ratsuchende schriftliche Aufzeichnungen über den Inhalt der vom RA. gegebenen Ratschläge, mögen sie auch so präzis formuliert sein, daß sich der Ratsuchende ohne Mühe die Urkunde selbst entwerfen kann, so wird Art. 11 anwendbar sein.

69 Die grundlegende Bestimmung über die dem Notar zustehenden Gebühren für den Entwurf einer Urkunde enthält NotGebO. § 9 Satz 1:

Die für die Beurkundung bestimmte Gebühr wird auch dann erhoben, wenn der Notar auf Erfordern nur den Entwurf einer Urkunde fertigt.

Die für die Beurkundung bestimmte Gebühr ist nach § 5 NotGebO. die im PrGKG. für die Tätigkeit des Richters festgesetzte Gebühr. Diese Bestimmung bezieht sich dem Wortlaut nach nur auf die Geschäfte, für die die Notare zuständig sind und über die der zweite Abschnitt des ersten Teiles der PrGKG. Bestimmung trifft. Tatsächlich gibt es aber keine Rechtsgeschäfte, für deren Beurkundung der Notar nicht zuständig ist, für die aber der Entwurf einer Urkunde durch einen Rechtsanwalt in Frage kommen könnte[127]), ebensowenig der Beurkundung zugängliche Geschäfte, für die der Notar zuständig ist, ohne daß der zweite Abschnitt des ersten Teiles des PrGKG. Bestimmung darüber träfe. Die Gebühr für den von einem RA. gefertigten Entwurf zu einer Urkunde über ein Rechtsgeschäft wird also immer aus dem zweiten Abschnitt des ersten Teiles des PrGKG. zu entnehmen sein.

70 Das von einem Rechtsanwalt entworfene Rechtsgeschäft kann sein:

A) eine einseitige rechtsgeschäftliche Erklärung,

B) ein Vertrag und zwar

1. ein einseitiger,
2. ein zweiseitiger.

71 a) Einseitige Erklärungen und einseitige Verträge.

In den Fällen A und B 1 gilt dieselbe Gebührenvorschrift des PrGKG. § 33:

Die volle Gebühr wird erhoben für die Beurkundung einseitiger Erklärungen oder einseitiger Verträge, namentlich solcher, durch welche nur von seiten einer Partei Verbindlichkeiten übernommen oder bestehende Rechte anerkannt, abgetreten oder aufgegeben werden, ohne Unterschied, ob die Erklärungen nur von einzelnen Personen oder von mehreren Personen als Teilnehmer abgegeben werden und ob die der anderen Partei gemachten Zugeständnisse in derselben Verhandlung angenommen sind oder nicht.

---

[126]) DNotZ. 1926, 526 (OLG. Naumburg).

[127]) Abgesehen von Familienschlüssen im Zwangsauflösungsverfahren vgl. Willenbücher Anm. 4 zu § 22 der GebO. für Auflösung von Familiengütern.

Einseitige Erklärungen sind: Anfechtung, Mahnung, Quittung, Kündigung, Vollmachtserteilung, Aufrechnungserklärung, Anerkennung der Vaterschaft, Schenkungsversprechen, Annahme[128]) oder Ausschlagung einer Erbschaft[129]), Annahme oder Ablehnung des Amts als Testamentsvollstrecker, Anmeldungen zum Handelsregister oder zu anderen Registern[130]), Verzichtserklärung des Grundstückseigentümers (§ 928 BGB.)[131]), Ausübung des Vorkaufsrechts[132]), die in § 6 des Gesetzes über den Verkehr mit Grundstücken vom 10. Februar 1923 (GS. 25), außer Kraft gesetzt mit Wirkung vom 4. August 1925 durch Gesetz vom 20. Juli 1925 (GS. 93), vorgeschriebene Versicherung der Kaufvertragsteile[133]), der Zeichnungsschein bei Aktiengesellschaften. Eine einseitige Erklärung ist auch jedes Vertragsangebot und jede Erklärung der Annahme eines solchen. Wegen ihrer kostenrechtlichen Behandlung s. unten Anm. 75.

Einseitige Verträge sind z. B. Abtretung von Rechten, wenn die Gegenleistung nicht in dem Entwurfe erwähnt ist[134]) (wegen Abtretung von Geschäftsanteilen einer GmbH. s. unten Anm. 73), Anweisung, Bürgschaftsübernahme, Schenkungsvertrag, Schuldversprechen, Schuldanerkenntnis, Aufhebung der Hypothek (§ 1183 BGB.), Pfandentlassung, unentgeltlicher Erbverzicht, Übernahme von Aktien oder Anteilen einer GmbH. bei der Gründung der Gesellschaft.

Wird die Verpflichtung des anderen Vertragsteiles zu einer Gegenleistung in dem Entwurfe miterklärt, so wird der Vertrag zu einem zweiseitigen[135]) (s. unten Anm. 73), nicht dagegen dadurch, daß in dem Entwurfe die bloße Annahmeerklärung des anderen Vertragsteiles mit aufgenommen worden ist. Dasselbe gilt, wenn der andere Vertragsteil in dem Entwurfe die Kosten der Erklärung übernimmt[136]). 72

Für eine Reihe von Rechtsgeschäften sieht § 37 PrGKG. einen geringeren Gebührensatz vor, für die Annahme eines Vertragsantrages § 35 PrGKG. nur 5/10.

b) Zweiseitige Verträge. 73

PrGKG. § 34:

(1) Das Zweifache der vollen Gebühr wird erhoben für die Beurkundung zweiseitiger Verträge.

(2) Eheverträge und Abtretungen von Geschäftsanteilen einer Gesellschaft mit beschränkter Haftung gelten stets als zweiseitige Verträge.

Der Begriff des zweiseitigen Vertrages ist ein dem preußischen Kostenrechte eigentümlicher und nicht etwa dem Begriffe des gegensei-

128) OLG. 11, 346 (KG.).
129) KGJ. 38 B 17.
130) OLG. 10, 264 (KG.); KGJ. 29 B 18, 37 B 16; Bbl. 1908, 143 (KG.).
131) KGJ. 53, 303.
132) OLG. 10, 263 (KG.).
133) A. M. DNotV. 25, 218 (KG.), wenn die Versicherung im Vertrage enthalten ist (gebührenfreies Nebengeschäft).
134) KGJ. 17, 204; 50, 259.
135) Rausnitz Anm. 1 zu § 33 PrGKG.; Beushausen 145; Sydow-Busch 410 Anm. cc zu § 35 PrGKG.
136) KGJ. 50, 258.

tigen Vertrages (§ 325 ff. BGB.) gleichzusetzen. Für die Beurteilung eines Vertrages als zweiseitigen kommt es darauf an, ob in der Urkunde Leistungsverpflichtungen beider Parteien beurkundet worden sind[137]).

Danach sind regelmäßig zweiseitige Verträge:

Die Annahme an Kindesstatt, die Abtretung der Rechte bei gleichzeitiger Übernahme der Verpflichtungen aus dem Meistgebot[138]), die Sicherungsübereignung an Sachen und Forderungen[139]), die Vereinbarung über das Stehenbleiben einer Hypothek, die durch Einleitung der Zwangsversteigerung fällig geworden ist[140]), der Schenkungsvertrag mit Auflage an den Beschenkten, der Vergleich[141]), Gesellschaftsverträge aller Art, Kauf-, Tausch-, Miet-, Pacht-, Werk- und Dienstverträge, Verzichtverträge, wenn die Gegenleistung für den Verzicht im Entwurfe enthalten ist, der Erbauseinandersetzungsvertrag[142]), der Kreditvertrag[143]).

74 Die Bestimmung des Abs. 2 stammt aus der Neufassung des PrGKG. vom 28. Oktober 1922 und stellt die Frage der kostenrechtlichen Behandlung von Eheverträgen und Abtretung von Anteilen an einer Gesellschaft mit beschränkter Haftung außer Streit. Es kommt also bei Eheverträgen nicht darauf an, ob der Entwurf ergibt, daß beide Ehegatten Vermögen einbringen und ob bei der Abtretung eines Anteils an einer Gesellschaft mit beschränkter Haftung die Gegenleistung des Erwerbers angegeben wird. Ist in dem Entwurfe nur die Abtretungserklärung, nicht auch die Annahmeerklärung enthalten, so fehlt es an der nach § 15 Abs. 3 des Gesetzes über die Gesellschaften mit beschränkter Haftung erforderlichen beiderseitigen Erklärung. Der Entwurf kann dann, wenn der Auftrag dahin ging, als Entwurf zu einem Antrage auf Schließung des Vertrages angesehen werden, sodaß die Kostenbestimmung des § 35 PrGKG. anzuwenden ist. (s. unten Anm. 75 ff.).

Wegen Ausnahmen von der hier getroffenen Gebührenregelung in besonderen Fällen s. § 37 PrGKG. (unten Anm. 85 ff.).

Über die besonderen Wertberechnungsvorschriften bei einseitigen und zweiseitigen Verträgen s. unten zu § 38 PrGKG. (Anm. 93 ff.).

75 c) Vertragsangebote.

PrGKG. § 35:

(1) Wird zum Zwecke der Schließung eines zweiseitigen Vertrags zunächst der Vertrag beurkundet, so werden hierfür fünfzehn Zehnteile der vollen Gebühr erhoben.

(2) Auf die Beurkundung der Annahme eines Vertragsantrags findet die Vorschrift des § 37 Nr. 1 bei einseitigen und bei zweiseitigen Verträgen Anwendung.

---

[137]) KGJ. 26 B 25; 36 B 17; 50, 259; OLG. 9, 202 (KG.); RheinNotZ. 1908, 10 (KG.).

[138]) KGJ. 26 B 25.

[139]) KGJ. 32 B 14; DNotV. 25, 85 (KG.).

[140]) OLG. 15, 206 (KG.).

[141]) OLG. 11, 212 (KG.).

[142]) KGJ. 42, 327.

[143]) DNotV. 25, 86 (KG.).

Der Paragraph enthält in beiden Absätzen Ausnahmen von § 33 PrGKG. Abs. 1 bezieht sich auf das Angebot zu einem zweiseitigen Vertrage, Abs. 2 auf die Annahme eines Antrages zum Abschlusse eines ein- oder zweiseitigen Vertrages. Vertragsangebote, die einen einseitigen Vertrag betreffen, unterstehen kostenrechtlich dem § 33.

Kein Vertragsangebot ist die Einräumung eines Vorkaufsrechtes[144]). Zur Anwendung des Abs. 1 genügt es, daß der Entwurf zunächst nur die Vertragserklärung des einen Teils enthält[145]), wenn es sich um einen zweiseitigen Vertrag handelt, der also erst durch die Annahmeerklärung des anderen Teiles, auch wenn sie nach dem Gesetze formlos erfolgen kann, Wirkung erhält.

Ein neues Vertragsangebot liegt vor, wenn die in dem früheren 76
für die Annahme gesetzte Frist abgelaufen ist und das Vertragsangebot wiederholt wird[146]). Anders, wenn vor Ablauf der Frist diese verlängert wird. Dann handelt es sich um Abänderung eines Vertragsangebotes, und es greift die Bestimmung des § 36 (s. unten Anm. 78) Platz, wonach die volle Gebühr zu berechnen ist[147]).

Für die Wertberechnung beim Entwurfe eines Vertragsange- 77
botes oder einer Annahmeerklärung gelten dieselben Regeln, die für die Wertberechnung des Vertragsentwurfes gelten. Für das Angebot zu einem Kaufvertrage ist also gemäß § 20 Abs. 1 Halbs. 2 PrGKG. der Kaufpreis maßgebend, wenn er den gemeinen Wert des Kaufgegenstandes übersteigt[148]).

d) Ergänzungen und Abänderungen. 78

PrGKG. § 36:

Für die Beurkundung von Ergänzungen und Abänderungen einer beurkundeten Erklärung wird die volle Gebühr erhoben. Sie darf jedoch den für die ursprüngliche Beurkundung geltenden Gebührensatz nicht übersteigen.

Die Gebühr für den Entwurf einer Ergänzung oder Abänderung erwächst dem Rechtsanwalt ohne Rücksicht darauf, ob er die ergänzte oder abgeänderte Erklärung selbst entworfen hat, oder ob sie von anderer Hand stammt. Soweit § 36 PrGKG. gegenüber §§ 34, 35 eine Ermäßigung der Gebühr bedingt, kommt sie auch zur Anwendung, wenn Rechtsnachfolger der bei der ursprünglichen Erklärung Beteiligten die Ergänzung oder Abänderung vornehmen. Die Höhe der Gebühr ist unabhängig davon, ob es sich um Ergänzung oder Abänderung einer einseitigen Erklärung, eines ein- oder zweiseitigen Vertrages handelt. Nur wenn Ergänzung oder Abänderung eines geringer als mit der vollen Gebühr zu entgeltenden Entwurfs in Frage steht (vgl. unten Anm. 85 ff.) darf die geringere Gebühr nicht überschritten werden.

Bei der Anwendung der Bestimmung auf Rechtsanwälte 79
ist zu beachten, daß die Tätigkeit des beurkundenden Notars mit der Beurkundung abgeschlossen ist. Damit hat der Notar die Beurkundungsgebühr ver-

144) OLG. 11, 353 (KG.).
145) KGJ. 22 B 22. A. M. OLG. 10, 267; 11, 352 (KG.).
146) Vgl. KGJ. 38 B 15; 45, 352.
147) KGJ. 38 B 15.
148) OLG. 10, 267; 11, 351 (KG.); KGJ. 38 B 16.

dient; wird er oder ein anderer Notar für eine Ergänzung oder Abänderung in Anspruch genommen, so erwächst ihm die Gebühr aus § 36 PrGKG. Etwas anders liegt die Sache bei dem mit dem Entwurfe zu einem Rechtsgeschäfte beauftragten Rechtsanwalt (oder Notar, § 9 NotGebO.). In diesem Falle fehlt es an einem bestimmten Zeitpunkte der Beendigung der Tätigkeit. Entwürfe unterliegen oft im Laufe der Verhandlungen zahlreichen Abänderungen, und es würde zu Unbilligkeiten führen, wenn jede solche Abänderung mit der Gebühr des § 36 PrGKG. belegt würde[149]). Wann der Entwurf abgeschlossen und demnach die Entwurfsgebühr verdient ist, sodaß spätere Ergänzungen und Abänderungen von neuem gebührenpflichtig sind, wird nur im einzelnen Falle zu entscheiden sein[150]).

80 Streitig ist die Auslegung des Worts „beurkundeten". Für die Beurkundungsgebühr des Notars soll § 36 nur maßgebend sein, wenn die beurkundete Ergänzung oder Abänderung eine gerichtlich oder notariell beurkundete Erklärung betrifft[151]). Diese Einschränkung erscheint jedenfalls insoweit unrichtig, als sie auch öffentlich beglaubigte Urkunden ausschließen will. Die Bestimmung dagegen auch anzuwenden auf Ergänzungen und Abänderungen privatschriftlich errichteter Urkunden erscheint bedenklich, weil Satz 2 als Höchstgrenze der Gebühr den für die „ursprüngliche Beurkundung geltenden Gebührensatz" normiert und ein solcher bei einer Privaturkunde fehlt.

81 Flüssig ist auch die Grenze zwischen Abänderung und Ergänzung einer vorangegangenen Erklärung und einer ganz neuen Erklärung. Jedenfalls darf es sich nicht um ein ganz neues, wirtschaftlich selbständiges Rechtsgeschäft handeln[152]). Das ist der Fall, wenn das ursprüngliche Geschäft erledigt, z. B. die Frist für die Annahme eines Vertragsangebotes abgelaufen ist[153]), ein bereits abgelaufener Miet- oder Pachtvertrag erneuert wird.

82 Beispiele für die Anwendbarkeit des § 36: nachträgliche Ausschließung einer Parzelle von der dinglichen Belastung[154]), nachträgliche Umwandlung einer Brief- in eine Buchhypothek und umgekehrt, einer Hypothek in eine Grundschuld und umgekehrt, einer Sicherungshypothek in eine gewöhnliche Hypothek, nachträgliche Abänderung der Verzinsungs- und Rückzahlungsbedingungen, der Termine für Auflassung, Übergabe und Übergang der Nutzungen und Lasten des Kaufgrundstücks, der Höhe des Kaufpreises, die nachträgliche Unterwerfung unter die sofortige Zwangsvollstreckung[155]). Die Berichtigung von offenbaren Unrichtigkeiten, Schreibfehlern und Namensverwechselungen sowie sonstigen ähnlichen Irrtümern wird kaum je Gegenstand

---

[149]) Vgl. OLG. 15, 182 (KG.).

[150]) Vgl. hierzu OLG. 7, 257 (KG.); KGBl. 1906, 81 (KG.); ZPrJustAmtm. 1921, 117 (KG.).

[151]) PrJMBl. 1924, 35 (KG.); Bartscher-Drinnenberg-Wenz Anm. 1 zu § 36 PrGKG.; Beushausen 154 f.; a. M. Rausnitz Anm. 1 zu § 36 PrGKG.; Willenbücher 428.

[152]) KGJ. 45, 353; s. auch KGJ. 20 B 7.

[153]) KGJ. 45, 353. A. M. OLG. 19, 273 (KG.).

[154]) KGJ. 31 B 8.

[155]) KGJ. 41, 285.

eines von einem Rechtsanwalt anzufertigenden Entwurfs sein, wäre aber nach § 36 PrGKG. unter Anwendung des § 22 Abs. 2 PrGKG. für die Bewertung zu berechnen.

83 Satz 2 stammt aus der Neufassung des PrGKG. vom 28. Oktober 1922, sein Inhalt entspricht der früheren Rechtsprechung[156]). Im Zusammenhange des Art. 13 mit §§ 9 und 5 NotGebO. ist die Bestimmung dahin auszulegen, daß für den Entwurf einer Ergänzung oder Abänderung nicht mehr berechnet werden darf, als für den Entwurf der Erklärung, um deren Ergänzung oder Abänderung es sich handelt.

84 Für die Wertberechnung gibt § 38 Abs. 2 PrGKG. eine besondere Bestimmung, s. unten Anm. 97, 98.

85 e) Ausnahmen von den §§ 33, 34, PrGKG.:

PrGKG. § 37:

Fünf Zehnteile der vollen Gebühr werden erhoben:

1. für jede besondere Urkunde, in welcher die Zustimmung einzelner Teilnehmer zu einer bereits beurkundeten Erklärung beurkundet wird, ohne Unterschied, ob die letztere von derselben Behörde beurkundet ist oder nicht;
2. für die Beurkundung von Vollmachten und des Widerrufs von Vollmachten;
3. für die Beurkundung der Wiederaufhebung eines noch von keiner Seite erfüllten Vertrages;
4. für die Beurkundung von Anträgen auf Eintragungen oder Löschungen im Grundbuch oder im Schiffsregister sowie von Eintragungs- oder Löschungsbewilligungen oder Zustimmungen nach § 27 der Grundbuchordnung oder nach § 105 des Gesetzes über die Angelegenheiten der freiwilligen Gerichtsbarkeit, sofern nicht gleichzeitig das zugrunde liegende Rechtsgeschäft beurkundet wird;
5. für die Beurkundung einer Auflassung, sofern nicht gleichzeitig das zugrunde liegende Rechtsgeschäft beurkundet wird.

Statt Ziff. 5 gilt für das Gebiet des ehemaligen rheinischen Rechts folgende Bestimmung des Art. V des Gesetzes vom 28. Oktober 1922 (GS. 335):

Für die Beurkundung einer Auflassung wird das Zweifache der vollen Gebühr erhoben, wenn nicht gleichzeitig das zugrunde liegende Rechtsgeschäft beurkundet wird. Ist das Rechtsgeschäft bereits früher beurkundet worden, so ermäßigt sich die Gebühr für die Beurkundung der Auflassung auf fünf Zehnteile der vollen Gebühr.

Voraussetzung der Anwendbarkeit der Ziff. 1 ist wie in § 36 PrGKG. das Vorliegen einer bereits beurkundeten Erklärung. Vgl. dieserhalb oben Anm. 80. Ferner muß es sich um die Zustimmung einzelner Teilnehmer handeln, die Bestimmung kommt also nicht zur Anwendung, wenn es sich um die nach dem Gesetze erforderliche Zustimmungserklärung einer selbständigen Vertragspartei handelt[157]), wie z. B. bei der

---

156) KGJ. 52, 247.

157) A. M. Rausnitz Anm. 2 zu § 37 PrGKG. unter Nichtbeachtung der Bestimmung des § 38 Abs. 3 PrGKG.

Zustimmung des Eigentümers zu einer Rangänderung (§ 880 BGB.), zur Erteilung eines gemeinschaftlichen Hypothekenbriefes (§ 66 GBO.), der Zustimmung in den Fällen der §§ 1726, 1746, 1747 BGB. Wegen der Zustimmung des Eigentümers zu Löschungen s. unten Anm. 89.

Wegen der Wertberechnung s. unten Anm. 99.

86 Ziff. 2 kommt nur zur Anwendung, wenn ausschließlich die Vollmacht Gegenstand der Urkunde ist. Enthält der Entwurf gleichzeitig die Regelung des der Vollmacht zugrunde liegenden Rechtsverhältnisses zwischen Vollmachtgeber und Bevollmächtigtem, so kommt § 33, und wenn der Bevollmächtigte eine entsprechende Verpflichtung übernimmt, § 34 PrGKG. zur Anwendung[158]. Werden Vertragsantrag und Auflassungsvollmacht zusammen beurkundet, so erhöht sich die Gebühr für das Vertragsangebot nicht, s. § 39 PrGKG.[159,160]. Wegen des Wertes s. unten Anm. 101.

87 Ziff. 3 kommt nicht zur Anwendung, wenn der Vertrag auch nur teilweise von einer Partei erfüllt worden ist[161] oder wenn die Wiederaufhebung des Vertrags unter Bedingungen erfolgt, die in dem Entwurfe festgestellt sind (z. B. Zahlung einer Abstandssumme).

Die Wiederaufhebung des Aufhebungsvertrages ist Neuabschluß eines Vertrages, so daß die §§ 33, 34 PrGKG. anzuwenden sind. Für die Aufhebung eines Erbvertrages gilt die besondere, inhaltlich gleiche Bestimmung des § 42 Abs. 2 PrGKG.

88 Ziff. 4 bezieht sich im Rahmen des Art. 13 nur auf den Entwurf der hier bezeichneten Anträge. Die Ermäßigung auf $^5/_{10}$ entfällt, sobald das den Anträgen zugrunde liegende Rechtsgeschäft in dem Entwurfe enthalten[162] — nicht nur geschichtlich erwähnt[163] — ist. Der Antrag muß gerichtet sein auf eine Eintragung oder Löschung im Grundbuche oder im Schiffsregister, gleichgültig, welcher Art, also gehört hierher auch die Anmeldung zum Schiffsregister[164], der Antrag auf Eintragung der Erben als Eigentümer, der Antrag auf Eintragung des gütergemeinschaftlichen Eigentums. Wird in dem Entwurfe das Rechtsgeschäft mit dem Antrage verbunden, so ist letzterer gebührenfrei[165]. Ferner kommen hier in Betracht Eintragungs- und Löschungsbewilligungen mit der vorstehend erörterten Maßgabe. Enthält der Entwurf z. B. die Quittung des Gläubigers über den Empfang des Hypothekenkapitals, so ist der Wert nach § 33 zu berechnen.

89 Weiter genießen die Gebührenermäßigung die Entwürfe, welche die nach § 27 GBO. vorgeschriebene Zustimmung des Eigentümers zur Löschung einer Hypothek, Grundschuld oder Rentenschuld und des Gläubigers einer solchen zur Löschung eines

---

158) DNotV. 1913, 519 (KG.).

159) KGJ. 25 B 11. A. M. Skopnik JW. 1909, 38; Siméon PrGKG.10 Anm. 3 zu § 39 a. F.

160) Wegen des Widerrufs einer Vollmacht s. KGJ. 52, 255.

161) KGJ. 18, 172.

162) OLG. 9, 203; 13, 300; 17, 253 (KG.); KGJ. 31 B 12; 37 B 21; 43, 330; 53, 293.

163) KGJ. 38 B 20; 43, 327.

164) KGJ. 45, 354.

165) KGJ. 28 B 3; 38 B 21.

sie belastenden Rechtes und die beim Schiffspfandrechte entsprechenden Zustimmungen des Eigentümers und Schiffspfandgläubigers nach § 105 FGG. enthalten, nicht dagegen, wenn es sich um die nach § 880 BGB. erforderliche Zustimmung des Eigentümers zu einer Rangänderung[166]) handelt.

Zweifelhaft könnte es sein, ob die auf Grund des Aufwertungsgesetzes zu stellenden Anträge des Gläubigers auf Wiedereintragung einer gelöschten Hypothek oder auf Eintragung der Aufwertung in das Grundbuch, wenn sie von einem RA. entworfen worden sind, nach § 37 Ziff. 4 PrGKG. mit Art. 13 LGebO. oder nach Art. 8 LGebO. zu vergüten sind. Man wird beide Fälle zu unterscheiden haben. Der letzterwähnte Antrag fällt unter § 37 Ziff. 4 PrGKG., jener dagegen unter Art. 8 LGebO., da er nicht an das Grundbuchamt, sondern nach § 16 AufwGes. an die Aufwertungsstelle zu richten ist und es sich dabei um mehr als den bloßen Antrag auf eine Eintragung im Grundbuche handelt, der Antrag vielmehr das im Aufwertungsgesetze geregelte Streitverfahren über die Wiedereintragung und deren Betrag in Gang setzt[167]). 90

Ziff. 5 findet keine Anwendung, wenn der Entwurf außer der Auflassungserklärung die Annahme eines Vertragsangebots auf Abschluß eines Grundstücksveräußerungsvertrages enthält und dieses Angebot von dem den Entwurf zur Auflassungsverhandlung und Annahmeerklärung herstellenden RA. entworfen worden ist[168]). 91

Ob die durch Art. V des Gesetzes vom 28. Oktober 1922 für die rheinischen Notare eingeführte Vervierfachung der Gebühr für die Beurkundung einer Auflassung auch für Entwürfe gilt, die ein im Gebiet des ehemaligen rheinischen Rechts wohnhafter RA. anfertigt, kann zweifelhaft erscheinen. Aus der Absicht des Gesetzgebers, mit der Bestimmung die Notlage der rheinischen Notare zu heben und zu diesem Zwecke die Gerichts- und die Notariatskosten der Auflassung für das Gebiet des früheren rheinischen Rechtes gleichmäßig zu erhöhen, wird zu schließen sein, daß die Rechtsanwälte der Vergünstigung nicht teilhaftig werden sollten. 92

f) Wertbestimmung. 93

α) **PrGKG. § 38:**

(1) Bei der Berechnung der Gebühren ist der Wert des Rechtsverhältnisses maßgebend, dessen Begründung, Übertragung, Feststellung oder Aufhebung den Gegenstand des Rechtsgeschäftes bildet. Bei Verträgen, welche den Austausch von Leistungen zum Gegenstande haben, kommt nur der Wert der Leistungen des einen Teiles und, wenn der Wert der beiderseitigen Leistungen ein verschiedener ist, der höhere in Betracht.

(2) Handelt es sich um Änderungen eines Rechtsverhältnisses, so ist die Bestimmung des § 22 mit der Einschränkung anwendbar, daß der Wert des von der Änderung betroffenen Rechtsverhältnisses nicht überschritten werden darf. Hat die Änderung einen bestimmten Geldwert, so ist dieser maßgebend.

---

166) RhNotZ. 1913, 175 (KG.).

167) A. M. für diesen Fall Beushausen 159, dessen neueste Auflage aber vor dem AufwGes. erschienen ist.

168) KGJ. 53, 298.

(3) Bei zustimmenden Erklärungen einzelner Teilnehmer (§ 37 Nr. 1) kommt nur der Anteil derselben in Betracht.

(4) Der Wert einer Generalvollmacht ist unter entsprechender Anwendung des § 22 mit der Maßgabe zu bestimmen, daß der Höchstwert 200 000 Reichsmark*) nicht übersteigen darf. Bei Vollmachten zum Abschluß eines bestimmten Rechtsgeschäfts ist der für dieses maßgebende Wert in Ansatz zu bringen, jedoch ist der Wert höchstens auf 200 000 Reichsmark*) anzunehmen und bei der von einem Teilnehmer ausgestellten Vollmacht nur dessen Anteil maßgebend.

(5) Auf Anmeldungen zum Handelsregister oder zu ähnlichen Registern findet, sofern ein bestimmter Geldwert nicht erhellt, die Vorschrift des § 22 entsprechende Anwendung. Der höchste der Gebührenberechnung zugrunde zu legende Wert ist 200 000 Reichsmark*), gleichviel, ob ein bestimmter Geldwert erhellt oder nicht.

(6) Der Wert eines Ehevertrags bemißt sich nach dem Werte des gegenwärtigen Vermögens der Ehegatten unter Abzug der Schulden. Betrifft der Ehevertrag nur bestimmte Gegenstände, so ist deren Wert maßgebend.

§ 38 PrGKG. enthält Ausnahmen von den Regeln der §§ 18—22 PrGKG. und von denen der §§ 33, 34 PrGKG., ferner enthalten die Abs. 2—6 wieder Ausnahmen und Ergänzungen gegenüber der Vorschrift des Abs. 1.

94 „Wert des Rechtsverhältnisses" scheint nach der Fassung des Gesetzes etwas anderes zu bedeuten, als „Wert des Gegenstandes" in § 18 PrGKG.. Die Vorschrift ist aber als eine Erläuterung des § 18 dahin aufzufassen, daß bei der Beurkundung der Begründung, Übertragung, Feststellung und Aufhebung von Rechtsverhältnissen deren Wert den Wert des Gegenstandes darstellt. Damit sind allerdings nahezu alle Beurkundungen umfaßt.

Es erhebt sich aber sofort die weitere Frage, was unter „Wert" des Rechtsverhältnisses zu verstehen ist. Mit Rausnitz[169]) den Wert der Leistung entscheiden zu lassen, die auf Grund des Rechtsverhältnisses gefordert werden kann, geht nicht an, weil sich nicht alle Rechtsverhältnisse in Leistungen erschöpfen. Das Gesetz gibt denn auch in Abs. 1 Satz 2 für Verträge, welche den Austausch von Leistungen zum Gegenstande haben, sofort eine Sonderbestimmung und fügt in den folgenden Absätzen für bestimmt bezeichnete Rechtsverhältnisse weitere Sonderbestimmungen hinzu. Man wird also Satz 1 nur als Erläuterung zu § 18 auffassen, im übrigen von Fall zu Fall prüfen müssen, was als „Wert" des Rechtsverhältnisses in Frage kommt.

95 Aus der Rechtsprechung:

Bei Auseinandersetzung eines Gesellschaftsverhältnisses entscheidet die Summe des Werts sämtlicher Leistungen ohne Abzug der Schulden[170]); bei der Festsetzung des Jahresetats einer Vereinigung ist die Etatssumme maßgebend[171]); bei der Beurkundung eines Vergleiches kommt es auf die größere Leistung an, der Wert etwa aufgegebener Rechte bleibt außer Betracht[172]);

*) S. Einleitung § 1 Anm. 7a.
[169]) DNotV. 1911, 145/6.
[170]) KGJ. 7, 182.
[171]) KGJ. 17, 215; KGBl. 1897, 56 und 57.
[172]) KGJ. 27 B 13.

wird der Vertrag über eine stille Gesellschaft beurkundet, so bestimmt den Wert des Rechtsverhältnisses die Einlage des stillen Gesellschafters[173]); erklärt ein Hypothekengläubiger sein Einverständnis mit der Aufhebung der Feuerversicherung des belasteten Grundstücks, so kommt der Betrag der Hypothek, wenn aber die Versicherungssumme niedriger ist, diese in Betracht[174]); bei der Fusion ist der Wert des Bezugsrechts der Aktien der aufnehmenden Gesellschaft am Tage des Vertragsabschlusses zu ermitteln; ist das Vermögen der aufgenommenen Gesellschaft höher, so ist dessen Wert maßgebend[175]); bei der Gründung einer Aktiengesellschaft (Kommanditgesellschaft auf Aktien, GmbH.) ist nicht nur der Wert des Grund- oder Stammkapitals maßgebend; auch andere von den Gesellschaftern übernommene Leistungen (Rübenbaupflicht, Dienstleistungen, Bestellung eines Vorkaufsrechtes an einem Grundstücke) können, wenn sie Haupt-, nicht Nebenleistungen (§ 19 Abs. 2 Satz 1 PrGKG.) sind, den Wert des Rechtsverhältnisses beeinflussen[176]).

Streitig ist die Bewertung des Rechtsverhältnisses beim Versicherungsvertrage: Rausnitz[177]) will die Versicherungsleistung des Versicherers, Mügel[178]) bei Lebensversicherungen den Wert der Prämienzahlungen nach § 6 PrStStG., bei Schadensversicherungen die Versicherungssumme entscheiden lassen. Die Ansicht von Rausnitz dürfte vorzuziehen sein. 96

Für Änderungen eines Rechtsverhältnisses gilt grundsätzlich die Wertbestimmung des § 22 PrGKG. mit zwei Einschränkungen: der Wert des Rechtsverhältnisses darf nicht überschritten werden, d. h. wenn das Rechtsverhältnis einen geringeren Wert als 200 RM. hat, darf die Änderung nicht höher bewertet werden als das Rechtsverhältnis selbst; hat die Änderung einen bestimmten Geldwert, so ist dieser maßgebend. Ein bestimmter Geldwert einer Änderung ist anzunehmen, wenn der Gegenstand der Änderung den Gegenstand eines besonderen Rechtsverhältnisses bilden könnte und dieses einen bestimmten Geldwert hätte[179]). 97

Die Rechtsprechung hat bei Änderungen § 22 PrGKG. in folgenden Fällen angewandt: bei der Umwandlung einer Buch- in eine Briefhypothek, einer Hypothek in eine Grundschuld und jeweils umgekehrt; bei der Unterwerfung unter die sofortige Zwangsvollstreckung wegen einer bereits eingetragenen Hypothek oder Grundschuld[180]); bei der Änderung der Kündigungs- und Zahlungsbedingungen einer Schuld[181]); bei der Zuschreibung von Grundstücken zu einem Grundbuchblatte[182]); bei der Verlänge- 98

[173]) KGJ. 27 B 1.

[174]) KGJ. 39 B 27.

[175]) RhNotZ. 1911, 278 (KG.). A. M. RhNV. ebenda 55: Vermögen der aufgenommenen Gesellschaft ohne Abzug der Schulden.

[176]) KGJ. 52, 249; JFGErg. 3, 231.

[177]) Anm. 1 zu § 38 PrGKG.

[178]) Anm. 3 zu § 40 PrGKG. a. F.

[179]) KGJ. 31 B 8; 32 B 11.

[180]) KGJ. 19, 149 und 156; 32 B 11; 41, 285; ZDJSekr. PrBeil. 1915, 38.

[181]) KGJ. 34 B 20.

[182]) KGJ. 39 B 24.

rung der Frist für die Annahme eines Vertragsangebots, sofern kein Entgelt für die Verlängerung beurkundet wird[183]); bei Verschiebung des Zeitpunktes der im Hauptvertrage vorgesehenen Besitzübertragung. Die vor Inkrafttreten der jetzigen Bestimmung des § 38 PrGKG. üblich gewesene und auch von der Rechtsprechung gut geheißene Berechnung des Wertes einer Änderung nach Prozentsätzen des Wertes des geänderten Rechtsverhältnisses ist nach geltendem Rechte nicht mehr zulässig[184]). § 22 PrGKG. wird auch auf die Änderung des Zinsfußes einer Forderung, anzuwenden sein, wenn sich aus der Urkunde nicht ergibt, auf welche bestimmte Zeit sich die Änderung erstreckt[185]).

99 Abs. 3 regelt für den Fall des § 37 Ziff. 1 die Frage, welcher Wert der Zustimmungserklärung zugrunde zu legen ist. Danach muß zunächst der Wert ermittelt werden, nach dem die Gebühren zu berechnen wären, wenn alle Teilnehmer die Erklärung einheitlich abgegeben hätten. Alsdann ist zu ermitteln, mit welchem Anteil der Zustimmende beteiligt ist, und dieser Anteil des Gesamtwerts ist der Berechnung der Gebühren für den Entwurf der Zustimmungserklärung zugrunde zu legen. Diese Berechnungsart macht keine Schwierigkeit, wenn es sich um Sachen oder Rechte handelt, die nach Bruchteilen geteilt sind. Zweifelhaft ist es, ob die gleichen Grundsätze bei Teilhabern an einer Gesamthandsgemeinschaft anzuwenden sind. Läßt sich der Wert des Gesamthandsanteils rechnerisch feststellen, z. B. bei offenen Handelsgesellschaften der Kapitalanteil des Gesellschafters, bei Miterben der Erbanteil[186]), so ist dieser Anteil maßgebend.

Anderenfalls wird § 22 Abs. 2 PrGKG. anzuwenden sein, aber nicht wie Rausnitz[187]) will, für die Schätzung des Gesamtanteils, sondern für die Schätzung des Werts der Zustimmungserklärung, so daß also in der Regel 3000 RM., mindestens 200, höchstens 100 000 RM., zugrunde zu legen sind.

100 Nicht als Teilnehmer im Sinne des § 38 Abs. 3 PrGKG. gelten dritte Personen, deren Genehmigung zur Rechtswirksamkeit der fraglichen Erklärung erforderlich ist, z. B. der Ehemann oder die Ehefrau, der gesetzliche Vertreter; für die Erklärung ihrer Genehmigung gilt als Wert der Wert der Haupterklärung[188]). Ist die Zustimmungserklärung von mehreren gesetzlichen Vertretern abzugeben derart, daß erst die Erklärung sämtlicher Vertreter die Erklärung wirksam macht, so ist für jede Zustimmungserklärung der Wert der Haupterklärung maßgebend[189]).

101 Der im Gesetze nicht bestimmte Begriff einer Generalvollmacht wird durch die Gegenüberstellung mit Vollmachten zum Abschluß eines bestimmten Rechtsgeschäfts dahin umschrieben, daß als Generalvollmacht jede

---

183) KGJ. 38 B 15; OLG. 19, 274 (KG.).

184) KGJ. 41 B 289.

185) Rausnitz Anm. 2 zu § 38 PrGKG.

186) Vgl. RGZ. 94, 243; OLG. 17, 260 (KG.); Bbl. 1926, 12 (KG.); zweifelnd JW. 1923, 306 2 (KG.); a. M. Ostermeyer ebenda.

187) Anm. 4 zu § 38 PrGKG.

188) JW. 1923, 306 2 (KG.); KGJ. 53, 291; PrJMBl. 1922, 153 (KG.).

189) KGJ. 37 B 14; so auch für die Anmeldungen mehrerer Aufsichtsratsmitglieder zum Handelsregister KGJ. 28 B 69.

Vollmacht anzusehen ist, die nicht inhaltlich auf bestimmte Rechtsgeschäfte beschränkt ist. Vollmacht zum Abschlusse von Grundstückskaufsverträgen ist also Generalvollmacht im Sinne des § 38 Abs. 4 PrGKG., Vollmacht zum Verkaufe bestimmt bezeichneter Grundstücke fällt unter Abs. 4 Satz 2. Ermächtigt die Vollmacht zur Verfügung über bestimmte Gegenstände ohne jede Beschränkung, so ist der Wert der Gegenstände ohne Abzug etwa darauf ruhender Schulden der Gebührenberechnung zugrunde zu legen mit der Beschränkung auf den Höchstwert von 200000 RM.[190]). Dasselbe gilt für den Wert einer Vollmacht zum Bieten im Zwangsversteigerungsverfahren[191]). Stellt einer von mehreren Beteiligten die Vollmacht aus, so ist für die Bewertung sein Anteil maßgebend, auch hier beträgt der Höchstwert 200000 RM. Stellen mehrere Beteiligte in einer Urkunde eine auf denselben Gegenstand bezügliche Vollmacht aus, so wird die Gebühr nach dem einmaligen Werte des Gegenstandes berechnet[192]). (Anders bei der Stempelberechnung Tarifst. 19 Abs. 5 des PrStStG.).

Die gleichen Bestimmungen wie für die Erteilung von Vollmachten gelten für deren Widerruf[193]).

Die zu Abs. 5 bestehende Streitfrage, ob bei einer Verbindung der Anmeldung zum Handelsregister mit der Firmen- und Namenszeichnung der Wert nach Abs. 5 einheitlich zu bestimmen[194]) oder für jede Beurkundung besonders zu berechnen ist[195]), kommt im Rahmen des Art. 13 nicht in Betracht, weil die Firmen- oder Namenszeichnung zur Aufbewahrung bei dem Handelsregister kein Rechtsgeschäft ist. 102

Neben dem Handelsregister stehen hier das Vereins-, das Genossenschaftsregister, die Patentrolle, die Rolle für Gebrauchsmuster, die Zeichenrolle, das Musterregister und nach dem Entwurfe über das Registerpfandrecht auch das Mobiliarpfandrechtsregister, das Güterrechtsregister[196]) in Frage, nicht dagegen das Schiffsregister. 103

Der der Berechnung zugrunde zu legende Wert bestimmt sich grundsätzlich nach dem Werte des angemeldeten Rechtsvorganges, also bei Anmeldung einer Aktiengesellschaft oder einer GmbH. nach dem Nennwerte des Grund- oder Stammkapitals[197]), bei Kapitalerhöhung bezüglich einer solchen Gesellschaft nach dem Nennwerte, nicht nach dem Ausgabekurse[198]). Was von der Kapitalerhöhung gilt, gilt auch für die Kapitalherabsetzung. Dagegen kommt § 22 PrGKG. mit der Höchstgrenze von 200000 Reichsmark zur entsprechenden Anwendung für alle Anmeldungen, bei denen ein bestimmter Geldwert nicht erhellt. Das sind z. B. Eintragung oder Löschung von Einzelfirmen, von Prokuren, von An- 104

[190]) KGJ. 37 B 14.
[191]) KGJ. 22 B 40.
[192]) KGJ. 52, 255.
[193]) KGJ. 52, 255.
[194]) So Rausnitz Anm. 6 zu § 38 PrGKG.; Beushausen 174; Bartscher-Drinnenberg-Wenz Anm. 5 zu § 38 PrGKG.
[195]) KGJ. 36 B 16.
[196]) Rausnitz Anm. 6 zu § 38 PrGKG.
[197]) KGJ. 22 B 26; 28 B 69; 29 B 18; 47, 291.
[198]) KGJ. 29 B 18. Vgl. dagegen DNotV. 27, 272 (KG.).

derungen der Firma, des Gesellschaftsvertrages (falls keine Veränderung des Grund- oder Stammkapitals stattfindet[199]), von Vorstandsmitgliedern, Geschäftsführern oder Liquidatoren[200]), eines Vereins, Anmeldungen zum Güterrechtsregister, die nicht einen Ehevertrag (vgl. Abs. 6) zum Gegenstande haben, Umschreibung von registrierten gewerblichen Schutzrechten. Bei der Anmeldung einer Kommanditgesellschaft zum Handelsregister ist der Betrag der Einlage eines jeden Kommanditisten anzugeben. Insofern erhellt ein bestimmter Geldwert. Dieser deckt aber nicht die gesamte Anmeldung. Ob es bei dieser Sachlage angängig ist, mit Rausnitz[201]) den Wert der Anmeldung der Komplementäre gemäß § 22 Abs. 1 PrGKG. anzunehmen, die der Kommanditisten nach dem Geldwerte zu berechnen und beide Summen nach § 39 PrGKG. zu addieren, erscheint zweifelhaft. Die Anmeldung betrifft die Kommanditgesellschaft als solche, sie muß nur die Beträge der Einlage eines jeden Kommanditisten enthalten. Der Gegenstand der Anmeldung läßt also einen bestimmten Geldwert nicht erkennen, sodaß § 22 Abs. 1 PrGKG. allein anzuwenden sein wird mit der Maßgabe, daß der Höchstwert 200 000 RM. beträgt[202]). Anders bei der Kommanditgesellschaft auf Aktien: hier ist maßgebend das Grundkapital, gleichgültig, ob es nur von Kommanditisten oder auch zu einem Teile von den persönlich haftenden Gesellschaftern übernommen worden ist.

105 Besondere Vorschriften auch für die Beurkundung der Anmeldungen zum Handelsregister im Rahmen der Verordnung über Goldbilanzen enthält die dritte Durchführungsverordnung vom 27. August 1924 (RGBl. I 693). Sie stellt für die Wertberechnung folgende Staffel auf:

1. bis 20 000 *RM* Eigenkapital dieses;
2. bei mehr als 20 000—100 000 *RM* Eigenkapital: 20 000 *RM* + 50% des überschießenden Betrages;
3. bei mehr als 100 000—1 000 000 *RM* Eigenkapital: wie zu 2 + 30% des 100 000 *RM* übersteigenden Betrages;
4. bei mehr als 1 000 000 *RM* Eigenkapital: wie zu 3 + 20% des 1 000 000 übersteigenden Betrages mit der Beschränkung auf 1 000 000 *RM* Höchstwert.

Die Höchstgrenze des § 38 Abs. 5 PrGKG. für Anmeldungen zum Handelsregister (200 000 *RM*) ist also für diese Fälle auf 1 000 000 *RM* erhöht[203]).

106 Abs. 6 unterscheidet für die Wertberechnung Eheverträge schlechthin und solche, die nur bestimmte Gegenstände betreffen. Die zweite Regel kommt also nur zur Anwendung, wenn der gesetzliche oder früher vertraglich begründete Güterstand aufrechterhalten wird, der Ehevertrag z. B. bestimmte Gegenstände zum Vorbehaltsgute erklärt. In solchen Fällen

199) A. M. für die Anmeldung von Umstellungsbeschlüssen auf Grund der Goldbilanzverordnung DNotV. 25, 1188 (LGPr. Berlin I).

200) ZDJustsekr. PrBeil. 1917, 91 (KG.).

201) Anm. 6 zu § 38 PrGKG.

202) KGJ. 37 B 16. Die abweichende Angabe des Höchstbetrages auf 100 000 RM. bei Bartscher-Drinnenberg-Wenz Anm. 17 zu § 38 PrGKG. beruht wohl auf einem Druckfehler.

203) DNotV. 25, 170 (KG.).

ist der Wert dieser Gegenstände — ohne Abzug etwa darauf lastender Schulden — maßgebend[204]).

In allen anderen Fällen ist maßgebend der Wert des gegenwärtigen Vermögens der Ehegatten unter Abzug der Schulden. Zu addieren sind also die beiderseitigen Aktivvermögen, davon abzuziehen die Summe der beiderseitigen Schulden. Der sich so ergebende Wert ist maßgebend, auch wenn durch den Ehevertrag keinerlei Vermögensverschiebung eintritt z. B. bei Vereinbarung der Gütertrennung für eine künftige Ehe oder bei Ausschließung der Schlüsselgewalt[205]).

Bei der Ermittelung des Wertes des Vermögens der Ehegatten sind für die Bewertung der einzelnen Vermögensgegenstände und der Schulden die §§ 19 Abs. 1, 20 PrGKG. anzuwenden.

Dieselbe Wertberechnung wie für den Entwurf zu einem Ehevertrag gilt auch für den Entwurf einer Anmeldung zum Güterrechtsregister[206]).

Wegen der nach § 26 NotGebO. zulässigen abweichenden Gebührenvereinbarungen für den Entwurf eines Ehevertrages s. unten Anm. 168. **107**

Für den Entwurf eines Ehevertrages, mit dem andere Vereinbarungen z. B. ein Erbvertrag verbunden sind, gilt § 39 PrGKG. S. darüber Anm. 109 ff. **108**

β) **PrGKG. § 39:** **109**

(1) Werden in einer Verhandlung mehrere Erklärungen beurkundet, die denselben Gegenstand haben, so wird die Gebühr nur einmal von dem Werte dieses Gegenstandes nach dem höchsten in Betracht kommenden Gebührensatze berechnet.

(2) Haben die in einer Verhandlung beurkundeten Erklärungen einen verschiedenen Gegenstand, so wird, wenn für alle Erklärungen derselbe Gebührensatz zur Anwendung kommt, dieser Gebührensatz nur einmal nach dem zusammengerechneten Werte berechnet. Kommen verschiedene Gebührensätze zur Anwendung, so wird jede Gebühr besonders berechnet; es wird jedoch, soweit ein und derselbe Gebührensatz für mehrere Gegenstände zur Anwendung kommt, der Wert dieser Gegenstände zusammengerechnet. Der Gesamtbetrag der Gebühren darf die unter Zugrundelegung des höchsten Gebührensatzes vom Gesamtwerte berechnete Gebühr nicht übersteigen. Die Vorschrift des § 31 Abs. 1 findet hinsichtlich der Einzelgebühren keine Anwendung; der Mindestsatz wird nur dann angesetzt, wenn der Gesamtbetrag der für die Verhandlung zu erhebenden Gebühren hinter ihm zurückbleibt.

Die Bestimmung behandelt die Fälle, in denen mehrere Erklärungen in einer Urkunde abgegeben werden und unterscheidet:

a) mehrere Erklärungen, ein Gegenstand;
b) mehrere Erklärungen, für die derselbe Gebührensatz zur Anwendung kommt, verschiedene Gegenstände;
c) mehrere Erklärungen, für die verschiedene Gebührensätze zur Anwendung kommen, verschiedene Gegenstände.

---

[204]) DNotV. 1914, 637 (KG.); Bbl. 1912, 170 (KG.).
[205]) JFGErg. 1, 83.
[206]) PrJMBl. 1922, 458 (KG.).

110 Unter Gebührensatz ist im Rahmen des Art. 13 der Bruchteil oder das Mehrfache der vollen Gebühr zu verstehen, die in §§ 33—37 des PrGKG.[207]) für einzelne Beurkundungen vorgesehen sind. Kraft ausdrücklicher Bestimmung findet § 39 ferner Anwendung im Falle des § 42 Abs. 3[208]), nicht dagegen in den Fällen des § 46 PrGKG. Die Schwierigkeit der Anwendung der Bestimmungen liegt in der Abgrenzung der Begriffe „derselbe" und „verschiedene". Gegenstand der Erklärung und Gegenstand des Rechtsgeschäftes im Sinne des § 38 sollten der gleiche Begriff sein, da nur rechtsgeschäftliche Erklärungen Gegenstand der Beurkundung im Sinne des § 39 sein können. Danach ist Gegenstand der Erklärung das Rechtsverhältnis, dessen Begründung, Übertragung, Feststellung oder Aufhebung beurkundet wird. Die Praxis ist aber, wie die Beispiele aus der Rechtsprechung zeigen werden, nicht folgerichtig geblieben. Grundsätzlich hat sie denselben Gegenstand angenommen, wenn die Sache oder Leistung, deren Wert der Gebührenberechnung zugrunde zu legen ist, bei den mehreren Erklärungen dieselbe ist[209]). Die folgenden Beispiele aus der Praxis zeigen aber, daß dieser Grundsatz nicht immer festgehalten worden ist. Beim Kaufvertrage bilden die Kaufsache, der Kaufpreis und dessen Regelung und Sicherung denselben Gegenstand[210]), bei der Auflassung Grundstück und Kaufpreis, über den in derselben Urkunde quittiert wird[211]), beim Ehe- und Erbvertrag unter Eheleuten, beim Ehevertrag über Einführung der allgemeinen Gütergemeinschaft, verbunden mit dem Antrag auf Eintragung des gütergemeinschaftlichen Miteigentums eines Teils an einem zum gemeinsamen Vermögen gehörenden Grundstück das gemeinsame Vermögen[212]), beim Kaufvertrage mit Auflassungsvollmacht das Grundstück[213]), beim Kaufvertrage mit Abtretung der Kaufpreisforderung[214]) diese, beim Kaufvertrage mit der Verpflichtung des Verkäufers, die Restkaufgeldforderung abzutreten, diese[215]), beim Kaufvertrage über ein Grundstück, verbunden mit einer Offerte über einen Teil des Grundstücks, das ganze Grundstück[216]), beim Kaufvertrage mit Abtretung des Herausgabeanspruches die Kaufsache[217]), beim Vertragsangebot zu einem Grundstückskaufvertrage, verbunden mit der Bewilligung einer Auflassungsvormerkung, das Grundstück[218]), beim Darlehensvertrage mit Unterwerfung unter die Zwangsvollstreckung die Darlehensforderung[219]), beim Darlehensvertrage mit Umwandlung einer abgetretenen Eigentümerschuld in eine Hypothek die

207) Bartscher-Drinnenberg-Wenz Anm. 2 zu § 39 PrGKG., Beushausen 176, Rausnitz Anm. 2 zu § 39 PrGKG.; KGJ. 43, 333.
208) KGJ. 43, 338.
209) OLG. 13, 277; 17, 254 (KG.); KGBl. 1905, 45 (KG.); KGJ. 25 B 11; 27 B 11; DNotV. 25, 85 (KG.).
210) Recht 1924, 316 (KG.).
211) KGJ. 44, 390.
212) KGJ. 51, 358.
213) OLG. 17, 254 (KG.); KGJ. 25 B 11.
214) KGJ. 27 B 11; OLG. 9, 207; 13, 277 (KG.); Bbl. 1904, 80 (KG.).
215) Bbl. 1913, 120.
216) KGBl. 1905, 45 (KG.)
217) OLG. 21, 150 (KG.).
218) KGJ. 42, 299.
219) KGJ. 35 B 5.

Forderung [220]), bei Abtretung einer Forderung an mehrere Personen in Teilbeträgen die Forderung [221]), bei Quittung des Gläubigers und Löschungsantrag des Eigentümers die Hypothekenforderung [222]), beim Widerruf der zwei Bevollmächtigten in gleichem Umfange erteilten Vollmacht die Vertretungsbefugnis [223]), bei Anmeldung einer Aktiengesellschaft zum Handelsregister mit der Erklärung, daß auf jede Aktie 1/4 des Nennbetrages eingezahlt worden ist, das Grundkapital der Gesellschaft [224]), bei dem Entwurfe des Fusionsvertrags und des ihn betreffenden Generalversammlungsbeschlusses der gemäß § 46 PrGKG. zu bestimmende Wert dieses Beschlusses [224 a]) [224 b]).

Einen verschiedenen Gegenstand hat die Praxis angenommen bei dem Auseinandersetzungsvertrage unter Miterben, wenn gleichzeitig ein Gesellschaftsvertrag zwecks gemeinschaftlicher Verwertung einzelner den Miterben zugefallenen Gegenstände geschlossen wird [225]), bei Annahme eines Kaufangebots mit Auflassungserklärung, wenn das Angebot von einem anderen Notar beurkundet worden war [226]), bei Ausschlagung einer Erbschaft durch einen gesetzlichen Vertreter für sich selbst und die danach zur Erbschaft berufenen, von ihm gesetzlich vertretenen Personen [227]), bei der Ausschlagung einer Erbschaft durch mehrere Miterben [228]), beim Kaufvertrage mit ausbedungenen Leistungen oder vorbehaltenen Nutzungen [229]), bei Beurkundung einer Schuldverschreibung und gleichzeitiger Abtretung von Rechten [230]), bei Abtretung einer Hypothekenforderung mit gleichzeitiger Abänderung der Verzinsungs- oder Zahlungsbedingungen, auch der Unterwerfung unter die sofortige Zwangsvollstreckung [231]), bei der Umwandlung der Brief- in eine Buchhypothek, der Hypothek in eine Grundschuld mit gleichzeitiger Abänderung der Verzinsungs- oder Zahlungsbedingungen, auch Unterwerfung unter die 111

---

220) KGJ. 41, 285.
221) JW. 1887, 320 [34] (RG., für das PrStStG. von 1822).
222) KGJ. 28 B 3.
223) KGJ. 52, 255.
224) KGJ. 47, 291.
224 a) JW. 1926, 1576 [1] (OG. Danzig).
224 b) Wenn in einer Urkunde der Grundstückseigentümer die Eintragung von 4 Hypotheken in Höhe von 32000 RM bewilligt und beantragt und sich zugleich vorbehält, eine Hypothek bis zum Höchstbetrage von 150000 RM vor den erwähnten Hypotheken eintragen zu lassen, so ist der Rangvorbehalt in diesem Falle nichts als eine für die Eintragung der Hypotheken geltende Bedingung. Die sämtlichen Erklärungen haben denselben Gegenstand, dessen Wert 32000 RM beträgt. Bbl. 1927, 109 (KG.).
225) KGJ. 38 B 19 (weil dieselben Vermögensgegenstände bei den beiden Erklärungen in verschiedenen rechtlichen Beziehungen in Betracht kommen). Dagegen mit Recht Bartscher-Drinnenberg-Wenz Anm. 4 zu § 39 PrGKG.; vgl. auch Raussnitz Anm. 3 zu § 39 PrGKG.; Beushausen S. 178.
226) KGJ. 53, 299. A. M. Ostermeyer DNotV. 23, 12.
227) KGJ. 38 B 17; 47, 299.
228) Bartscher DNotV. 1914, 639.
229) Bbl. 13, 96 (KG.); 13, 157 (RG.).
230) DNotV. 12, 354; 25, 85 (KG.).
231) KGJ. 16, 248; 32 B 11; Bartscher-Drinnenberg-Wenz Anm. 5 zu § 39 PrGKG. A. M. Raussnitz Anm. 3 und 5 zu § 39 PrGKG.

sofortige Zwangsvollstreckung[232]), bei Erteilung der löschungsfähigen Quittung mit Umwandlung der entstandenen Eigentümergrundschuld in eine Hypothek[233]).

112 In den bisher erwähnten Fällen handelt es sich in der Regel um Fälle von Erklärungen mit verschiedenem Gegenstande, aber mit demselben Gebührensatze für alle Erklärungen. Dann ist dieser Gebührensatz von dem zusammengerechneten Werte der verschiedenen Erklärungen zu erheben, wobei wieder für die Bewertung der einzelnen Erklärung die Grundsätze der §§ 18—20, 22, 38 PrGKG. anzuwenden sind.

Anders in dem Falle, daß für die verschiedene Gegenstände betreffenden Erklärungen auch verschiedene Gebührensätze anzuwenden sind. Hier wird jede Gebühr besonders berechnet, für die Erklärungen, für deren Gegenstand ein und derselbe Gebührensatz anzuwenden ist, unter Zusammenrechnung der Werte dieser Gegenstände und unter Herabsetzung des Gesamtbetrages auf die unter Zugrundelegung des höchsten Gebührensatzes vom Gesamtwerte berechnete Gebühr. Fälle solcher Art aus der Praxis sind: Beurkundung eines Miet- oder Pachtvertrags über ein Grundstück, verbunden mit einem Vertragsantrage zum Verkaufe oder Kaufe desselben Grundstücks[234]) oder verbunden mit der Einräumung eines Vorkaufsrechtes[235]) oder verbunden mit dem Versprechen einer Vertragsstrafe für den Fall, daß die von einer Partei übernommene Herbeiführung des Beitrittes eines Dritten zu dem Vertrage nicht erfolgt[236]), bei Beurkundung eines Darlehensvertrages mit Übereignung eines Warenlagers zur Sicherheit der Darlehensforderung[237]). Für den letzten Fall — verschiedene Gegenstände, verschiedene Gebührensätze — gibt das Gesetz noch die Sonderbestimmung, daß die Mindestgebühr des § 31 Abs. 1 PrGKG.[237a]) nur bei Errechnung der Gesamtgebühr, nicht auch bei den Einzelberechnungen der in Betracht kommenden Gebühren anzuwenden ist.

113 Nachzuholen ist hier noch die oben Anm. 38 vorbehaltene Erläuterung der Bestimmung des § 20 Abs. 3 Satz 4 PrGKG. Danach soll für die Bewertung eines Pfandrechts, der Sicherstellung einer Forderung, einer Vorrangseinräumung und der Bestellung einer Vormerkung aus § 1179 BGB. der höhere der beiden in § 20 Abs. 3 Satz 1—3 PrGKG. erwähnten Werte maßgebend sein, wenn dies im Falle des § 39 dem Kostenschuldner günstiger ist. Genau genommen kann dies nie eintreten, da in allen Fällen des § 39 der Wert des Gegenstandes bei der Errechnung der Gebühr voll in die Erscheinung tritt, der Kostenschuldner also immer bei Ansetzung des Wertes nach dem geringeren Betrag günstiger gestellt

---

232) KGJ. 19, 156; 32 B 11; ZDJustSekr. PrBeil. 15, 38; 16, 97; a. M. auch hier Rausnitz Anm. 5 zu § 39 PrGKG.

233) OLG. 9, 213 (KG.); a. M. auch hier Rausnitz a. a. O.

234) KGJ. 42, 301; a. M. Rausnitz Anm. 5 zu § 39 PrGKG.

235) OLG. 11, 351 (KG.); a. M. Rausnitz a. a. O.

236) Bbl. 1912, 101 (KG.).

237) DNotV. 25, 85 (KG.).

237a), der mit § 3 Abs. 1 NotGebO. (s. denselben in Anm. 67) übereinstimmt.

ist. Gemeint muß also in § 20 Abs. 3 Satz 4 etwas anderes sein: es soll in den Fällen des § 20 Abs. 3 Satz 1—3 durch die Bewertung nach dem höheren Betrage die Voraussetzung für den Fall des § 39 Abs. 1 geschaffen werden, daß die mehreren Erklärungen denselben Gegenstand betreffen. Beispiel: Bei Belastung eines Grundstückes mit einer seinen Wert übersteigenden Hypothek ist nach § 20 Abs. 3 Satz 1 der Grundstückswert, nicht die sichergestellte Forderung maßgebend. Wird gleichzeitig die Schuldverschreibung beurkundet, so betreffen die beiden Erklärungen verschiedene Gegenstände (vgl. oben Anm. 111), und es käme § 39 Abs. 2 zur Anwendung, indem der Wert des Grundstückes und der Betrag der Forderung zusammengerechnet würden und von dieser Summe die volle Gebühr zu erheben wäre. Auf Grund des § 20 Abs. 3 Satz 4 wird aber gemäß § 39 Abs. 1 die volle Gebühr nur nach dem höheren Werte, dem Betrage der Forderung, erhoben.

g) Verfügungen von Todes wegen. 114

PrGKG. § 42:

(1) Für die Beurkundung von Verfügungen von Todes wegen wird das Zweifache der vollen Gebühr erhoben, wenn sie mündlich erklärt werden oder der Entwurf vom Richter angefertigt wird. In allen anderen Fällen wird für die Errichtung einer Verfügung von Todes wegen vor einem Richter die volle Gebühr erhoben.

(2) Für die Beurkundung des Widerrufs einer letztwilligen Verfügung und für die Beurkundung der Aufhebung eines Erbvertrages werden fünf Zehnteile der vollen Gebühr erhoben. Die Gebühr fällt fort, wenn zum Ersatze der widerrufenen Verfügung oder des aufgehobenen Erbvertrages eine neue Verfügung von Todes wegen oder ein neuer Erbvertrag bereits beurkundet worden ist oder gleichzeitig beurkundet wird.

(3) Wird ein Erbvertrag gleichzeitig mit einem Ehevertrag beurkundet, so finden die Vorschriften des § 39 Anwendung.

(4) Soweit die Gebühren für eine Verfügung über den gesamten Nachlaß oder einen Bruchteil desselben bei Lebzeiten des Verfügenden fällig werden, sind sie nach dem Werte des Vermögens zur Zeit der Fälligkeit zu berechnen.

(5) Der Berechnung der Gebühren sind in der Regel die Angaben des Verfügenden über den Wert des Gegenstandes zugrunde zu legen. Eine Nachforderung der infolgedessen zu wenig angesetzten Gebühren wird durch die Vorschrift des § 12 nicht ausgeschlossen. Bezüglich dieser Nachforderung beginnt die Verjährung erst mit dem Schlusse des Jahres, in welchem die Eröffnung oder Rückgabe der Verfügung erfolgt ist.

Verfügungen von Todes wegen sind Testament, Erbvertrag und Schenkungsversprechen von Todes wegen. Testament und letztwillige Verfügung sind gleichbedeutende Ausdrücke (§ 1937 BGB.). Inhalt des Testaments kann sein die Erbeseinsetzung, die Anordnung eines Vermächtnisses, beides mit oder ohne eine Auflage, die Einsetzung eines Nacherben, die Ausschließung eines gesetzlichen Erben von der Erbfolge ohne Einsetzung eines Erben, die Bestimmung, daß der Erbteil einer verheirateten Erbin Vorbehaltsgut, eines minderjährigen Kindes freies Kindesvermögen sein soll, die Benennung eines Vormundes für eine unter elterlicher Gewalt des Erblassers stehende Person, die Bestellung eines Beistandes für die Ehefrau des Erblassers. Der Inhalt des Erbvertrages umfaßt die vertragsmäßigen Verfügungen, die nur Erbeinsetzungen, Vermächtnisse oder Auflagen sein können (§ 2278 Abs. 2 BGB.), und etwaige einseitige Verfügungen des einen oder des anderen Vertragschließenden, deren Gegenstand jede Verfügung sein kann, die durch Testament getroffen werden darf (§ 2299 Abs. 1 BGB.).

115 Abs. 1 Satz 2 des § 42 PrGKG. ist im Rahmen des Art. 13 ohne Bedeutung, die Vorschrift betrifft nur die Fälle, in denen durch Übergabe einer Schrift testiert wird, die Richter oder Notar nicht entworfen haben.

116 Der Widerruf des Testaments erfolgt durch ein solches, die Aufhebung des Erbvertrages durch einen solchen. Beschränkt sich diese neue Verfügung von Todes wegen auf den Widerruf oder die Aufhebung, so tritt die Gebührenermäßigung ein, enthält sie gleichmäßig eine neue Verfügung von Todes wegen oder wird neben ihr eine neue errichtet, so bleiben der Widerruf oder die Aufhebung für die Gebührenberechnung außer Betracht, gleichgültig, ob die neue Verfügung von Todes wegen Testament oder Erbvertrag ist. Voraussetzung für den Fortfall der besonderen Gebühr für den Widerruf oder die Aufhebung ist aber, daß die neue zum Ersatz der alten Verfügung von Todes wegen dient, sie muß also über die gleichen Gegenstände wie die alte verfügen[238]). Fertigen verschiedene Rechtsanwälte den Entwurf zu dem Widerrufe und zu der neuen Verfügung, so ist auch für den Widerruf die Gebühr erwachsen.

117 Die ausdrücklich angeordnete Anwendbarkeit des § 39 PrGKG. für die Verbindung eines Ehe- und Erbvertrages ergibt, daß in der Regel nach §§ 39 Abs. 1, 34, 42 PrGKG. die Gebühr $^{20}/_{10}$ von dem zusammengerechneten Vermögen der Ehegatten unter Abzug der Schulden beträgt. Nur wenn in einem der Verträge Einzelbestimmungen getroffen werden, für die nicht das gesamte Vermögen in Frage kommt (s. oben Anm. 106 zu § 38 Abs. 6), kann die Anwendbarkeit des § 39 Abs. 2 Satz 1 in Frage kommen.

118 Für die Wertberechnung der Verfügungen von Todes wegen ist, wenn über das gesamte Vermögen oder über einen Bruchteil verfügt wird, der Wert des Vermögens oder des betreffenden Bruchteils zur Zeit der Fälligkeit der Gebühr (s. oben Anm. 10) maßgebend, bei Erbverträgen oder gemeinschaftlichen Testamenten[239]) das beiderseitige Vermögen, immer unter Abzug der Schulden, nicht aber der Vermächtnisse und Auflagen[240]). Zu beachten ist ferner die Bestimmung des § 20 Abs. 9 PrGKG. Wird nur über einen bestimmten Gegenstand verfügt, so ist dessen Wert, nach den allgemeinen Bestimmungen des Gesetzes berechnet, zugrunde zu legen[241]). Bei Bestimmungen familienrechtlicher Art (Benennung eines Vormundes oder Beiordnung eines Beistandes) gilt § 22 PrGKG.

119 Im Gegensatze zu sonstigen Entwürfen, bei denen der RA. an die Wertangaben der Beteiligten nicht gebunden ist (vgl. oben Anm. 7), sind der Berechnung der Gebühr für den Entwurf einer Verfügung von Todes wegen

238) Vgl. für die Gerichtskosten KGJ. 50, 263; 48, 277.
239) KGJ. 27 B 59.
240) OLG. 7, 437 (KG.).
241) KGJ. 46, 279.

die Angaben des Verfügenden über den Wert des Gegenstandes **in der Regel** zugrunde zu legen. Die Bestimmung schließt also nicht aus, daß bei offensichtlich unrichtiger Angabe davon abgewichen wird. Da der RA. im Streitfalle aber immer auf die Entscheidung des Prozeßrichters über die Höhe seiner Gebühren angewiesen ist (vgl. oben Anm. 9), so wird er nur mit großer Vorsicht von der Regel abweichen dürfen. Die Beweislast für das Vorliegen eines Ausnahmefalles trifft den RA.

Um dem Gebührenberechtigten die Möglichkeit zu eröffnen, die auf Grund unrichtiger Angaben des Verfügenden außer Hebung gebliebenen Gebühren nachzufordern, ist für die Verjährung solcher Nachforderungen der Beginn der Verjährungsfrist auf den Schluß des Jahres hinausgeschoben worden, in dem die Eröffnung oder die Rückgabe der Verfügung erfolgt ist. Maßgebend bleibt aber für den Gebührenanspruch im Falle des Abs. 4 der Wert des Vermögens zur Zeit der Fälligkeit der Gebühr. Kommt es gar nicht zur Niederlegung der Verfügung bei Gericht, so entfällt diese Hinausschiebung des Verjährungsbeginnes. Es wird dann aber ohne weiteres ein „Ausnahmefall" angenommen werden können.

§ 12 PrGKG. gilt für die Gebührenansprüche der RA. überhaupt nicht, da er auch auf Notare keine Anwendung findet.

Wegen abweichender Vereinbarung über die Gebühren auf Grund des § 26 Ziff. 2 NotGebO. s. Anm. 167 ff. 120

h) Familienstiftungen und Familienschlüsse. 121

PrGKG. § 43:

Für die Errichtung von Familienstiftungen und Familienschlüssen wird das Zweifache der vollen Gebühr erhoben.

Für den Rechtsanwalt kommt nur der Entwurf der Satzung einer Familienstiftung und der Fassung eines Familienschlusses in Frage, die als Rechtsgeschäfte im Sinne des Art. 13 anzusehen sind, gegebenenfalls wäre auf Grund des Art. 14 die Gebührenbestimmung des § 43 heranzuziehen.

Der Wert des Gegenstandes ist nach den allgemeinen Vorschriften darüber (§§ 18—20, 22) zu berechnen. Bei der Stiftung ist das ihr gewidmete Vermögen ohne Abzug etwaiger Schulden maßgebend. Bei Familienschlüssen ist, wenn ein bestimmter Geldwert nicht erhellt, § 22 Abs. 1 anzuwenden.

Wegen abweichender Vereinbarungen über die Gebühren auf Grund des § 26 Ziff. 2 NotGebO. s. Anm. 167 ff. 122

Zu beachten ist, daß der RA., der im Rahmen eines Auflösungsverfahrens nach der VO. vom 19. November 1920 (GS. 463) den Besitzer oder andere Beteiligte vertritt, für die Anfertigung des Entwurfs eines Rechtsgeschäfts eine besondere Gebühr nicht berechnen darf[242]). 123

[242]) § 22 Abs. 4 der Gebührenordnung für Auflösung von Familiengütern vom $\frac{\text{11. Januar}}{\text{31. Mai}}$ 1924 (GS. 29, 545). Vgl. Willenbücher Anm. 4 zu dem gedachten § 22.

124 i) Beschlüsse von Vereinigungen.

PrGKG. § 46: (ohne Abs. 3 Satz 3 und Abs. 4):

(1) Das Zweifache der vollen Gebühr wird erhoben für die Beurkundung des Herganges bei Verlosungen, bei Auslosung oder Vernichtung von Wertpapieren und bei Wahlversammlungen, ingleichen für die Beurkundung der Beschlüsse der Generalversammlungen, Aufsichtsräte oder sonstigen Organe von Aktiengesellschaften oder anderen Vereinigungen.

(2) Der Wert des Gegenstandes ist, soweit ein bestimmter Geldwert nicht erhellt, auf 20000 Reichsmark*), ausnahmsweise niedriger oder höher, jedoch nicht unter 500 Reichsmark*) anzunehmen.

(3) Werden gleichzeitig mehrere Beschlüsse beurkundet, für deren Gegenstände ein bestimmter Geldwert nicht erhellt, so ist für alle Beschlüsse zusammen nur ein Wertbetrag nach Maßgabe der vorstehenden Bestimmungen in Ansatz zu bringen. Werden in Verbindung damit Beschlüsse beurkundet, für deren Gegenstände ein bestimmter Geldwert erhellt, so ist der zusammenzurechnende Geldwert dieser Beschlüsse zu dem für die anderen Beschlüsse ermittelten Werte hinzuzurechnen.

Aus dem Inhalt des § 46 können für den RA. nur die Beschlüsse der Organe von Vereinigungen aller Art in Betracht kommen. Ob solche Beschlüsse Rechtsgeschäfte sind, wird von Fall zu Fall verschieden zu beurteilen sein[243]. Entwürfe zu solchen Beschlüssen, die ein RA. fertigt, werden in jedem Falle auf Grund des Art. 14 nach § 46 zu vergüten sein.

Dasselbe gilt von Entwürfen zu Anträgen auf solche Beschlüsse[244], zum mindesten, wenn der Entwurf so gefaßt ist, daß der Antrag eine hinreichende Grundlage zu einer Beschlußfassung abgibt, z. B. Entwürfe zu formulierten Satzungsänderungen oder Änderungen früherer Beschlüsse.

125 Als sonstige Organe kommen der Vorstand, wenn er kollegialisch organisiert ist, wie z. B. kraft Gesetzes der Grubenvorstand einer Gewerkschaft, Ausschüsse des Aufsichtsrats, wenn sie satzungsmäßig festgelegte Befugnisse haben, in Betracht. Außer den Aktiengesellschaften handelt es sich hier um alle Vereinigungen des Privatrechts, insbesondere Kommanditgesellschaften auf Aktien, Gesellschaften m. b. H., Genossenschaften, Vereine, Gewerkschaften[245]. Beauftragt eine öffentliche Körperschaft den RA. mit Anfertigung der hier in Rede stehenden Entwürfe, so wird auf Grund des Art. 14 ebenfalls nach § 46 zu liquidieren sein.

126 Für die Wertberechnung entscheidet, ob bei dem Beschlusse ein bestimmter Geldwert erhellt oder nicht. Ersteres ist der Fall bei Beschlüssen über die Erhöhung oder Herabsetzung des Grund- oder Stammkapitals[246], nicht aber, wenn die Durchführung des Erhöhungsbeschlusses der Entschließung des Aufsichtsrats überlassen bleibt[247]; bei Beschlüssen auf

*) S. Einleitung § 1 Anm. 7a.

243) Vgl. KGJ. 17, 215; 39 B 30 (32).

244) KGJ. 43, 362.

245) KGJ. 42, 302.

246) KGJ. 22 B 26.

247) DNotV. 27, 272 (KG.).

Wiederaufhebung eines Kapitalserhöhungsbeschlusses, und zwar entscheidet der Nennwert, um den das Kapital verändert wird[248]); bei Beschlüssen über die Feststellung und Verteilung des Reingewinnes, maßgebend ist die Höhe des Betrages, über den der Beschluß bestimmt[249]); bei Beschlüssen über die Festsetzung des Jahresetats, maßgebend ist die Etatssumme[250]); bei Beschlüssen über bestimmte Rechtsgeschäfte[251]); bei Beschlüssen auf Erteilung der satzungsgemäß erforderlichen Genehmigung zur Übertragung von Namensaktien[252]); bei Beschlüssen einer Gewerkschaft auf Ausschreibung einer Zubuße. Kein bestimmter Geldwert erhellt z. B. bei Beschlüssen über die Abänderung der Satzungen, wenn es sich nicht um eine Veränderung des Grundkapitals handelt[253]), der Firma[254]), des Gegenstandes des Unternehmens oder des Zweckes des Vereins, bei Beschlüssen auf Umwandlung der Gesellschaftsform[255]), auf Bestellung oder Entlastung der Gesellschaftsorgane[256]), auf Auflösung der Gesellschaft[257]), auf Genehmigung der Bilanz[258]), auf Ablehnung eines Fusionsvertrages[258a]).

Soweit es sich um den Entwurf von Beschlüssen handelt, die die Umstellung des Kapitals auf Goldmark betreffen, kommt für die Wertberechnung die oben Anm. 105 mitgeteilte Dritte Durchführungsverordnung zur Goldbilanzverordnung in Betracht. Durch diese VO. ist die Entscheidung des KG. DNotV. 24, 276 überholt, die auch den Umstellungsbeschluß als einen solchen ansah, bei dem ein bestimmter Geldwert nicht erhellt. 127

Verbindet der Entwurf zu einem Antrage oder Beschlusse mit diesem ein anderes Rechtsgeschäft, so kommt § 39 nicht zur Anwendung, sondern die Gebühren sind so zu berechnen, als ob besondere Entwürfe gefertigt worden seien. Umfaßt dagegen der Entwurf mehrere Beschlüsse, so kommen die Zusammenrechnungsvorschriften des § 46 Abs. 3 zur Anwendung. Für den Fall, daß mehrere Beschlüsse mit bestimmtem Geldwerte in dem Entwurfe zusammengefaßt worden sind, fehlt eine Zusammenrechnungsbestimmung, trotzdem werden die Werte zusammenzurechnen sein. 128

Wegen abweichender Vereinbarungen auf Grund des § 26 Ziff. 2 NotGebO. s. Anm. 168. 129

k) Zusatzgebühren. 130

PrGKG. § 51 Abs. 1 und 2:

(¹) Wird auf Verlangen der Partei oder mit Rücksicht auf die Art der Rechtshandlung die letztere außerhalb der Gerichtsstelle vorgenommen, so werden

248) KGJ. 22 B 16.
249) KGJ. 17, 224; 49, 287; OLG. 7, 440; 35, 241 (KG.).
250) KGJ. 17, 215.
251) KGJ. 18, 151.
252) KGBl. 97, 110 (KG.).
253) KGBl. 97, 56 (KG.).
254) DNotV. 12, 358 (KG.).
255) KGJ. 17, 218; Bbl. 1922, 242 (KG.).
256) KGJ. 17, 224; 42, 295; OLG. 7, 442 (KG.); PrJMBl. 1912, 68 (KG.).
257) KGJ. 31 B 17.
258) KGJ. 17, 225; OLG. 7, 442 (KG.); Bbl. 1926, 241 (KG.).
258a) JW. 1926, 1576¹ (OG. Danzig).

neben den in diesem Abschnitte bestimmten Gebühren — mit Ausnahme der in den §§ 45, 48, 49 vorgeschriebenen Gebühren — fünf Zehnteile der vollen Gebühr, jedoch höchstens 50 Reichsmark*) erhoben. Die Zusatzgebühr darf die für das Geschäft selbst zu erhebende Gebühr nicht übersteigen. Kann das Geschäft nicht an einem Kalendertage beendigt werden, so wird die Zusatzgebühr für jeden Tag, an welchem das Gericht außerhalb der Gerichtsstelle tätig war, besonders erhoben; die Gebührenstufe für die Zusatzgebühr wird in diesem Falle durch eine Teilung des Wertes des Gegenstandes nach der Zahl der Tage ermittelt. Beziehen die Gerichtspersonen Tagegelder und Reisekosten oder die im § 113 bezeichnete Gebühr, so wird der Betrag derselben auf die Zusatzgebühr angerechnet.

(2) Die Zusatzgebühr wird, sofern die Gerichtspersonen den Weg zur Vornahme des Geschäfts angetreten haben, auch dann in Ansatz gebracht, wenn das Geschäft aus einem in der Person des Beteiligten liegenden Grunde nicht zur Ausführung gelangt ist.

NotGebO. § 6:

Für Beurkundungen am Krankenlager, an Sonntagen und den staatlich anerkannten Festtagen sowie in der Zeit von 7 Uhr abends bis 8 Uhr morgens erhält der Notar außer den ihm sonst zustehenden Gebühren zusätzlich noch fünf Zehnteile der vollen Gebühr. Die Zusatzgebühr darf die für das Geschäft selbst zu erhebende Gebühr nicht übersteigen. Treffen mehrere dieser Voraussetzungen zusammen, so wird diese Zusatzgebühr nur einmal erhoben.

PrGKG. § 53 Abs. 1:

Neben den in diesem Abschnitt bestimmten Gebühren werden für die Beurkundung eines Rechtsgeschäfts fünf Zehnteile der vollen Gebühr erhoben, wenn sich ein Beteiligter in einer fremden, im Gerichtsbezirke nicht gebräuchlichen Sprache erklärt.

Die Anwendbarkeit der vorstehenden Bestimmungen auf die dem RA. für die Anfertigung des Entwurfs eines Rechtsgeschäftes zustehende Vergütung erscheint hinsichtlich des § 51 PrGKG. und des § 6 NotGebO. unzweifelhaft, da nach § 9 NotGebO. auch der Notar, der nur den Entwurf einer Urkunde fertigt, die für die Beurkundung bestimmte Gebühr einschließlich der Zusatzgebühren erheben kann. Zweifelhaft könnte die Anwendbarkeit des § 53 PrGKG. sein, weil unter „Erklärung in einer fremden, im Gerichtsbezirke nicht gebräuchlichen Sprache" die zu beurkundende Erklärung zu verstehen ist. Hält man mit Rausnitz[259]) und Sydow-Busch[260]) den § 53 auch auf die von einem Notar angefertigten Entwürfe für anwendbar, so muß man auch dem Rechtsanwalt für die Anfertigung des Entwurfs auf Grund von Erklärungen in fremder Sprache die Zusatzgebühr zubilligen.

181 Die Zusatzgebühr des § 51 PrGKG. ist nur zu erheben, wenn die Tätigkeit des RA. auf Verlangen der Partei oder mit Rücksicht auf die Art der Rechtshandlung außerhalb der Geschäftsräume oder der Wohnung[261])

*) s. Einleitung § 1 Anm. 7a.
[259]) Anm. 5 zu § 9 NotGebO.
[260]) Anm. 2b zu Art. 13 PrGebO.
[261]) OLG. 19, 276 (KG.); DNotV. 24, 426 (KGPräs.).

des RA. ausgeübt wurde. Die Art der Rechtshandlung wird ein Tätigwerden des RA. im Rahmen des Art. 13 außerhalb der Geschäftsräume kaum je bedingen. Das Verlangen der Partei wird vermutet, wenn die Tätigkeit tatsächlich außerhalb der Geschäftsstelle stattgefunden hat[262]).

Zu erheben ist die Zusatzgebühr für jede gebührenpflichtige Tätigkeit außerhalb der Geschäftsräume, auch wenn mehrere Entwürfe anläßlich derselben Abwesenheit aus den Geschäftsräumen angefertigt worden sind[263]). 132

Da die Zusatzgebühr eine selbständige Gebühr ist, findet § 3 NotGebO. (Mindestgebühr 2 *RM*) Anwendung. 133

Die Zusatzgebühr des § 6 NotGebO. kommt nicht zur Anwendung, wenn die Partei nur am Ausgehen verhindert ist[264]). Die Zusatzgebühr für Tätigkeit an Sonn- und Festtagen und in der Zeit von 7 Uhr abends bis 8 Uhr morgens erwächst auch, wenn nur ein Teil der Tätigkeit in diese Zeit oder auf diese Tage fällt[265]). 134

Für die Berechnung der Zusatzgebühr ist der Wert maßgebend, nach dem die Hauptgebühr zu berechnen ist[266]). Auch für die Zusatzgebühr des § 6 NotGebO. gilt die Mindestgebühr von 2 *RM*. 135

Staatlich anerkannte Feiertage sind in Preußen der Neujahrstag, Karfreitag, Ostermontag, Himmelfahrtstag, Pfingstmontag, Buß- und Bettag, die beiden Weihnachtsfeiertage. In einzelnen Landesteilen Preußens sind noch andere Feiertage staatlich anerkannt[267]). 136

Die Zusatzgebühr des § 53 PrGKG. entsteht, gleichgültig ob der RA. die fremde Sprache selbst beherrscht und es somit der Zuziehung eines Dolmetschers nicht bedarf, oder ob ein solcher zugezogen werden muß. Auch für sie ist der Wert des Gegenstandes, nach dem die Hauptgebühr zu bemessen ist, maßgebend, und bei der Berechnung kommt § 3 NotGebO. (Mindestgebühr 2 *RM*) zur Anwendung. Im Gegensatz zu den beiden anderen Zusatzgebühren kann die des § 53 die Hauptgebühr übersteigen, was aber für den RA. nicht in Betracht kommt, da die Entwurfsgebühr mindestens $^5/_{10}$ beträgt. 137

l. Nicht zur Vollziehung gekommene Geschäfte. 138

PrGKG. § 52:

Unterbleibt die beantragte Beurkundung einer Erklärung, nachdem das Gericht darüber mit den Beteiligten verhandelt hat, so werden fünf Zehnteile der vollen Gebühr bis zu einem Höchstbetrage von 20 Reichsmark*) erhoben.

NotGebO. § 12 Abs. 1 [268]):

Soweit nicht besondere Bestimmungen getroffen sind, erhält der Notar in allen Fällen, in welchen seine Tätigkeit in Anspruch genommen ist und statt-

---

262) KGJ. 37 B 28; OLG. 19, 265 (KG.).
263) KGJ. 16, 168.
264) KGJ. 17, 248.
265) KGJ. 40, 365.
266) KGJ. 32 B 23; 40, 359; 53, 322.
267) Vgl. Skonietzki-Gelpcke ZPO. Anm. 2 zu § 188.
*) s. Einleitung § 1 Anm. 7a.
268) Abs. 2 bleibt außer Betracht, weil der RA. keinen Termin anberaumen kann (s. Art. 10 Anm. 3).

gefunden hat, ohne daß das bezweckte Geschäft durch ihn vollzogen ist, fünf Zehnteile der vollen Gebühr; jedoch darf die Gebühr, die für das bezweckte Geschäft zu erheben gewesen wäre, nicht überschritten werden. Unterbleibt nach Fertigstellung des Entwurfs einer Beurkundung die Vollziehung derselben, so finden die Vorschriften des § 9 Anwendung.

§ 9 Satz 1 NotGebO.:

Die für die Beurkundung bestimmte Gebühr wird auch dann erhoben, wenn der Notar auf Erfordern nur den Entwurf einer Urkunde fertigt.

Die Bestimmung des § 52 PrGKG. wird für Notare und deshalb im Rahmen des Art. 13 auch für den mit dem Entwurfe eines Rechtsgeschäfts beauftragten RA. durch die gedachten §§ der NotGebO. ausgeschlossen. Mit der Fertigung des Entwurfs ist für den RA. die für die Beurkundung vorgesehene Gebühr verdient. Ist der RA. tätig geworden, ohne daß es zur vollständigen Aufstellung des Entwurfs gekommen ist, so ist § 12 Abs. 1 NotGebO. anwendbar.

139 m. Nebengeschäfte.

PrGKG. § 54 Satz 1:

Die in diesem Abschnitte bestimmten Gebühren umfassen die gesamte Tätigkeit des Gerichts einschließlich aller Nebengeschäfte.

NotGebO. § 10:

(1) Für die bei den Gerichtsbehörden einzureichenden Anträge behufs Erwirkung einer Eintragung in das Grundbuch oder andere gerichtliche Bücher oder Register oder behufs Erwirkung von Legalisationen, für die Einsendung einer von dem Notar aufgenommenen Urkunde sowie für die Erledigung von Beanstandungen eines von dem Notar eingereichten oder in einer von ihm eingesandten Urkunde enthaltenen Antrags können Gebühren nicht gefordert werden, wenn der Notar für die Aufnahme der eingesendeten oder seinen Anträgen zugrunde liegenden Urkunde Gebühren bezieht. Dasselbe gilt, wenn die Urkunde von dem Notar entworfen ist.

(2) Wird der Notar in anderen Fällen mit der im Abs. 1 bezeichneten Tätigkeit beauftragt oder ist es notwendig, mit einem Antrag einen das Sach- und Rechtsverhältnis entwickelnden Vortrag zu verbinden, und wird die Einreichung desselben von der Partei verlangt, so erhält der Notar fünf Zehnteile der vollen Gebühr.

(3) Unter Anträgen im Sinne der vorstehenden Bestimmungen sind auch Beschwerden zu verstehen.

Die Anwendbarkeit des § 54 PrGKG. auf Notare folgt aus § 5 NotGebO., die des § 54 PrGKG. und des § 10 NotGebO. auf Rechtsanwälte — mit einer in Anm. 144 erörterten Ausnahme — aus Art. 13.

140 Das Verhältnis des § 10 NotGebO. zu § 54 PrGKG. ist hinsichtlich § 10 Abs. 1 und 3 das der näheren Ausführung des Grundsatzes für bestimmte Fälle, hinsichtlich des § 10 Abs. 2 das der Ausnahme von der Regel[269]).

[269]) KGJ. 42, 344.

Nebengeschäfte sind Geschäfte, die im Verhältnisse zu dem Hauptgeschäfte als minder wichtige, weniger bedeutende erscheinen und mit dem Hauptgeschäfte derart in Zusammenhang stehen, daß sie nicht als selbständige in die Erscheinung treten, sondern nur vorgenommen werden, um das Hauptgeschäft vorzubereiten oder das bereits vorgenommene Hauptgeschäft zu fördern und so den mit ihm beabsichtigten Erfolg herbeizuführen[270]). Liegt ein Nebengeschäft vor, so kann der RA., auch wenn es außerhalb seiner Wohnung oder seiner Geschäftsräume vorzunehmen ist, keine Zusatzgebühr aus § 51 PrGKG. berechnen, wenn sie für das Hauptgeschäft nicht entsteht[271]). Auch wenn die durch Nebengeschäfte bedingte Tätigkeit umfangreicher ist, als die mit dem Hauptgeschäfte verbundene, kann für die Nebengeschäfte nichts gefordert werden[272]). Ob der RA. das zur Durchführung des Hauptgeschäfts nötige Nebengeschäft ohne Auftrag oder auf ausdrückliches Verlangen der Partei vorgenommen hat, ist gleichgültig[273]). 141

Voraussetzung der Gebührenfreiheit der Nebengeschäfte ist natürlich, daß der RA. auch das Hauptgeschäft vorgenommen und dafür Gebühren bezogen hat[274]). Anderenfalls kann er für die Nebengeschäfte nach Maßgabe der Art. 8—12, 14 Gebühren berechnen. Eine Vereinbarung besonderer Vergütung für die Nebengeschäfte sofern sie nicht unter § 26 NotGebO. fallen, ist dem Notar durch § 26 NotGebO. versagt[275]), dem Rechtsanwalt, wenn er eine Gebühr für Anfertigung eines Entwurfes nicht bezieht, nach Art 16 unter den Voraussetzungen des § 93 RAGebO. gestattet, da Art. 13 Abs. 2 den § 26 NotGebO. nur auf die Vergütung für die Anfertigung eines Entwurfs anwendbar erscheinen läßt. 142

Als Nebengeschäfte sind in der Praxis angesehen worden: die vor Aufnahme einer Schuldurkunde vorgenommene Einsicht in das Grundbuch und die Übernahme der Gewähr für die Richtigkeit der Mitteilung des Ergebnisses an den Auftraggeber[276]), die Rücksendung der Urkunden an den Auftraggeber oder dessen Bevollmächtigten[277]), der Antrag auf Legalisation einer Urkunde auch durch eine andere Stelle als eine Gerichtsbehörde[278]), auf Erteilung der vormundschaftsgerichtlichen Genehmigung des Rechtsgeschäfts[279]), auf Erteilung der behördlichen Genehmigung zu einem Grundstückskaufvertrage[280]). 143

---

270) KGJ. 52, 324; JFGErg. 1, 98; Bbl. 1924, 31 (KG.). Weitergehend JFG. 3, 266 (KG.).

271) OLG. 19, 276; 35, 243; KGJ. 46, 310; JurRundsch. 2 Nr. 324 (KG.).

272) OLG. 19, 276; JW. 1924, 61 (KG.).

273) OLG. 35, 243 (KG.).

274) Vgl. für Gerichtskosten KGJ. 27 B 18.

275) A. M. OLG. 19, 276 (KG.). Vgl. auch KGJ. 46, 315.

276) OLG. 7, 258; 19, 276. (KG.); JFGErg. 3, 262.

277) JW. 1924, 61[1] (KG.).

278) KGJ. 42, 341.

279) OLG. 25, 308 (KG.).

280) KGJ. 17, 227; JFGErg. 1, 95.

Kein Nebengeschäft ist: a) Der Antrag auf Erteilung der Erklärung aus § 24 des Grunderwerbssteuergesetzes; als Wert gilt der voraussichtlich zur Hebung kommende Steuerbetrag [281]), b) die Beschaffung von Grundbuch-, Katasterauszügen und standesamtlichen Urkunden [282]).

144 Wird der RA. mit einer der in § 10 Abs. 1 NotGebO. aufgezählten Geschäfte beauftragt, ohne daß er die Urkunde entworfen hat, oder wird er mit der Einreichung einer Urkunde und gleichzeitig mit der Einreichung eines das Sach- und Rechtsverhältnis entwickelnden Vortrages [283]) beauftragt, so konkurrieren die Gebührenbestimmungen des Art. 8 und des Art. 13 LGebO. in Verbindung mit § 10 Abs. 2 PrNotGebO. Da es sich bei der Einreichung einer von dem RA. entworfenen Urkunde um eine Berufsausübung handelt, die mit einer nach Art. 13 auf Grund der NotGebO. zu entgeltenden Tätigkeit im Zusammenhange steht, wird man der Gebührenbestimmung des § 10 Abs. 2 den Vorzug geben müssen, da der RA. die Gebühr für den Entwurf der Urkunde außerdem erhält. Der RA. darf also für den Antrag neben der Gebühr für den Entwurf der Urkunde nur $^5/_{10}$, nicht $^8/_{10}$ der vollen Gebühr berechnen. Anders wenn der RA. die Urkunde nicht entworfen hat. Hier steht die Tätigkeit des RA. außer jedem Zusammenhange mit einer ihm nach der NotGebO. zu entgeltenden Berufstätigkeit, fällt auch nicht unter Art. 13. Es ist deshalb kein Grund erkennbar, dem RA. die Gebühr des Art. 8 LGebO. vorzuenthalten, wenngleich es auffallend ist, daß insoweit der RA. höhere Gebühren erhält als der Notar.

145 **3. Vermittlung einer Auseinandersetzung.**

NotGebO. § 11:

(1) Für die Vermittlung einer Auseinandersetzung, die dem Notar von dem Gericht oder von den Beteiligten übertragen ist, erhält er das Dreifache der vollen Gebühr. Wird das Verfahren nicht durchgeführt oder beschränkt es sich auf die Ermittlung oder Feststellung einer Masse, so erhält der Notar das Zweifache der vollen Gebühr.

(2) Die Gebühren für die Beurkundung oder den Entwurf eines das Verfahren abschließenden Vertrags oder eines mit einem Dritten geschlossenen Vertrags, sowie die Gebühren für Vermögensverzeichnisse, Schätzungen und Versteigerungen werden neben den im Abs. 1 bestimmten Gebühren besonders erhoben. Wird die Vermittlung der Auseinandersetzung dem Notar vom Gericht übertragen, so steht die Anfertigung des Auseinandersetzungsplans dem Entwurfe, die Beurkundung der Auseinandersetzung der Beurkundung eines das Verfahren abschließenden Vertrags gleich.

(3) Neben den im Abs. 1 bestimmten Gebühren werden fünf Zehnteile der vollen Gebühr erhoben, wenn sich ein Beteiligter in einer fremden, im Gerichtsbezirke nicht gebräuchlichen Sprache erklärt. Die Zusatzgebühr sowie die durch die Zuziehung eines Dolmetschers entstandenen Auslagen fallen dem Beteiligten

---

[281]) KGJ. 53, 323.

[282]) So mit Recht Rausnitz Anm. 4 zu § 54 PrGKG.; a. M. Beushausen Anm. 3 zu demselben Paragraphen; OLG. 35, 243 (KG.).

[283]) Vgl. darüber OLG. 35, 243 (KG.).

zur Last, der die Zuziehung des Dolmetschers oder die Verhandlung in der fremden Sprache veranlaßt hat.

(4) In Ansehung der Zahlungspflicht und der Verpflichtung zur Leistung von Vorschüssen finden, wenn die Vermittlung der Auseinandersetzung dem Notar von dem Gericht überwiesen ist, dieselben Vorschriften Anwendung, wie wenn die Vermittlung dem Notar von den Beteiligten übertragen wäre.

Für den RA. kommen nur die Bestimmungen in Abs. 1, Abs. 2 Satz 2 und Abs. 3 in Betracht.

Voraussetzung einer Auseinandersetzung ist das Bestehen einer Rechtsgemeinschaft unter den Beteiligten. Keine Auseinandersetzung ist die Herausgabe des Vermögens und die Rechnungslegung darüber vom Vorerben an den Nacherben, vom Ehemann an die Ehefrau nach Beendigung des gesetzlichen Güterstandes, zwischen Bevollmächtigten und Vollmachtgeber [284]). Keine Anwendung findet die Bestimmung ferner, wenn der RA. nur einen oder mehrere Beteiligte in dem Auseinandersetzungsverfahren vertritt oder Einzelaufträge zu Entwürfen erhält, die in ihrer Gesamtheit die Auseinandersetzung enthalten [285]). Diese Tätigkeit fällt unter Art. 8—12 LGebO. Dagegen braucht der Auftrag zur Vermittlung nicht von allen Beteiligten auszugehen [286]).

Durchgeführt wird das Verfahren mittels Abschlusses eines 146 Auseinandersetzungsvertrages. Wenn dieser die Gemeinschaft hinsichtlich eines verhältnismäßig unbedeutenden Teiles des Vermögens der Gemeinschaft aufrecht erhält — etwa eines einzelnen Grundstückes, dessen Teilung im Wege der Zwangsversteigerung vorbehalten wird — so ist auch dann das Auseinandersetzungsverfahren als durchgeführt anzusehen. Da aber Abs. 2 neben der Gebühr des Abs. 1 eine besondere Gebühr für den Entwurf des Auseinandersetzungsvertrages zubilligt, muß die Gebühr des Abs. 1 auch schon als erwachsen angesehen werden, wenn die Verhandlungen die Grundlagen des Auseinandersetzungsvertrages geschaffen haben [286a]). Andererseits genügt es nicht zur Begründung der Auseinandersetzungsgebühr, wenn in dem von dem RA. entworfenen Vertrage eine von den Beteiligten selbst herbeigeführte Auseinandersetzung wiedergegeben wird [287]).

Die Ermittelung oder Feststellung einer Masse kann 147 nur der Vorbereitung des Auseinandersetzungsverfahrens dienen. Wenn sich also das Verfahren darauf beschränkt, so ist das der gleiche Fall wie der der Nichtdurchführung des Verfahrens. Auch die Gebührenvorschrift des Abs. 1 Satz 2 hat nur den Fall im Auge, daß ein Auseinandersetzungsverfahren stattfinden soll, nicht also die in Anm. 145 erörterten Fälle, in denen es sich gar nicht um eine Auseinandersetzung handelt. In diesen Fällen kann sie aber unter Umständen auf Grund des Art. 14 entsprechend anzuwenden sein [288]).

---

[284]) KGJ. 49, 303; OLG. 23, 373; 33, 342 (KG.).
[285]) OLG. 7, 250 (KG.).
[286]) Bbl. 1912, 184 (KG.).
[286a]) KGJ. 37 B 64.
[287]) OLG. 7, 251; 15, 205 (KG.).
[288]) OLG. 17, 228 (KG.)

148 Die Gebühr des Abs. 1 deckt nur die Verhandlungen mit den Beteiligten über die Auseinandersetzung, § 54 PrGKG. kommt nicht zur Anwendung, § 10 NotGebO. nur dann, wenn der mit der Vermittelung der Auseinandersetzung beauftragte RA. auch die Gebühren für den Entwurf der Verträge erhält.

149 Daraus, daß Abs. 3 die in § 53 PrGKG. vorgesehene Gebühr für den Fall des Auseinandersetzungsverfahrens ausdrücklich vorsieht, ist zu schließen, daß die Zusatzgebühr des § 51 PrGKG. (sogenannte Wegegebühr) und die Zusatzgebühr des § 6 NotGebO. (Verhandlung am Krankenlager, an Sonn- und Festtagen, zur Nachtzeit) im Falle des § 11 NotGebO. nur anzusetzen sind, soweit die Gebühren des Abs. 2 entstehen.

150 Die Gebühr kann im Falle des § 11 NotGebO. auf Grund des Art. 16 LGebO., § 93 RAGebO. abweichend vereinbart werden. S. Anm. 168.

Die Wertberechnung richtet sich auf Grund des Art. 13 LGebO. mit § 2 Abs. 2 NotGebO. nach

151 **PrGKG. § 88:**

(1) Soweit nicht vorstehend ein anderes bestimmt ist, werden in den unter diesen Abschnitt fallenden Angelegenheiten die Gebühren von dem Betrage der den Gegenstand des Verfahrens bildenden Vermögensmasse ohne Abzug der Schulden berechnet.

(2) Betrifft ein Verfahren mehrere im Zusammenhange stehende Massen, so werden die Werte derselben zusammengerechnet. Die nach dem Gesamtwerte berechnete Gebühr wird auf die einzelnen Massen nach Verhältnis des Wertes derselben verteilt. Wird die Teilung des Nachlasses eines Ehegatten, welcher in einer Gütergemeinschaft gelebt hat, mit der Auseinandersetzung der Gütergemeinschaft verbunden, so wird bei der Anwendung der Vorschriften dieses Absatzes der Wert der gütergemeinschaftlichen Masse nur zur Hälfte und, sofern dem überlebenden Ehegatten von der gütergemeinschaftlichen Masse ein anderer Bruchteil als die Hälfte zufällt, zu diesem Bruchteil in Ansatz gebracht.

(3) Werden nur einzelne Teile der Masse von den in diesem Abschnitte bezeichneten Gattungen von Geschäften berührt, so werden die Gebühren nur nach dem Werte dieser Teile berechnet.

152 Auch für die Wertberechnung nach § 88 PrGKG. ist maßgebend der Zeitpunkt der Fälligkeit der Gebühr (§ 19 Abs. 1 PrGKG.). Da die Fälligkeit mit der Beendigung der Tätigkeit des RA. eintritt, kommen für die Wertberechnung die Vermögensstücke nicht in Betracht, die im Laufe des Verfahrens ausgeschieden sind[289]). Die einzelnen Vermögensstücke werden nach den Regeln der §§ 18—20, 22 PrGKG. bewertet. Insbesondere kommt also auch § 20 Ziff. 9 PrGKG. zur Anwendung. Nachlaßforderungen an einen Miterben gehören zur Masse, Ausgleichsansprüche der Miterben gegeneinander nicht[290]).

Zu den Schulden, die nicht abgezogen werden, gehören nicht in Abt. II des Grundbuchs einzutragende dingliche Lasten, auch der Nießbrauch, soweit

[289]) DNotV. 1914, 654 (KG.).
[290]) KGJ. 39 B 55.

sie nicht etwa auf Vermächtnissen oder Auflagen beruhen, so daß § 1967 Abs. 2 BGB. Anwendung findet[290a]. Auch die Erbschaftssteuer ist keine Nachlaßschuld[290b].

Abs. 2 Satz 1 kommt auch dann zur Anwendung, wenn ein Teil der einen Masse Bestandteil der anderen ist, z. B. wenn der Nachlaß von Ehegatten geteilt wird, die im gesetzlichen Güterstande leben, wo zum Nachlasse des überlebenden Ehegatten dessen Anteil am Nachlasse des Verstorbenen gehört. Nur für den Fall des Abs. 2 Satz 3 wird die Tatsache berücksichtigt, daß in der Auseinandersetzungsmasse des Nachlasses eines gütergemeinschaftlichen Ehegatten dessen Anteil an der Gütergemeinschaft steckt. Im praktischen Ergebnisse kommt die Wertberechnung in diesem Falle darauf hinaus, daß dem Werte des Sondergutes, Vorbehaltsgutes und eingebrachten Gutes des Ehegatten, dessen Nachlaß geteilt wird, der Wert des Gesamtgutes hinzugerechnet wird. 153

4. Empfang, Verwahrung und Auszahlung von Geldern und Wertpapieren. 154

Soweit diese Geschäfte des RA. nicht zur streitigen Rechtspflege gehören, finden die für die Notare geltenden Vorschriften entsprechende Anwendung. Sie finden sich in

PrNotGebO. § 14:

(1) Für Empfang, Verwahrung und Auszahlung von Geldern erhält der Notar:

1. im Falle des Empfangs zum Zwecke der Auszahlung an dritte Personen für Rechnung des Auftraggebers
   von der auf volle 10 Reichsmark *) aufgerundeten Summe
   bis zu 1000 Reichsmark *) einschließlich . 1 vom Hundert,
   vom Mehrbetrage bis zu 10 000 Reichsmark *) ½ vom Hundert,
   von dem Mehrbetrage . . . . ¼ vom Hundert; **)
2. im Falle der Erhebung von dritten Personen für Rechnung des Auftraggebers das Zweifache der vorstehenden Gebührensätze.

(2) Die Gebühr des Abs. 1 wird auch dann erhoben, wenn der Empfang oder die Auszahlung im Banküberweisungs-, Giro- oder Postscheckverkehr erfolgt.

(3) Sind die Gelder im ersten Falle in mehreren Beträgen gesondert auszuzahlen oder im zweiten Falle in mehreren Beträgen gesondert zu erheben, so werden die Gebühren von jedem Betrage besonders berechnet, jedoch mit der Maßgabe, daß in einer und derselben Angelegenheit die Gebühren zusammen das Fünffache der Gebühr des Gesamtbetrages nicht übersteigen dürfen.

(4) Für Empfang, Verwahrung und Ablieferung von Wertpapieren sind die Gebühren des Abs. 1 nach Maßgabe des Wertes zu erheben.

290a) Bbl. 1904, 252 (OLG. Frankfurt a. M.).

290b) JurRundsch. 1 Nr. 1068 (KG.).

*) s. Einleitung § 1 Anm. 7a.

**) Im Texte des Gesetzes folgen hier noch die Worte: „Maßgebend ist für die Umrechnung der Goldumrechnungssatz im Zeitpunkte des Eingangs der Summe".

Dieser Satz hat, seitdem im § 14 statt „Goldmark" jetzt „Reichsmark" zu lesen ist, nur noch für das Übergangsrecht Bedeutung und ist deshalb oben weggelassen worden.

(5) In den Fällen des § 14 findet die Bestimmung des § 3 keine Anwendung.

(6) Die Gebühren dieses Paragraphen werden auf die Gebühr des § 49 Abs. 2 des Preußischen Gerichtskostengesetzes angerechnet.

155 Die Bestimmung des § 14 NotGebO. unterscheidet sich von der entsprechenden des § 87 RAGebO. in mehrfacher Hinsicht. Zunächst fehlt dort die Verdoppelung der Gebühr für den Fall des Empfanges von dritten Personen. Weiter fehlt in § 87 RAGebO. die ausdrückliche Bestimmung über die Anwendbarkeit der Gebühr auch auf Empfang und Auszahlung im Banküberweisungs-, Giro- oder Postscheckverkehr[291]). Ferner fehlt in § 87 eine Bestimmung für den Fall der Erhebung und Ablieferung in Teilbeträgen. Andererseits fehlt in § 14 die Bestimmung über die Abzugsfähigkeit der Gebühr von den abzuliefernden Geldern. Die Mindestgebühr des § 8 RAGebO. gilt nur für die in Abschnitt 2—4 geregelten Gebühren, also nicht für die in Abschnitt 7 enthaltene Gebühr des § 87. Dem entspricht § 14 Abs. 5 NotGebO.

156 Empfängt der RA. von einer „dritten" Person Gelder, um sie für Rechnung des von dieser Person verschiedenen Auftraggebers an eine weitere „dritte" Person auszuzahlen, so kommt Abs. 1 Ziff. 2 zur Anwendung, entscheidend ist Empfang für Rechnung des Auftraggebers von dritten Personen. Außer Betracht bleibt es, ob der Dritte an den RA. auf Grund eines dem Auftraggeber gegenüber bestehenden Schuldverhältnisses zahlt[292]). Dritte Person kann auch das Gericht, z. B. im Zwangsversteigerungsverfahren sein[293]).

157 Die Frage, wer bei dem Geldempfange Auftraggeber des RA. ist, muß unabhängig von dem sonstigen Auftragsverhältnisse geprüft werden. Beauftragt der Gläubiger einen Rechtsanwalt mit dem Entwurfe einer Löschungsbewilligung oder Abtretungsurkunde und weist den Schuldner an, den Gegenwert an den Rechtsanwalt zu zahlen, so ist hinsichtlich des Geldempfanges der Zahlende Auftraggeber des RA., so daß die Gebühr aus § 14 Abs. 1 Nr. 1 zu berechnen ist[294]).

158 Der Grund der Einzahlung bei dem RA. ist für die Entstehung der Gebühr gleichgültig, sie ist insbesondere auch zu erheben, wenn der RA. vereinbarungsgemäß als Treuhänder bestellt wird[295]).

159 Nicht geregelt sind in Abs. 3 die Fälle, daß unter den Voraussetzungen des Abs. 1 Nr. 1 die Einzahlung, unter den Voraussetzungen des Abs. 1 Nr. 2 die Auszahlung in verschiedenen Teilbeträgen erfolgt. Darum wird die Regel des Abs. 1 anzuwenden sein, trotzdem die Mühewaltung des RA. dieselbe ist, wie in den Fällen des Abs. 3.

160 Der Begriff „Wertpapiere" regelt sich nach den allgemeinen Vorschriften. Nicht darunter fallen: Sparkassenbücher, Anteilscheine einer GmbH.,

---

291) Zutreffend wenden aber Walter-Joachim-Friedlaender Fußnote 6 zu § 87 den Paragraphen auch auf diesen Fall an.

292) KGJ. 18, 181.

293) OLG. 25, 304 (Celle).

294) KGJ. 42, 346; DNotV. 1912, 301 (KG.). A. M. Bartscher-Drinnenberg-Wenz Anm. 1 zu § 14 PrNotGebO.

295) Vgl. KGJ. 33 B 22, auch OLG. 25, 310 (KG.).

Hypotheken-, Grundschuld- oder Rentenschuldbriefe. Dagegen sind Wechsel als Wertpapiere anzusehen[296]), ebenso Schecks[297]). Bei Empfang und Ablieferung von Urkunden, die nicht als Wertpapiere anzusehen sind, wird der RA. nach Art. 14 LGebO. die Gebühr aus § 14 Abs. 1 und 4 NotGebO. in Rechnung stellen dürfen, wobei für den Wert der Urkunden § 22 PrGKG. anzuwenden sein wird.

Der Berechnung der Gebühr ist im Falle des Abs. 1 der Betrag der Zahlung, bei ausländischen Geldzeichen ihr Kurswert bei Fälligkeit der Gebühr, im Falle des Abs. 4 der nach §§ 18 bis 20 (insbesondere Abs. 8) PrGKG., gegebenenfalls nach § 22 PrGKG., zu bestimmende Wert der Papiere am Tage der Fälligkeit der Gebühr (d. i. der Tag der Auszahlung) zugrunde zu legen[298]). 161

Eine ausdrückliche Anwendbarkeit des Abs. 3 ist in Abs. 4 nicht vorgeschrieben, sie wird aber sinngemäß zu erfolgen haben. Denkbar ist auch eine Anwendbarkeit des Abs. 2, wenn in Ausführung eines Berufsgeschäftes der RA. sein Stückekonto mit Wertpapieren erkennen und demnächst belasten läßt. 162

Abs. 6 findet auf Rechtsanwälte keine Anwendung, da es sich in § 49 PrGKG. um die Gebühren für Wechselproteste handelt. 162a

Die Berechnung der Gebühr des Abs. 1 Nr. 1 ergibt sich aus der Formel: 163

bis zu 1000 *RM*	1%
bei Beträgen zwischen 1000 und 10000 *RM* einschl. . . .	½% + 5 *RM*
bei Beträgen über 10000 *RM*	¼% + 30 *RM*.

5. Vergütung für Schreibwerk und Postgebühren. 164

Während die LGebO. in Art. 15 für den übrigen Teil ihres Geltungsbereichs die Grundsätze des § 76 RAGebO. wiedergibt und nur für die Höhe der Schreibgebühren und für die Erstattung der Postgebühren auf § 20 NotGebO. verweist, bestimmt sie im Rahmen des Art. 13 die Anwendbarkeit der für die Notare geltenden Vorschriften in vollem Umfange.

NotGebO. § 20:

(1) Außer den Gebühren kann der Notar nur den Betrag der erforderlichen Stempelabgaben und der von ihm in Marken entrichteten Gerichtskosten sowie die notwendigen baren Auslagen berechnen.

(2) Die Kosten des Schreibwerks werden in der Regel nicht durch Schreibgebühren ersetzt. Nur für solche Ausfertigungen und Abschriften, die auf besonderen Antrag erteilt werden oder für Finanzbehörden bestimmt sind, erhält der Notar Schreibgebühren, jedoch hat bei Beurkundungen und Entwürfen von zweiseitigen Rechtsgeschäften die Erteilung von je zwei Ausfertigungen oder Abschriften und bei sonstigen Beurkundungen die Erteilung je einer Ausfertigung oder Abschrift schreibgebührenfrei zu erfolgen. Die Schreibgebühr beträgt für die Seite,

---

[296]) A. M. Rausnitz Anm. 3 zu § 14 NotGebO.

[297]) DNotV. 14, 646 (LG. II Berlin); JFGErg. 5, 105 (mit Ausnahme des roten Reichsbankverrechnungsschecks).

[298]) KGJ. 33 B 22; OLG. 25, 310 (KG.). A. M. Sydow-Busch Anm. c zu § 13 NotGebO.

die mindestens zweiunddreißig Zeilen von durchschnittlich fünfzehn Silben enthält, 0.30 Reichsmark*), auch wenn die Herstellung auf mechanischem Wege stattgefunden hat. Jede angefangene Seite wird als voll berechnet. Für Schriftstücke, die in fremder Sprache abgefaßt sind, für Schriftstücke in tabellarischer Form, sowie für Verzeichnisse, Listen, Rechnungen, Handzeichnungen und dergleichen kann die Höhe der Schreibgebühr durch den Justizminister anderweit bestimmt werden. Die auf die besondere Ausstattung einer Urkunde verwendeten Auslagen, insbesondere diejenigen, welche durch Verwendung von Pergamentpapier entstehen, sind besonders zu erstatten. Der Justizminister wird ermächtigt, bei einer erheblichen Veränderung der wirtschaftlichen Verhältnisse die Schreibgebühr zu erhöhen oder zu ermäßigen.

(³) Von den Postgebühren des Notars sind nur Telegraphengebühren, die im Fernverkehre zu entrichtenden Fernsprechgebühren, die im Verkehre mit dem Auslande entstehenden Gebühren und die Übersendungsgebühren für Ausfertigungen, Abschriften und vorgeschriebene Mitteilungen, die für Finanzbehörden bestimmt sind, zu berechnen.

165 Der Unterschied gegen die Regelung in Art. 15, auf dessen Erläuterung im übrigen zu verweisen ist, besteht darin, daß der RA., der einen Entwurf zu einem zweiseitigen Rechtsgeschäft fertigt, mindestens zwei Abschriften (oder Ausfertigungen) schreibgebührenfrei erteilen muß, auch wenn sie auf besonderes Verlangen gefertigt werden. Wegen des Begriffes der zweiseitigen Rechtsgeschäfte s. Anm. 73. Wegen der Postgebühren s. die Erläuterungen bei Art. 15 Anm. 8ff.

166 Daß dem RA. außer den Auslagen an Postgebühren andere Auslagen, die er für notwendig halten durfte, in vollem Umfange zu erstatten sind, folgt aus § 670 BGB. und gilt im Bereiche des Art. 13 ebenso wie sonst nach der LGebO.[299]).

IV. Abweichende Vereinbarungen.

167 Während durch Art. 16 in Verbindung mit § 93 RAGebO. dem RA. die von der Gebührenordnung abweichende Vereinbarung seiner Gebühren in weitem Umfange gestattet ist, beschränkt Art. 13 Abs. 2 LGebO. diese Vereinbarungsfreiheit für die Vergütung der Anfertigung eines Entwurfs in derselben Weise, wie § 26 NotGebO. die Notare beschränkt.

NotGebO. § 26:

(¹) Der Betrag der Vergütung des Notars kann abweichend von den Vorschriften dieser Gebührenordnung durch Vertrag festgesetzt werden, wenn es sich handelt:

1. um die Beurkundung von letztwilligen Verfügungen, Erbverträgen, Eheverträgen, Familienstiftungen, Familienschlüssen, Satzungen oder Beschlüssen von Korporationen, Vereinen, Gewerkschaften, Gesellschaften oder Genossenschaften oder der Organe derselben (Aufsichtsräte usw.);

---

*) S. Einleitung § 1 Anm. 7a.
[299]) Vgl. Vorbem. zu Art. 15 Anm. 1.

2. um die Entwürfe zu den unter 1 bezeichneten Beurkundungen;
3. um eine von den Beteiligten dem Notar übertragene Vermittlung einer Auseinandersetzung;
4. um die Beurkundung des Hergangs bei Verlosungen, bei Auslosung oder Vernichtung von Wertpapieren und bei Wahlversammlungen;
5. um ein unter §§ 14 oder 16 dieser Gebührenordnung fallendes Geschäft.

(2) Durch die zugesicherte Vergütung sind die baren Auslagen mit abgegolten, falls nicht eine entgegenstehende Vereinbarung getroffen ist.

(3) Der Auftraggeber ist an die Vereinbarung nur gebunden, soweit er dieselbe schriftlich geschlossen hat. Hat der Notar durch den Vertragsschluß die Grenze der Mäßigung überschritten, so kann die durch Vertrag festgesetzte Vergütung im Prozeßwege bis auf den in diesem Gesetze bestimmten Betrag herabgesetzt werden.

Für RA. kommt nur Ziff. 2 in Verbindung mit Ziff. 1 in Frage; für die in Ziff. 3, 5 behandelten Geschäfte besteht Vereinbarungsfreiheit auf Grund des Art. 16 in Verbindung mit § 93 RAGebO. Auf solche Vereinbarungen finden auch § 26 Abs. 2 und 3 NotGebO. keine Anwendung, vielmehr unterliegen sie ausschließlich den in § 93 RAGebO. vorgesehenen Beschränkungen. Geschäfte nach § 26 Ziff. 4, § 16 NotGebO. können Rechtsanwälten nicht übertragen werden. 168

Abs. 2 stellt eine Vermutung für den Umfang der durch die vereinbarte Vergütung abgegoltenen Ansprüche des RA. dahin auf, daß mangels entgegenstehender Vereinbarung bare Auslagen als mit abgegolten anzusehen sind. 169

Abs. 3 entspricht den früheren Abs. 2 und 4 des § 93 RAGebO., die durch das Gesetz vom 18. August 1923 beseitigt oder abgeändert worden sind. Danach bedarf es zur Verbindlichkeit der Vereinbarung für den Auftraggeber des schriftlichen Vertragsschlusses, d. h. die Verpflichtungserklärung des Auftraggebers muß schriftlich erfolgt sein[300]), so daß die briefliche Einverständniserklärung des Auftraggebers mit einem schriftlich oder mündlich gemachten Honorarvorschlag des Anwalts genügt[301]). Die Höhe der vereinbarten Vergütung braucht nicht aus der schriftlichen Erklärung des Auftraggebers hervorzugehen, wenn sie aus anderen Erklärungen der Beteiligten feststeht[302]), dagegen ist die Bezugnahme auf das Ermessen des RA. selbst unzulässig[303]). 170

Auftraggeber ist dem RA. gegenüber, wer zur Betreibung einer Rechtssache den Anwalt beauftragt hat, nicht ein Dritter, der ohne seinerseits einen Auftrag zu erteilen, dem Anwalt ein Honorar zusichert[304]). In solchem Falle gelten nur die allgemeinen Vorschriften des bürgerlichen Rechts für den Vertragsschluß. 171

---

300) OLG. 19, 262 (Dresden); JW. 1920, 500[8] (OLG. Frankfurt a. M.); Recht 1911 Nr. 1040 (RG.).
301) OLG. 37, 231 (Dresden).
302) OLG. 19, 262 (Dresden).
303) GruchotsBeitr. 56, 1094 (RG.).
304) SeuffArch. 40, 218 (OLG. Celle).

172 Die rechtliche Gültigkeit von landesgesetzlichen Bestimmungen des dem § 26 NotGebO. entsprechenden Inhalts bejahen das RG.[305]) und das KG.[306]) trotz Art. 55 EG.BGB., ein Standpunkt, der den schwersten Bedenken unterliegt[307]).

173 Im Gegensatz zu der jetzt geltenden Fassung des § 93 RAGebO. ist im Rahmen des § 26 NotGebO. für die Frage, ob der RA. die Grenze der Mäßigung überschritten hat, der Zeitpunkt des Vertragsabschlusses entscheidend[308]). Es müssen also alle Umstände außer Betracht bleiben, die nach dem Vertragsabschlusse eingetreten sind und nicht vorhergesehen werden konnten.

174 Anders als im Falle des § 93 RAGebO. ist das Prozeßgericht bei Prozessen über Gebührenvereinbarungen auf Grund des Art. 13 in Verbindung mit § 26 NotGebO. nicht verpflichtet, vor der Entscheidung ein Gutachten des Vorstandes der Anwaltskammer einzuholen.

175 Ist die vereinbarte Vergütung bezahlt, so findet eine Herabsetzung der vereinbarten Vergütung nur statt, wenn der Verpflichtete einen Bereicherungsanspruch auf Grund des bürgerlichen Rechts hat[309]) oder der Vertrag auf Grund des § 138 BGB. nichtig ist[310]).

176 **V. Nichtanwendbare Vorschriften.**

Die in Art. 13 Abs. 3 LGebO. ausdrücklich für nicht anwendbar erklärten Vorschriften der §§ 21 bis 25 RAGebO. betreffen:

a) Reisekosten (§ 21), diese sind durch die Verweisung des Art. 16 auf §§ 78—83 RAGebO. einheitlich für alle nach der LGebO. zu entgeltenden Geschäfte den reichsrechtlichen Vorschriften entsprechend geregelt;

b) Zeugengebühren (§ 22), sie kommen für den RA., da er Beurkundungen nicht vornehmen kann, nicht in Frage;

c) Vorschußpflicht des Auftraggebers (§ 23), sie ist durch die Verweisung des Art. 16 auf § 84 RAGebO. einheitlich der reichsrechtlichen Vorschrift entsprechend geregelt, das in § 23 ferner dem Notar eingeräumte Zurückbehaltungsrecht an Urkunden hat der RA. auf Grund des § 32 RAO.;

d) Pflicht zur Rechnungsstellung (§ 24), sie ist durch die Verweisung in Art. 16 auf § 86 RAGebO. einheitlich der reichsrechtlichen Vorschrift entsprechend geregelt;

e) Berichtigungs- und Festsetzungsrecht des Landgerichtspräsidenten in Ansehung der Gebühren (§ 25), an dessen Stelle gilt das in Anm. 9 Ausgeführte.

---

305) RGZ. 75, 98.

306) OLG. 15, 180 (KG.).

307) Vgl. darüber Friedlaender RAO.[2] Exk. vor § 30 Anm. 11; Walter-Joachim-Friedlaender RAGebO. § 1 Anm. 76.

308) JW. 1920, 500[8] (OLG. Frankfurt a. M.); Recht 1927 Nr. 1508 (RG.).

309) OLG. 27, 238 (KG.).

310) RGZ. 83, 109.

Artikel 14.

Ist für das dem Rechtsanwalt übertragene Geschäft eine Gebühr nicht bestimmt, so erhält er eine unter entsprechender Anwendung der Vorschriften der Deutschen Gebührenordnung und dieses Gesetzes zu bemessende Gebühr. Das gleiche gilt, soweit für die begonnene oder vorbereitete Ausführung eines vor der vollständigen Ausführung erledigten Auftrags eine Gebühr nicht vorgesehen ist.

Vorbemerkung.

Art. 14 sorgt für Ausfüllung von Lücken des Gesetzes.

Die Erläuterungen betreffen:

I. Bedeutung des Artikels 14 (1).
II. Die Fälle des Art. 14 Satz 1 (2—5).
1. Anwendung der RAGebO. (3).
2. Anwendung der LGebO. (4).
3. Mindestgebühr (5).
III. Die Fälle des Art. 14 Satz 2 (6).

I. Bedeutung des Art. 14. Art. 14 ist bestimmt, die Ausfüllung der Lücken des Gesetzes zu ermöglichen. Voraussetzung seiner Anwendung ist also, daß Art. 1 LGebO. eingreift. 1

1. Soweit Art. 2 die RAGebO. im ganzen für anwendbar erklärt, ist für Ausfüllung ihrer Lücken nicht Art. 14 maßgebend, vielmehr sind die §§ 89, 90 RAGebO. heranzuziehen, die Anwendung einer Bestimmung der LGebO. kann also nie in Frage kommen.

2. § 89 RAGebO. greift ein, wenn der Auftrag sich auf eine Tätigkeit beschränkt, die an sich unter eine Pauschgebühr fällt[1]). Dieser Fall kommt für Art. 14 nicht in Betracht. Pauschgebühren begegnen in der PrLGebO. nur in den Art. 4—7. Sie greifen, von den Fällen der Art. 4 Abs. 5 und Art. 5 Abs. 3 abgesehen, nicht ein, wenn nicht volle Vertretung, sondern ein beschränkter Auftrag in Frage kommt, vielmehr erfolgt solchenfalls die Vergütung nach Art. 8—12[2]).

3. Abgesehen von den Pauschgebühren der Art. 4—7 kennt die LGebO. nur Einzelgebühren, und dieser Umstand kann zur Anwendung des Art. 14 führen, ohne daß ein gleichartiger Fall nach § 89 RAGebO. denkbar wäre. Es kann nämlich sein, daß zwar eine ausdrückliche Bestimmung des Gesetzes fehlt, an sich also die Anwendung der Einzelgebühren der Art. 8—12 in Frage kommt, daß aber die Vergütung durch Einzelgebühren nicht dem Willen des Gesetzes gemäß erscheint, weil das in Betracht kommende Verfahren einer Zerlegung in Einzelakte widerstrebt. Das kann nun zur Anwendung der RAGebO. führen.

4. Es kann weiter der Fall eintreten, daß eine ausdrückliche Vorschrift der LGebO. fehlt und entweder eine entsprechend anwendbare Bestimmung der RAGebO. nicht vorhanden oder bei der Wahl zwischen Reichs- und Landesrecht der entsprechenden Anwendung dieses der Vorzug zu geben ist. Es kann aber auch umgekehrt das Reichsrecht besser zur analogen Anwendung passen.

---

[1]) Walter-Joachim-Friedlaender §§ 89, 90 Anm. 1.
[2]) S. Art. 4 Anm. 30, 7, Art. 5 Anm. 9.

5. Endlich kann der dem § 90 RAGebO. nachgebildete Fall des Art. 14 Satz 2 vorkommen.

2 **II. Die Fälle des Art. 14 Satz 1.** Die Anwendung des Art. 14 Satz 1 setzt nicht nur voraus, daß für das dem RA. übertragene Geschäft eine Gebühr nicht bestimmt ist, es darf auch weiter nicht ersichtlich sein, daß das Gesetz die Tätigkeit nicht vergütet sehen will.

3 1. Anwendung der RAGebO.

Nach Art. 2 Ziff. 1 gilt die RAGebO. in den vor besondere Gerichte gehörigen Rechtssachen, auf welche die ZPO. oder die StPO. Anwendung findet. Handelt es sich zwar um einen Zivil- oder Strafprozeß, spielt er aber nicht vor einem besonderen Gerichte, sondern vor einer anderen Stelle, oder kommt in ihm die ZPO. oder StPO. nicht zur Anwendung, so greift Art. 2 Ziff. 1 nicht ein. Man wird aber dieser Bestimmung den Willen des Gesetzes entnehmen können, daß, „wenn es sich um einen Komplex von Tätigkeiten handelt, die sich auf ein einheitlich geregeltes, dem ordentlichen Prozeß ähnliches Verfahren beziehen, diese Tätigkeiten nicht als Einzelhandlungen, sondern möglichst nach Analogie der Prozeßtätigkeit honoriert werden“[3]). Demgemäß wird man auf Grund des Art. 14 die RAGebO. auf das Verfahren vor den gemischten Schiedsgerichtshöfen[4]) wie auf Zivil- und Strafprozesse vor anderen ausländischen Gerichten[5]) anzuwenden haben. Über die Frage der Anwendbarkeit im Verfahren vor dem MEA. und seiner Beschwerdestelle s. Vorbem. Art. 8—12 Fußnote 3.

Auf die Vergütung des Verkehrs mit der StA. werden die Bestimmungen des 4. Abschnitts der RAGebO. entsprechend anzuwenden sein[6]), ebenso auf die Vergütung für Beistandleistung in dem Sühneverfahren nach § 380 StPO.[7]).

Auf die Entlohnung der Tätigkeit des RA. zur außergerichtlichen Regelung der Schuldverhältnisse seines Auftraggebers sind die Bestimmungen des 3. Abschnitts der RAGebO. entsprechend anzuwenden[8]).

Erhält der RA. den Auftrag, in einer noch nicht anhängigen Sache, für die der Rechtsweg offen steht, außergerichtlich einen Vergleich herbeizuführen, ohne daß bereits die Klageerhebung beabsichtigt war, so sind die §§ 13, 14 RAGebO. zur entsprechenden Anwendung zu bringen[9]).

In dem praktisch häufigen Falle des außergerichtlichen Vergleichs in einer Aufwertungssache liegt es nahe, an die entsprechende Anwendung der PrLGebO. zu denken, die ja für die Vergütung der Tätigkeit des RA. im Verfahren vor der Aufwertungsstelle maßgebend ist (vgl. Vorb. zu Art. 8—12

[3]) M. Friedlaender JW. 1923, 158.
[4]) M. Friedlaender a. a. O. A. M. Kraemer JW. 1926, 28.
[5]) M. Friedlaender a. a. O.
[6]) Walter-Joachim-Friedlaender Vorb. zum 4. Abschnitt Anmerkung 12.
[7]) Walter-Joachim-Friedlaender Vorb. zum 4. Abschnitt Anmerkung 13.
[8]) EGH. 10, 58; LZ. 1911, 316 (OLG. Kolmar).
[9]) Recht 1914 Nr. 1361 (RG.).

Darüber, wie es zu halten ist, wenn in einem Prozeßvergleiche zugleich Ansprüche erledigt werden, die noch gar nicht rechtshängig geworden sind, s. Walter-Joachim-Friedlaender § 1 Anm. 69, 66ff.

Anm. 1). Eine besondere Vergleichsgebühr kennt die LGebO. nicht (vgl. Art. 10 Fußnote 6). Daß das Zustandekommen eines außergerichtlichen Vergleichs in einer Aufwertungssache durch einen RA. gebührenfrei sein sollte, läßt sich nicht annehmen, zumal ja der Auftrag sich auf Herbeiführung eines solchen Vergleichs beschränken könnte. Nun betrifft aber keine der Einzelgebühren der Art. 8—11 LGebO. eine so umfassende Tätigkeit, wie die des Zustandebringens eines Vergleichs. Die Terminsgebühr[9a]) des Art. 10 gilt zwar die Mitwirkung des RA. bei dem unter Leitung des Richters erfolgenden Zustandekommen des Vergleiches im Termine und die einschlägige vorbereitende Tätigkeit ab (Art. 10 Anm. 5), indessen fehlt bei solcher Mitwirkung doch die durch die Leitung der ganzen Vergleichsverhandlungen gebotene Mehrtätigkeit, wie sie bei dem Zustandebringen eines außergerichtlichen Vergleichs dem RA. obliegt. Danach wird man sich auch hier für entsprechende Anwendung der RAGebO., d. h. für Zubilligung der Vergleichsgebühr nach § 13 Ziff. 3 RAGebO. zu entscheiden haben. Ebenso wird aber auch zu entscheiden sein, wenn der Vergleich zwar vor der Aufwertungsstelle geschlossen wird, streitig aber nicht nur die Höhe der Aufwertung war[9b]), während doch die Zuständigkeit der Aufwertungsstelle nur die Höhe der Aufwertung betraf.

Man hat auch an eine entsprechende Anwendung des Art. 2 Ziff. 3 LGebO. gedacht[10]). Da diese Ziffer nur das in den §§ 61 ff. PrLVG. im engen Anschlusse an den Zivilprozeß geregelte Verfahren im Auge hat[11]), wird zu verlangen sein, daß das betreffende Verfahren dementsprechend gestaltet ist, was z. B. für das Verfahren vor dem MEA. keinesfalls zutrifft.

2. **Anwendung der LGebO.** 4

Wird der RA. um Erteilung eines Rats darüber angegangen, ob eine Erbschaft anzunehmen oder auszuschlagen ist, und muß er deshalb Ermittelungen über den Stand der Erbschaftsmasse anstellen, so ist unter entsprechender Anwendung des Art. 13 LGebO. in Verbindung mit § 11 Abs. 1 Satz 2 NotGebO. das Zweifache der vollen Gebühr anzusetzen[12]).

Weitere Beispiele s. in Art. 4 Anm. 11 und 29, in Art. 13 Anm. 124, 125, 142, 147 und 160.

3. Die Mindestgebühr beträgt bei Anwendung der Abschnitte 2—4 der RAGebO. 1,00 *RM*, bei Anwendung der LGebO. 2 *RM*, jedoch nur 0,10 bzw. 0,20 *RM*, wenn die Hebegebühren des § 14 NotGebO. in Verbindung mit Art. 13 LGebO. zur entsprechenden Anwendung herangezogen sind (Art. 4 Anm. 11). 5

III. Die Fälle des Art. 14 Abs. 2. Ein Beispiel s. Art. 10 Anm. 5. Die nach Art. 14 Abs. 2 zu bemessende Gebühr darf die Gebühr nicht übersteigen, die bei vollständiger Ausführung des Auftrags begründet gewesen wäre. In der Regel wird sie hinter diesem Betrage mehr oder minder zurückbleiben. 6

[9a]) Darüber, daß der RA. keine „Termine" ansetzen kann, vgl. Art. 10 Anm. 3.

[9b]) Abraham JW. 1927, 954.

[10]) S. Vorb. Art. 8—12 Fußnote 3.

[11]) S. Art. 2 Anm. 9.

[12]) OLG. 17, 228/9 (KG.).

Vorbemerkung zu Art. 15.

1 I. Auch im Bereiche der LGebO. gelten die §§ 675, 670 BGB., nach denen der RA. Ersatz derjenigen zum Zwecke der Ausführung des Auftrags gemachten Aufwendungen verlangen kann, die er den Umständen nach für erforderlich halten durfte[1]). Die hiervon in den §§ 77, 80, 82, 83 RAGebO. vorgesehenen Ausnahmen gelten gemäß Art. 16 Abs. 1 LGebO. auch im Umfange des Preußischen Gebührenrechts.

2 II. Von den Bestimmungen des 5. Abschnitts der RAGebO. wird § 76 hier durch Art. 15 ersetzt. Die §§ 77—83 RAGebO. finden nach Art. 16 Abs. 1 LGebO. entsprechende Anwendung.

Artikel 15.

(1) Dem Rechtsanwalt stehen Schreibgebühren zu:

1. für die auf besonderes Verlangen gefertigten Abschriften;
2. für Schreibwerk, das außerhalb des Rahmens einer gebührenpflichtigen Tätigkeit entsteht.

(2) Für die Höhe der Schreibgebühren sowie für die Erstattung der Postgebühren ist § 20 der Gebührenordnung für Notare maßgebend.*)

Vorbemerkung.

Art. 15 entspricht dem § 76 RAGebO. Es werden erörtert:

I. Entstehungsgeschichte und Geltungsbereich (1—2).
II. Inhalt des Artikels (3).
III. Schreibwerk (4—7).
IV. Postgebühren (8—11).

1 **I. Entstehungsgeschichte und Geltungsbereich.**

1. In der ursprünglichen Fassung des Gesetzes erklärte der jetzt zum Art. 16 gewordene frühere Art. 15 auch den § 76 RAGebO. in der vor der Novelle von 1909 gültigen Fassung für anwendbar. Die Novelle zur LGebO. vom 21. März 1910 (GS. 15) fügte folgenden Art. 15 ein:

„Für die Herstellung des Schreibwerkes sowie zum Ersatze der Postgebühren seiner Sendungen erhält der Rechtsanwalt Pauschsätze, soweit Schreibwerk und Postsendungen innerhalb des Rahmens einer gebührenpflichtigen Tätigkeit vorkommen.

Der einzelne Pauschsatz beträgt 20 vom Hundert der zum Ansatze gelangenden Gebühr; in den Fällen der Artikel 4—7 beträgt er mindestens 2 Mark und höchstens 30 Mark, im übrigen mindestens 1 Mark und höchstens 20 Mark. Der § 7 Abs. 2 des Deutschen Gerichtskostengesetzes findet Anwendung.

Stehen dem Rechtsanwalt in derselben Angelegenheit die nach den Artikeln 8 bis 11 anzusetzenden Gebühren mehrfach oder nebeneinander zu, so beträgt der Pauschsatz von dem gemäß Artikel 10 und 12 zu berechnenden Gesamtbetrage der Gebühren mindestens 3 Mark und höchstens 50 Mark.

---

[1]) Vgl. Bartscher-Drinnenberg-Wenz Art. 15 Anm. 1.

*) Der noch folgende Satz:
Soweit die Vorschriften der deutschen Gebührenordnung maßgebend sind, erhält der Rechtsanwalt neben den Gebühren die dort vorgesehenen Pauschsätze
ist durch den Wegfall der Pauschsätze bedeutungslos geworden.

Neben den Pauschsätzen stehen dem Rechtsanwalte Schreibgebühren zu:

1. für die auf besonderes Verlangen gefertigten Abschriften;

2. für ein Schreibwerk, soweit es außerhalb des Rahmens einer gebührenpflichtigen Tätigkeit entsteht.

Für die Höhe der im Abs. 4 erwähnten Schreibgebühren sind die Vorschriften des § 80 des Deutschen Gerichtskostengesetzes maßgebend.

Der Ansatz der im § 79 Nr. 2 des Deutschen Gerichtskostengesetzes bezeichneten Gebühren wird durch den Pauschsatz nicht ausgeschlossen".

Die verschiedenen Änderungen, die Art. 15 in der Folgezeit erfuhr, bedürfen jetzt nicht mehr der Darstellung. Die heutige Fassung des Art. beruht auf dem Gesetze vom 28. Oktober 1922.

2. Soweit nach Art. 2 die RAGebO. entsprechende Anwendung findet, 2
gilt auch ihr § 76 und nicht der vorstehende Art. 15. Ebenso bleibt er außer Anwendung, soweit Art. 13 gilt, da nach Abs. 1 Satz 2 ebenda die Bestimmungen der PrNotGebO. für die Vergütung der Herstellung des Schreibwerkes und der Auslagen an Postgebühren maßgebend sind. Art. 15 gilt also nur für die durch die Gebühren der Art. 4—12, nötigenfalls in Verbindung mit Art. 14, abgegoltene Tätigkeit des RA.

II. Inhalt des Artikels. Art. 15 regelt die Vergütung für die Herstel- 3
lung des Schreibwerks und die Erstattung der Postgebühren.

III. Schreibwerk.

1. Wie nach der RAGebO. so findet auch nach der LGebO. *im allge-* 4
meinen eine Vergütung des Schreibwerks nicht statt, solche ist vielmehr in den Gebühren mitenthalten. Nur in den beiden Fällen des Art. 15 Abs. 1 erfolgt eine Sondervergütung durch Schreibgebühren. Sie sind hier ebenso wie nach der RAGebO. stets Auslagen[1]).

2. Die beiden Fälle, in denen nach Art. 15 Abs. 1 dem RA. Schreib- 5
gebühren zustehen, entsprechen genau den Fällen des § 76 Abs. 2 Ziffer 1 und 3 **RAGebO.** Zu besonderen Erläuterungen, abweichend von denen des Reichsrechts[2]), liegt kein Anlaß vor.

3. Für die Höhe der Schreibgebühren ist nach Art. 15 Abs. 2 der § 20 6
der PrNotGebO. maßgebend. Er bestimmt in Abs. 2 Satz 3—7:

> Die Schreibgebühr beträgt für die Seite, die mindestens zweiunddreißig Zeilen von durchschnittlich fünfzehn Silben enthält, 0,30 Reichsmark*), auch wenn die Herstellung auf mechanischem Wege stattgefunden hat. Jede angefangene Seite wird als voll berechnet. Für Schriftstücke, die in fremder Sprache abgefaßt sind, für Schriftstücke in tabellarischer Form sowie für Verzeichnisse, Listen, Rechnungen, Handzeichnungen und dergleichen kann die Höhe der Schreibgebühr durch den Justizminister anderweit bestimmt werden. Die auf die besondere Ausstattung einer Urkunde verwendeten Auslagen, insbesondere diejenigen, welche durch Verwendung von Pergament-

---

1) *Walter-Joachim-Friedlaender* § 76 Anm. 5.
2) Vgl. *Walter-Joachim-Friedlaender* § 76 Anm. 6—8, 10.
*) Fassung der VO. vom 7. März 1927 (GS. 20).

papier entstehen, sind besonders zu erstatten. Der Justizminister wird ermächtigt, bei einer erheblichen Veränderung der wirtschaftlichen Verhältnisse die Schreibgebühr zu erhöhen oder zu ermäßigen.

7 Für die in § 20 Abs. 2 Satz 5 PrNotGebO. erwähnten Fälle bestimmt Nr. 3 der PrJMVf. vom 17. August 1910 (JMBl. 325) in der Fassung der JMVf. vom 17. März 1927 (JMBl. 124), daß der für die Herstellung des Schreibwerks erforderliche Zeitaufwand zu schätzen ist und die Schreibgebühr für den Zeitaufwand von einer Stunde 1,50 *RM* und für den von jeder angefangenen Fünftelstunde 0,30 *RM* beträgt.

IV. Postgebühren.

8 1. Auch für „die Erstattung der Postgebühren" verweist Art. 15 Abs. 2 LGebO. auf § 20 PrNotGebO. Abs. 3 dieses § 20 lautet, wie folgt:

Von den Postgebühren des Notars sind nur Telegraphengebühren, die im Fernverkehre zu entrichtenden Fernsprechgebühren, die im Verkehre mit dem Ausland entstehenden Gebühren und die Übersendungsgebühren für Ausfertigungen, Abschriften und vorgeschriebene Mitteilungen, die für Finanzbehörden bestimmt sind, zu berechnen.

9 2. Unter den Postgebühren, deren Erstattung im allgemeinen nicht stattfindet, kann nur dasselbe verstanden werden, was Art. 15 Abs. 1 in der Fassung des Gesetzes vom 21. März 1910 die „Postgebühren seiner [d. h. des RA.] Sendungen" nannte. Wie früher die Postgebühren regelmäßig durch den Pauschsatz abgegolten wurden, so ist jetzt ihre Vergütung im allgemeinen bereits in den Gebühren enthalten. Die Beschränkung der Erstattung von Postgebühren gilt daher nicht für Nachnahmebeträge, die der RA. einlöst, oder für Postgebühren, mit denen Sendungen an ihn belastet sind [3]). Solche Auslagen sind vielmehr besonders zu erstatten. Dasselbe gilt von denjenigen Kosten eigener Sendungen des RA., die keine Postgebühren sind und auch nicht dem § 77 RAGebO. unterfallen, z. B. von den besonderen Auslagen für die Besorgung eines eiligen Briefes durch einen Boten (Kosten der Fahrgelegenheit, besondere Vergütung des Boten) [4]).

10 3. Dagegen kommt es auf die Art der eigenen Postsendungen des RA. nicht an. Es ist gleichgültig, ob es sich um gewöhnliche Briefe oder Postkarten, um Eil-, Wert- oder Einschreibesendungen handelt. Auch Pakete, Geldsendungen, Rohrpostsendungen gehören hierher. Ebenso bedeutungslos ist es, an wen die Sendung gerichtet ist.

11 4. Zu erstatten sind von den Postgebühren der eigenen Sendungen des RA.:

a) alle Telegraphengebühren,

b) die im Fernverkehre zu entrichtenden Fernsprechgebühren, also nicht die Gebühren für Gespräche im Orts-, Vororts-, Nachbarorts- und Bezirksverkehr,

c) alle im Verkehre mit dem Auslande entstehenden Postgebühren einschließlich Telegramm- und Fernsprechgebühren,

---

[3]) Rausnitz § 20 Anm. 5; Walter-Joachim-Friedlaender 6. Aufl. § 76 Anm. 8.

[4]) Walter-Joachim-Friedlaender 6. Aufl. a. a. O.

d) die Übersendungsgebühren für Ausfertigungen, Abschriften und vorgeschriebene Mitteilungen, die für Finanzbehörden bestimmt sind.

e) Solange das System der besonderen Auslagenpauschsätze bestand, wurde mit Recht angenommen, daß in den Fällen, in denen besondere Schreibgebühren zum Ansatz kamen, auch die einschlägigen Postgebühren besonders zu erstatten seien[5]). Gleiches wird man jetzt anzunehmen haben, soweit Schreibgebühren anzusetzen sind[6]).

Artikel 16.

(1) Die Vorschriften der §§ 2 bis 6, 10 bis 12, 77 bis 86, 88, 93, 94 der Deutschen Gebührenordnung finden, soweit nicht ein anderes bestimmt ist, in den Fällen der Artikel 4 bis 14 entsprechende Anwendung.

(2) In den Fällen der Artikel 4 bis 7 finden auch die Vorschriften der §§ 7, 25, 26, 29 bis 32, 35, 36, 48 bis 51 der Deutschen Gebührenordnung entsprechende Anwendung. Steht dem Rechtsanwalt in derselben Instanz eine Gebühr für den Antrag auf Eintragung einer Sicherungshypothek zu, so wird diese auf die im Artikel 4 Abs. 1 Nr. 1, im Artikel 5 Abs. 2 und im Artikel 7 Abs. 1 Satz 1 bestimmten Gebühren angerechnet.

Vorbemerkung.

Art. 16 trifft über die Anwendung gewisser §§ der RAGebO. in den Fällen der Art. 4—14 LGebO. Bestimmung.

Die Erläuterungen behandeln:

I. Entstehungsgeschichte (1).
II. Inhalt des Artikels (2).
III. Die Anwendbarkeit von Bestimmungen der RAGebO. in den Fällen der Art. 4 bis 14 LGebO. (3—6).

I. Entstehungsgeschichte. Der Artikel ist erst durch die Novelle vom 21. März 1910 Art. 16 geworden. Früher war er Art. 15 und in seinem Abs. 1 war statt „77" damals „76" zu lesen. Die Änderung erklärt sich aus der Einschiebung des Art. 15. Eine weitere Änderung hat das Gesetz vom 28. Oktober 1922 dadurch vorgenommen, daß es aus den in Art. 16 Abs. 1 genannten Paragraphen der RAGebO. den § 8 gestrichen hat; es ist das mit Rücksicht darauf geschehen, daß gleichzeitig in Art. 3 LGebO. eine eigene Mindestgebühr geschaffen wurde. 1

II. Inhalt des Artikels. Artikel 16 erklärt eine Reihe von Bestimmungen der RAGebO. im Bereiche der LGebO. für anwendbar. 2

III. Die Anwendbarkeit von Bestimmungen der RAGebO. in den Fällen der Art. 4 bis 14 LGebO.

1. Die verschiedenen Gruppen. 3

Auf den ersten Blick scheint es, als stelle Art. 16 nur 2 Gruppen auf, die der Art. 4—7 und die der Art. 8—14. Aber der Zwischensatz des Abs. 1

---

[5]) Walter-Joachim-Friedlaender 6. Aufl. § 76 Anm. 6.

[6]) Rausnitz § 20 Anm. 5 verweist auf die Fälle, wenn die Haupttätigkeit gebührenfrei ist (was ja auch zutrifft, wenn lediglich Schreibgebühren in Frage kommen). Dann sind eben die Voraussetzungen des Art. 15 Abs. 1 Ziff. 2 LGebO. gegeben.

führt zur Bildung einer dritten Gruppe, bestehend aus den Fällen des Art. 13, denen die Art. 4—7 und die der Art. 8—12 und 14 gegenüberstehen.

4 2. Die für alle Gruppen anwendbaren Bestimmungen.

Es sind die in Art. 16 Abs. 1 genannten Paragraphen, die nicht in den Fällen des Art. 13 unanwendbar sind. Als derart übrigbleibende Paragraphen erweisen sich die §§ 2, 3, 6, 77—86, 88 RAGebO. Die Anwendbarkeit der §§ 4, 5 RAGebO. kann in den Fällen des Art. 13 nicht wohl in Frage kommen. Statt §§ 10—12 RAGebO. gelten hier § 2 PrNotGebO. und die Bestimmungen des PrGKG. über den Gegenstandswert, § 93 RAGebO. ist, soweit die Anfertigung des Entwurfs eines Rechtsgeschäfts in Frage kommt, durch Art. 13 Abs. 2 LGebO. in Verbindung mit § 26 PrNotGebO. ersetzt, § 94 RAGebO. ist in den Fällen des Art. 13 ohne Bedeutung.

5 3. Die in den Fällen der Art. 4—12 und 14 weiter anwendbaren Bestimmungen.

Es sind dies die §§ 4, 5, 10—12, 93, 94 RAGebO. Erörtert sind § 4 in Art. 4 Anm. 8 und Art. 10 Anmerkung 4, § 5 in Art. 8 Anm. 5, § 10 in Art. 4 Anm. 18 und Fußnote 17, §§ 11 und 12 in der Vorb. zu Art. 8—12 Anm. 12. § 93 RAGebO. — der auch im Bereiche des Art. 13, abgesehen von dem Falle des Abs. 2, gilt — kommt gemäß Art. VI des RGes. vom 18. August 1923 (RGBl. I 813) in der Fassung, die der Paragraph durch Art. I Ziff. 20 dieses Ges. erhalten hat, zur Anwendung. Daß im Bereiche des Art. 13 LGebO. der § 26 NotGebO. gilt (s. Anm. 4), der noch den Schriftzwang für die Honorarvereinbarung kennt, stellt für das hier maßgebliche Gebiet noch keine „anderweitige landesgesetzliche Regelung" i. S. des genannten Art. VI dar[1]).

6 4. Die allein in den Fällen der Art. 4—7 außerdem noch zur Anwendung kommenden Bestimmungen.

In Betracht kommen die §§ 7, 25, 26, 29—32, 35, 36, 48—51 RAGebO. Der Bestimmungen über den Instanzbegriff ist schon in Art. 4 Anm. 10, 16 gedacht worden. Wegen der Anwendung der §§ 48, 49 RAGebO. vgl. Art. 4 Anm. 7. Die in Art. 16 Abs. 2 Satz 2 vorgesehene Gebührenanrechnung ist in Art. 4 Anm. 16 behandelt.

Artikel 17.

Allgemeine Vorschriften über die Vergütung für eine Tätigkeit, welche die Zulassung zur Rechtsanwaltschaft nicht voraussetzt, sind auch für die Rechtsanwälte maßgebend.

1 **I. Entstehungsgeschichte.** Die Ziffer des Art. ist erst durch die Novelle vom 21. März 1910 aus „16" in „17" geändert worden.

II. Vergütung für Tätigkeiten, welche die Zulassung zur Rechtsanwaltschaft nicht voraussetzen.

2 1. Insoweit untersteht der RA. den allgemeinen Vorschriften, die hinsichtlich der einschlägigen Entschädigung

[1]) A. M. JurRundsch. 2 Rspr. 934 Nr. 1185 (OLG. Naumburg). Dagegen mit Recht Willenbücher Anm. 1 zu Art. 16.

gelten. Diese allgemeinen Vorschriften können selbst die maßgebenden Sätze vorschreiben oder zu ihrer Festsetzung eine bestimmte Stelle ermächtigen, sie können auch einer Stelle, insbesondere den Gerichten, die Festsetzung nach freiem Ermessen übertragen.

2. Allgemeine Vorschriften der gedachten Art enthalten:

§ 1836 BGB. für den Vormund und Gegenvormund[1]),
§ 1915 BGB. für den Pfleger,
§ 1987 BGB. für den Nachlaßverwalter,
§ 85 KO. für den Konkursverwalter,
§ 91 KO. für die Mitglieder des Gläubigerausschusses,
§ 7 Abs. 2 ZVG. für den bestellten Zustellungsvertreter,
§ 135 ZVG. für den einem unbekannten Berechtigten bestellten Vertreter,
§ 153 ZVG., § 14 EGZVG., § 16 PrJMVf. vom 8. Dezember 1899 (JMBl. 791) in der Fassung der JMVf. vom 29. September 1922 (JMBl. 406) und 27. Mai 1925 (JMBl. 198) für den Zwangsverwalter,
§ 27 GeschAufsVO. für die Aufsichtsperson[2]),
§ 46 VglO. für die Vertrauensperson.

---

[1]) Vgl. dazu KGJ. 45, 55/60.

[2]) Eine gleiche Bestimmung für die Mitglieder des Gläubigerbeirats, wie sie § 91 KO. für die Mitglieder des Gläubigerausschusses enthält, fehlt. Jaeger, Geschäftsaufsicht 34. Ebenso steht es bezüglich der Mitglieder des Gläubigerausschusses nach der VglO.

II. Preußische Pachtschutzordnung

vom 30. September 1925 in der Fassung der Bekanntmachung vom 16. Oktober 1926 (GS. 141).

§ 49 Abs. 2 Satz 5 ff.

Bei der Festsetzung des Wertes des Streitgegenstandes ist im Falle eines Antrags auf Verlängerung oder Aufhebung eines Vertrags der Pachtzins, im Falle eines Antrags auf Abänderung der Leistungen der Unterschied zwischen dem bisherigen und dem neu beantragten Pachtzinse zugrunde zu legen, beide Male berechnet auf die Zeit, für welche die anderweite Regelung oder die Aufhebung beantragt wird, jedoch höchstens auf zwei Jahre. Der Pachtzins ist unter Einschluß des Wertes von Naturalleistungen zu berechnen; Pfennigbeträge sind auf ganze Mark nach unten abzurunden. Die Mindestgebühr beträgt zwei Reichsmark. Bei Beteiligung mehrerer Personen an einem Verfahren (Streitgenossenschaft, § 28) ist die Gebühr vom Gesamtstreitwerte, welcher durch Zusammenrechnung der einzelnen Streitwerte zu ermitteln ist, zu berechnen; die Haftung der einzelnen Streitgenossen bestimmt sich nach dem Verhältnisse der einzelnen Streitwerte.

§ 52 Abs. 2.

Der zur Vertretung einer Partei zugezogene Rechtsanwalt erhält für seine Tätigkeit in der Instanz die einmalige volle Gebühr nach § 9 der Gebührenordnung für Rechtsanwälte. Die §§ 8, 11, 76 bis 86, 93 und 94 a. a. O. sind sinngemäß anzuwenden.

§ 53.

(1) In der Rechtsbeschwerde- und Berufungsinstanz finden die Vorschriften der §§ 49 bis 52 ohne den § 52 Abs. 1 Halbsatz 2 mit der Maßgabe entsprechend Anwendung, daß sich die Gebühr nach dem Werte des Streitgegenstandes, wenn aber der Wert des Beschwerdegegenstandes geringer ist, nach diesem berechnet und daß die Kosten eines ohne Erfolg eingelegten Rechtsmittels dem Beschwerdeführer zur Last zu legen sind. Für die Entscheidung darüber, zu wessen Gunsten der Vertrag aufgehoben, verlängert oder hinsichtlich der Leistungen abgeändert ist (§ 51)*), ist der Unterschied zwischen dem Rechtszustande

---

*) Nach § 51 Abs. 1 sind die Kosten demjenigen aufzuerlegen, „zu dessen Gunsten der Vertrag aufgehoben, verlängert oder hinsichtlich der Leistungen abgeändert wird“; aus Billigkeitsgründen kann aber anders entschieden werden.

bei Anrufung des Pachteinigungsamts und dem durch die endgültige Entscheidung auf das Rechtsmittel geschaffenen Rechtszustande maßgebend. § 91 Abs. 2 der Zivilprozeßordnung gilt entsprechend. Als Gerichts- und Anwaltsgebühr wird das Anderthalbfache der Gebührensätze erster Instanz erhoben.

(²) Wird das Rechtsmittel als unzulässig verworfen, so ermäßigen sich die Gerichts- und Anwaltsgebühren auf die Hälfte; das gleiche gilt im Falle der Zurücknahme des Rechtsmittels. Die Vorschrift über die Mindestgebühr bleibt jedoch unberührt.

Vorbemerkung.

Die PrPSchO. regelt die Anwaltsgebühren unter Zugrundelegung des Tarifs des § 9 RAGebO. besonders.

Die Erläuterung der Bestimmungen ergibt folgende Übersicht:

I. Befugnisse des Pachteinigungsamts (1).
II. Entscheidungen u. Rechtsmittel (2).
III. Wert des Streitgegenstandes (3—6).
IV. Beschwerdegegenstand (7).
V. Die Gebühren des RA. (8—14).
VI. Auslagen, Einforderung von Gebühren und Auslagen, Honorarvereinbarung (15).
VII. Kostenerstattung und Kostenfestsetzung (16—19).
VIII. Zwangsvollstreckung (20).

I. Befugnisse des Pachteinigungsamts. Nach § 2 PSchO. kann das PEA. bestimmen, daß Leistungen, die unter den veränderten allgemeinen wirtschaftlichen Verhältnissen nicht mehr gerechtfertigt sind, anderweit festgesetzt werden. Nach §§ 3—5 PSchO. kann das PEA., wenn die Größe des Pachtlandes einen gewissen Umfang nicht übersteigt, außerdem bestimmen, daß 1

a) gekündigte Verträge bis zur Dauer von 2 Jahren fortzusetzen sind,
b) ohne Kündigung ablaufende Verträge bis zur Dauer von 2 Jahren verlängert,
c) Verträge vor Ablauf der vereinbarten Zeit aufgehoben werden.

Verlängert das PEA. den Vertrag, so hat es zugleich auf Antrag den Pachtzins neu festzusetzen.

II. Entscheidungen und Rechtsmittel. „Die Entscheidung" d. h. die Endentscheidung des PEA. erfolgt nach § 27 Abs. 1 PSchO. durch Beschluß. Gegen denselben findet die Rechtsbeschwerde an das LG. statt (§ 29) oder, falls der Jahrespachtzins 500 *RM* übersteigt, statt dessen auch die Berufung an dasselbe Gericht (§ 41). Über die Berufung wird nach mündlicher Verhandlung durch Urteil erkannt (§§ 42, 46 PSchO.), über die Rechtsbeschwerde, die nach Art der Revision gestaltet ist, kann ohne mündliche Verhandlung entschieden werden (§ 37 PSchO.). 2

III. Wert des Streitgegenstandes. 3

1. Zur Bestimmung dieses Werts ist nach § 49 Abs. 2 PSchO. zugrunde zu legen:

a) wenn es sich um Verlängerung oder Aufhebung eines Vertrages handelt, der Pachtzins;
b) wenn eine Abänderung der Leistungen erfolgen soll, der Unterschied zwischen dem bisherigen und dem neu beantragten Pachtzinse.

Berechnet wird der Pachtzins für die ganze Zeit, für die die Verlängerung oder Aufhebung des Vertrags oder die Abänderung der Leistungen in Frage kommt, jedoch höchstens für 2 Jahre. Als Pachtzins kommen Geld- und Naturalleistungen in Betracht, diese nach Schätzung in Gold. Pfennigbeträge, die sich nach der Summierung ergeben, werden auf ganze Mark nach unten abgerundet.

4 2. Die besondere Bestimmung über die Gebühr vom Gesamtstreitwerte im Falle *ungleicher Beteiligung von Streitgenossen* und deren Haftung (§ 49 Abs. 2 letzter Satz PSchO.) gilt an sich nur für die gerichtlichen Gebühren, entspricht aber durchaus dem nach § 3 RAGebO. sich ergebenden Rechtsstande[1]), der daher auch hier für die Gebühren der RA. einzuhalten sein wird.

5 3. *Die gerichtliche Festsetzung des Streitwerts* — beim PEA. erfolgt sie außerhalb der mündlichen Verhandlung durch den Vorsitzenden (§ 12 Abs. 2 PSchO.) — *ist* nach dem in § 52 Abs. 2 PSchO. für anwendbar erklärten § 11 RAGebO. *auch für die Gebühren des RA. maßgebend.*

6 4. *Einer Anfechtung unterliegt die Festsetzung des Streitwerts nicht*[2]).

7 **IV. Beschwerdegegenstand.**

Die Berechnung der Gebühren richtet sich vor dem PEA. stets nach dem Werte des Streitgegenstandes. In der Rechtsbeschwerde- und Berufungsinstanz ist dagegen der Wert des Beschwerdegegenstandes dann maßgebend, wenn er geringer ist als der Wert des Streitgegenstandes. Was von der Wirkung der Festsetzung des Streitwerts gesagt wurde, gilt auch von der Festsetzung des Wertes des Beschwerdegegenstandes.

8 **V. Die Gebühren des RA.**

1. Nach § 52 Abs. 2 PSchO. erhält „der zur Vertretung einer Partei zugezogene Rechtsanwalt für seine Tätigkeit in der Instanz die einmalige volle Gebühr nach § 9 der Gebührenordnung für Rechtsanwälte". An die Stelle der einmaligen vollen Gebühr treten für die Berufungs- und Rechtsbeschwerdeinstanz teils $^{15}/_{10}$, teils $^{15}/_{20}$ der vollen Gebühr. *Immer aber wird die Tätigkeit in der Instanz nur durch* **einen** *Gebührensatz vergütet* ohne Rücksicht auf den Umfang der Tätigkeit, soweit nicht an Stelle der $^{15}/_{10}$ die $^{15}/_{20}$ zustehen.

9 2. Zur *Instanz* gehört auch die Anrufung der Entscheidung des PEA. oder des Beschwerdegerichts gegenüber der Entscheidung ihrer Vorsitzenden (§ 15 Abs. 2, § 23 Satz 3, § 55 PSchO.), die Ablehnung von Mitgliedern der in Frage kommenden Behörden, (§ 13 Abs. 2 ff. PSchO.), Anträge auf Berichtigung oder Ergänzung der Entscheidung (§ 28 Abs. 1 PSchO.), Anträge auf Erklärung zur Feriensache (§ 28 Abs 2 PSchO.), Anträge auf Wiedereinsetzung in den vorigen Stand (§ 31 Abs. 2 PSchO.). Für die Entscheidung über einen *Antrag auf Erlaß einer einstweiligen Anordnung* nach § 23 PSchO. sieht § 49 Abs. 3 PSchO. eine besondere

---

[1]) Vgl. *Walter-Joachim-Friedlaender* § 3 Anm. 19.
[2]) *Wagemann-Marwitz* § 54 Anm. 4.

gerichtliche Gebühr von 1/4 oder 1/2 des nach § 49 Abs. 2 PSchO. sich bestimmenden Betrages vor. Für die Gebühren der RA. ist eine gleiche Ausnahmebestimmung nicht getroffen, man wird daher auch die Tätigkeit bezüglich einer solchen einstweiligen Anordnung als durch die Instanzgebühr abgegolten anzusehen haben[3]).

Die Zurückverweisung aus der Rechtsbeschwerde- oder Berufungs- 10
instanz (§§ 39, 46 Abs. 2 PSchO.) eröffnet keine neue Instanz. § 27 Abs. 1 RAGebO. ist nicht für anwendbar erklärt, enthält auch keine Bestimmung, die sich von selbst versteht, da § 27 GKG. gerade den entgegengesetzten Standpunkt einnimmt. Zudem zeigt § 53 Abs. 1 Satz 2 PSchO., wo von „dem durch die endgültige Entscheidung auf das Rechtsmittel geschaffenen Rechtszustande" die Rede ist, daß die PSchO. den Standpunkt des GKG. einnimmt.

Die Wiederaufnahme des Verfahrens (§ 48 PSchO.) bil- 11
det dagegen eine neue Instanz.

3. Die Gebühr beträgt: 12

a) in der 1. Instanz 10/10 des Satzes des § 9 RAGebO. u. z. in der Fassung des Reichsgesetzes vom 28. Januar 1927 (RGBl. I 53) gemäß Art. III dieses Gesetzes;

b) in der Rechtsbeschwerde- und Berufungsinstanz 15/10 13
des gleichen Satzes, wenn aber das Rechtsmittel als unzulässig verworfen oder zurückgenommen wird 15/20 des Satzes des § 9 RAGebO.

Die Mindestgebühr beträgt gemäß § 8 RAGebO. in der jetzt gül- 14
tigen Fassung in Verbindung mit § 52 Abs. 2 PSchO. 1 *RM*.

VI. Die Bestimmungen der §§ 76—83 RAGebO. über die **Auslagen**[4]) 15
und der §§ 84—86 RAGebO. über die **Einforderung von Gebühren und Auslagen** erklärt § 52 Abs. 2 PSchO. für anwendbar, ebenso die der **§§ 93, 94 RAGebO.**

VII. Kostenerstattung und Kostenfestsetzung. 16

1. In der Entscheidung hat das PEA. auch über die Kosten zu entscheiden (§ 51 PSchO.) und kann dabei auch anordnen, daß die der einen Partei entstandenen notwendigen Auslagen, insbesondere die Vertretungskosten, von dem Gegner erstattet werden (§ 52 Abs. 1 PSchO.). Das PEA. soll die Erstattung nur anordnen, insoweit der Gegner mutwillig das Verfahren oder eine Erhöhung der Kosten veranlaßt hat (§ 52 Abs. 1 Halbs. 2 PSchO.). Die Anordnung ist Voraussetzung des Rechts auf Erstattung.

In der Rechtsbeschwerde- und Berufungsinstanz gilt an Stelle des er- 17
wähnten § 52 Abs. 1 Halbsatz 2 PSchO. die Vorschrift des § 91 Abs. 2 ZPO. (§ 53 Abs. 1 Satz 3 PSchO.).

2. Hat das PEA. die Erstattung angeordnet, so erfolgt die Kostenfest- 18
setzung gemäß § 54 PSchO. in Verbindung mit § 104 Abs. 1 ZPO. durch den Gerichtsschreiber des PEA. Gegen dessen Entscheidung findet innerhalb der Notfrist des § 104 Abs. 3 ZPO. die Erinnerung statt, über die gemäß

---

[3]) Wagemann-Marwitz § 52 Anm. 9.

[4]) Auch die Umsatzsteuer ist wie nach RAGebO. und LGebO. für erstattungsfähig zu erachten.

§ 54 Satz 2 PSchO. der Vorsitzende des PEA. befindet. Gegen seine Entscheidung ist nach § 54 Satz 3 PSchO. „die Beschwerde an das Instanzgericht zulässig“, wenn der Beschwerdegegenstand 50 Reichsmark übersteigt[5]).

19 3. Eine Vorschrift gleich § 30 Abs. 1 Ziff. 3 RAGebO., nach der die Kostenfestsetzung für die Anwaltsgebühren eine besondere Instanz bildet, fehlt. Bedenkt man, daß die Kostenerstattung der besonderen Anordnung durch das PEA. bedarf, also offenbar einen Ausnahmefall bilden soll, so muß angenommen werden, daß hier gebührenrechtlich die *Kostenfestsetzung und das Erinnerungsverfahren mit zur ersten Instanz zu zählen* sind.

20 **VIII. Zwangsvollstreckung.** Aus Vergleichen, die vor dem PEA. oder vor dem Beschwerdegericht oder vor dem Vorsitzenden zwischen dem Verpächter, dem Pächter oder einem Dritten abgeschlossen sind, findet die gerichtliche Zwangsvollstreckung statt; auch die rechtskräftige Entscheidung über die Kosten und über die Kostenerstattung ist vollstreckbar (§ 57 Abs. 1 u. 2 PSchO.). Auf die Zwangsvollstreckung finden die Vorschriften der ZPO. entsprechende Anwendung (§ 57 Abs. 3 PSchO.). Die Tätigkeit des RA. in der Zwangsvollstreckung kann nicht mehr als zur 1. Instanz gehörig angesehen werden. Gemäß Art. 14 PrLGebO. wird man insoweit die RAGebO. zur entsprechenden Anwendung zu bringen haben.

---

[5]) Soweit die PSchO. selbst Rechtsmittel regelt, kennt sie außer der Berufung nur die Rechtsbeschwerde, die sie bisweilen (vgl. z. B. § 33 Abs. 1, § 34 Abs. 1 PSchO.) auch lediglich als „Beschwerde“ bezeichnet. Man wird deshalb unter der Beschwerde des § 54 Satz 3 PSchO. wie unter derjenigen des § 29 Abs. 2 Satz 2 PSchO. eine „Rechtsbeschwerde“ zu verstehen haben.

III. Gebühren-Tabelle zur LGebO.

Wertstufe	Reichsmark von mehr als	Reichsmark bis einschließlich	10/10 RM.	2/10 RM.	5/10 RM.	8/10 RM.	15/10 RM.	20/10 RM.	30/10 RM.
1		50	2,00	2,00	2,00	2,00	3,00	4,00	6,00
2	50	100	3,00	2,00	2,00	2,40	4,50	6,00	9,00
3	100	200	4,00	2,00	2,00	3,20	6,00	8,00	12,00
4	200	300	5,00	2,00	2,50	4,00	7,50	10,00	15,00
5	300	500	6,00	2,00	3,00	4,80	9,00	12,00	18,00
6	500	1 000	8,00	2,00	4,00	6,40	12,00	16,00	24,00
7	1 000	1 500	10,00	2,00	5,00	8,00	15,00	20,00	30,00
8	1 500	2 000	12,00	2,40	6,00	9,60	18,00	24,00	36,00
9	2 000	2 500	14,00	2,80	7,00	11,20	21,00	28,00	42,00
10	2 500	3 000	16,00	3,20	8,00	12,80	24,00	32,00	48,00
11	3 000	3 500	18,00	3,60	9,00	14,40	27,00	36,00	54,00
12	3 500	4 000	20,00	4,00	10,00	16,00	30,00	40,00	60,00
13	4 000	5 000	22,00	4,40	11,00	17,60	33,00	44,00	66,00
14	5 000	6 000	24,00	4,80	12,00	19,20	36,00	48,00	72,00
15	6 000	7 000	26,00	5,20	13,00	20,80	39,00	52,00	78,00
16	7 000	8 000	28,00	5,60	14,00	22,40	42,00	56,00	84,00
17	8 000	9 000	30,00	6,00	15,00	24,00	45,00	60,00	90,00
18	9 000	10 000	32,00	6,40	16,00	25,60	48,00	64,00	96,00
19	10 000	12 000	36,00	7,20	18,00	28,80	54,00	72,00	108,00
20	12 000	14 000	40,00	8,00	20,00	32,00	60,00	80,00	120,00
21	14 000	16 000	44,00	8,80	22,00	35,20	66,00	88,00	132,00
22	16 000	18 000	48,00	9,60	24,00	38,40	72,00	96,00	144,00
23	18 000	20 000	52,00	10,40	26,00	41,60	78,00	104,00	156,00
24	20 000	22 000	56,00	11,20	28,00	44,80	84,00	112,00	168,00
25	22 000	24 000	60,00	12,00	30,00	48,00	90,00	120,00	180,00
26	24 000	26 000	64,00	12,80	32,00	51,20	96,00	128,00	192,00
27	26 000	28 000	68,00	13,60	34,00	54,40	102,00	136,00	204,00
28	28 000	30 000	72,00	14,40	36,00	57,60	108,00	144,00	216,00
29	30 000	35 000	80,00	16,00	40,00	64,00	120,00	160,00	240,00
30	35 000	40 000	88,00	17,60	44,00	70,40	132,00	176,00	264,00
31	40 000	50 000	100,00	20,00	50,00	80,00	150,00	200,00	300,00
32	50 000	60 000	112,00	22,40	56,00	89,60	168,00	224,00	336,00
33	60 000	70 000	124,00	24,80	62,00	99,20	186,00	248,00	372,00
34	70 000	80 000	136,00	27,20	68,00	108,80	204,00	272,00	408,00
35	80 000	90 000	148,00	29,60	74,00	118,40	222,00	296,00	444,00
36	90 000	100 000	160,00	32,00	80,00	128,00	240,00	320,00	480,00
37	100 000	110 000	172,00	34,40	86,00	137,60	258,00	344,00	516,00
38	110 000	120 000	184,00	36,80	92,00	147,20	276,00	368,00	552,00
39	120 000	130 000	196,00	39,20	98,00	156,80	294,00	392,00	588,00
40	130 000	140 000	208,00	41,60	104,00	166,40	312,00	416,00	624,00
41	140 000	150 000	220,00	44,00	110,00	176,00	330,00	440,00	660,00
42	150 000	160 000	232,00	46,40	116,00	185,60	348,00	464,00	696,00
43	160 000	170 000	244,00	48,80	122,00	195,20	366,00	488,00	732,00
44	170 000	180 000	256,00	51,20	128,00	204,80	384,00	512,00	768,00
45	180 000	190 000	268,00	53,60	134,00	214,40	402,00	536,00	804,00
46	190 000	200 000	280,00	56,00	140,00	224,00	420,00	560,00	840,00
47	200 000	210 000	292,00	58,40	146,00	233,60	438,00	584,00	876,00
48	210 000	220 000	304,00	60,80	152,00	243,20	456,00	608,00	912,00
49	220 000	230 000	316,00	63,20	158,00	252,80	474,00	632,00	948,00

Wertstufe	Reichsmark von mehr als	Reichsmark bis einschließlich	10/10 RM.	2/10 RM.	5/10 RM.	8/10 RM.	15/10 RM.	20/10 RM.	30/10 RM.
50	230000	240000	328,00	65,60	164,00	262,40	492,00	656,00	984,00
51	240000	250000	340,00	68,00	170,00	272,00	510,00	680,00	1020,00
52	250000	260000	352,00	70,40	176,00	281,60	528,00	704,00	1056,00
53	260000	270000	364,00	72,80	182,00	291,20	546,00	728,00	1092,00
54	270000	280000	376,00	75,20	188,00	300,80	564,00	752,00	1128,00
55	280000	290000	388,00	77,60	194,00	310,40	582,00	776,00	1164,00
56	290000	300000	400,00	80,00	200,00	320,00	600,00	800,00	1200,00
57	300000	310000	412,00	82,40	206,00	329,60	618,00	824,00	1236,00
58	310000	320000	424,00	84,80	212,00	339,20	636,00	848,00	1272,00
59	320000	330000	436,00	87,20	218,00	348,80	654,00	872,00	1308,00
60	330000	340000	448,00	89,60	224,00	358,40	672,00	896,00	1344,00
61	340000	350000	460,00	92,00	230,00	368,00	690,00	920,00	1380,00
62	350000	360000	472,00	94,40	236,00	377,60	708,00	944,00	1416,00
63	360000	370000	484,00	96,80	242,00	387,20	726,00	968,00	1452,00
64	370000	380000	496,00	99,20	248,00	396,80	744,00	992,00	1488,00
65	380000	390000	508,00	101,60	254,00	406,40	762,00	1016,00	1524,00
66	390000	400000	520,00	104,00	260,00	416,00	780,00	1040,00	1560,00
67	400000	410000	532,00	106,40	266,00	425,60	798,00	1064,00	1596,00
68	410000	420000	544,00	108,80	272,00	435,20	816,00	1088,00	1632,00
69	420000	430000	556,00	111,20	278,00	444,80	834,00	1112,00	1668,00
70	430000	440000	568,00	113,60	284,00	454,40	852,00	1136,00	1704,00
71	440000	450000	580,00	116,00	290,00	464,00	870,00	1160,00	1740,00
72	450000	460000	592,00	118,40	296,00	473,60	888,00	1184,00	1776,00
73	460000	470000	604,00	120,80	302,00	483,20	906,00	1208,00	1812,00
74	470000	480000	616,00	123,20	308,00	492,80	924,00	1232,00	1848,00
75	480000	490000	628,00	125,60	314,00	502,40	942,00	1256,00	1884,00
76	490000	500000	640,00	128,00	320,00	512,00	960,00	1280,00	1920,00
77	500000	510000	652,00	130,40	326,00	521,60	978,00	1304,00	1956,00
78	510000	520000	664,00	132,80	332,00	531,20	996,00	1328,00	1992,00
79	520000	530000	676,00	135,20	338,00	540,80	1014,00	1352,00	2028,00
80	530000	540000	688,00	137,60	344,00	550,40	1032,00	1376,00	2064,00
81	540000	550000	700,00	140,00	350,00	560,00	1050,00	1400,00	2100,00
82	550000	560000	712,00	142,40	356,00	569,60	1068,00	1424,00	2136,00
83	560000	570000	724,00	144,80	362,00	579,20	1086,00	1448,00	2172,00
84	570000	580000	736,00	147,20	368,00	588,80	1104,00	1472,00	2208,00
85	580000	590000	748,00	149,60	374,00	598,40	1122,00	1496,00	2244,00
86	590000	600000	760,00	152,00	380,00	608,00	1140,00	1520,00	2280,00
87	600000	610000	772,00	154,40	386,00	617,60	1158,00	1544,00	2316,00
88	610000	620000	784,00	156,80	392,00	627,20	1176,00	1568,00	2352,00
89	620000	630000	796,00	159,20	398,00	636,80	1194,00	1592,00	2388,00
90	630000	640000	808,00	161,60	404,00	646,40	1212,00	1616,00	2424,00
91	640000	650000	820,00	164,00	410,00	656,00	1230,00	1640,00	2460,00
92	650000	660000	832,00	166,40	416,00	665,60	1248,00	1664,00	2496,00
93	660000	670000	844,00	168,80	422,00	675,20	1266,00	1688,00	2532,00
94	670000	680000	856,00	171,20	428,00	684,80	1284,00	1712,00	2568,00
95	680000	690000	868,00	173,60	434,00	694,40	1302,00	1736,00	2604,00
96	690000	700000	880,00	176,00	440,00	704,00	1320,00	1760,00	2640,00
97	700000	710000	892,00	178,40	446,00	713,60	1338,00	1784,00	2676,00
98	710000	720000	904,00	180,80	452,00	723,20	1356,00	1808,00	2712,00
99	720000	730000	916,00	183,20	458,00	732,80	1374,00	1832,00	2748,00
100	730000	740000	928,00	185,60	464,00	742,40	1392,00	1856,00	2784,00

Wertstufe	Reichsmark von mehr als	Reichsmark bis einschließlich	10/10 RM.	2/10 RM.	5/10 RM.	8/10 RM.	15/10 RM.	20/10 RM.	30/10 RM.
101	740000	750000	940,00	188,00	470,00	752,00	1410,00	1880,00	2820,00
102	750000	760000	952,00	190,40	476,00	761,60	1428,00	1904,00	2856,00
103	760000	770000	964,00	192,80	482,00	771,20	1446,00	1928,00	2892,00
104	770000	780000	976,00	195,20	488,00	780,80	1464,00	1952,00	2928,00
105	780000	790000	988,00	197,60	494,00	790,40	1482,00	1976,00	2964,00
106	790000	800000	1000,00	200,00	500,00	800,00	1500,00	2000,00	3000,00
107	800000	810000	1012,00	202,40	506,00	809,60	1518,00	2024,00	3036,00
108	810000	820000	1024,00	204,80	512,00	819,20	1536,00	2048,00	3072,00
109	820000	830000	1036,00	207,20	518,00	828,80	1554,00	2072,00	3108,00
110	830000	840000	1048,00	209,60	524,00	838,40	1572,00	2096,00	3144,00
111	840000	850000	1060,00	212,00	530,00	848,00	1590,00	2120,00	3180,00
112	850000	860000	1072,00	214,40	536,00	857,60	1608,00	2144,00	3216,00
113	860000	870000	1084,00	216,80	542,00	867,20	1626,00	2168,00	3252,00
114	870000	880000	1096,00	219,20	548,00	876,80	1644,00	2192,00	3288,00
115	880000	890000	1108,00	221,60	554,00	886,40	1662,00	2216,00	3324,00
116	890000	900000	1120,00	224,00	560,00	896,00	1680,00	2240,00	3360,00
117	900000	910000	1132,00	226,40	566,00	905,60	1698,00	2264,00	3396,00
118	910000	920000	1144,00	228,80	572,00	915,20	1716,00	2288,00	3432,00
119	920000	930000	1156,00	231,20	578,00	924,80	1734,00	2312,00	3468,00
120	930000	940000	1168,00	233,60	584,00	934,40	1752,00	2336,00	3504,00
121	940000	950000	1180,00	236,00	590,00	944,00	1770,00	2360,00	3540,00
122	950000	960000	1192,00	238,40	596,00	953,60	1788,00	2384,00	3576,00
123	960000	970000	1204,00	240,80	602,00	963,20	1806,00	2408,00	3612,00
124	970000	980000	1216,00	243,20	608,00	972,80	1824,00	2432,00	3648,00
125	980000	990000	1228,00	245,60	614,00	982,40	1842,00	2456,00	3684,00
126	990000	1000000	1240,00	248,00	620,00	992,00	1860,00	2480,00	3720,00
	mit je 10000 Reichsmark steigend um		12,00	2,40	6,00	9,60	18,00	24,00	36,00

IV. Nachträge.

1 **Einleitung § 3** Anm. 11. Die PrPSchO. ist durch die VO. vom 18. August 1927 (GS. 169) in einigen nicht in Betracht kommenden Punkten geändert worden unter Erstreckung der Gültigkeit bis 30. September 1929.

2 **Einleitung § 4.** Durch das Reichsgesetz vom 9. Juli 1927 (RGBl. I 175) sind mit Wirkung vom 1. Jan. 1928 für die Bestimmungen des Reichsrechts die Bezeichnungen :

Gerichtsschreiberei durch Geschäftsstelle,

Gerichtsschreiber durch Urkundsbeamter der Geschäftsstelle ersetzt worden. Gleiche Anordnung für die landesrechtlichen Vorschriften steht in Preußen in Aussicht.

2a **LGebO. Art.** 2 Anm. 15. Seit 1. Jan. 1927 ist maßgebend die MinVf. vom 24. Dez. 1926 (MinBlJV. 1927, 3), die außer von § 4 Abs. 1 Satz 2 ZPO. und § 9 Abs. 2 GKG. auch von § 11 GKG. abweicht.

2b **LGebO. Art.** 2 Anm. 31. Weiter kommen in Betracht:

a) Kirchenges., betr. die Dienstvergehen der Kirchenbeamten und die unfreiwillige Versetzung in den Ruhestand vom 16. Juli 1886 (KirchlGVBl. 81), gültig für die älteren Provinzen, eingeführt in Hohenzollern durch Erlaß vom 22. März 1899 (KirchlGVBl. 9),

b) VO. vom 10. März 1919 (GS. 37) § 1 Abs. 2 betreffs der Angehörigen der Landgendarmerie,

c) Gesetz über Landeskulturbehörden vom 3. Juni 1919 (GS. 101) [§ 2 Abs. 1: Mitglieder des Oberlandeskulturamts; § 6: Mitglieder der Spruchkammer desselben],

d) VO. vom 19. Nov. 1920 (GS. 463) § 27 betreffs der Mitglieder der Auflösungsämter und des Landesamts für Familiengüter,

e) Gesetz vom 10. Juni 1921 (GS. 421) § 18 Abs. 3 betreffs der Gewerbe- und Handelslehrer und -lehrerinnen an Pflichtfortbildungsschulen,

f) Gesetz vom 21. Juli 1922 (GS. 169) § 7 Abs. 2 betreffs der Mitglieder des Inselausschusses in Helgoland,

g) Schutzpolizeibeamtengesetz vom 16. August 1922 (GS. 25) § 19,

h) Gesetz vom 14. Februar 1923 (GS. 42) § 2 betreffs der Beamten der Strafanstaltsverwaltung.

3 **LGebO. Art.** 13 Anm. 61. Die Eintragung eines idealen Vereins in das Vereinsregister ist eine nichtvermögensrechtliche Angelegenheit. Bbl. 1927, 143/4 (KG.).

4 **LGebO. Art.** 13 Fußnote 113. Ebenso Bbl. 1927, 143/4 (KG.).

5 **LGebO. Art** 13 Anm. 101. Der Wert einer Vollmacht bemißt sich nach dem Wert des Geschäfts, zu dem sie ermächtigt. Handelt es sich dabei um die Gründung einer Aktiengesellschaft, so ist deren Grundkapital maßgebend. Bbl. 1927, 132/3 (KGPr.).

6 **PSchO.** Anm. 1. Gemäß Art. I Abs. 1 der VO. vom 22. Nov. 1922 (GS. 440) in der Fassung des Art. II der VO. vom 18. Aug. 1927 (GS. 169) können die PEA. Bestimmungen der im § 2 der PrPSchO. bezeichneten Art auch für Verträge treffen, welche die Überlassung von Jagden oder von Grundstücken zur Ausübung der Jagd gegen Entgelt zum Gegenstand haben.

V. Sachregister.

Das Sachregister umfaßt auch die Nachträge.

Die im Sachregister befolgte Anführungsweise ergibt sich aus folgenden Beispielen:

E 2^{7} = Anmerkung 7 im § 2 der Einleitung.
13^{34} = Anm. 34 zu Art. 13 der Landesgebührenordnung.
4 F. 22 = Fußnote 22 zu Art. 4 der Landesgebührenordnung.
Vorbem. 8—12^{3} = Anm. 3 der Vorbemerkung zu Art. 8—12 der Landesgebührenordnung.
P^{9} = Anm. 9 zur Pachtschutzordnung.
N^{1} = Anm. 1 der Nachträge (S. 146).

B.

J.

K.

L.

O.

P.

Q.

R.

S.

W.

Z.

Kolibri 360 GmbH
Ferdinand-Jühlke-Straße 7
99095 Erfurt, Deutschland
produktsicherheit@kolibri360.de